海洋人文精品丛书

海事纠纷解决机制研究

粟克元 韩斯睿 王 春 著

海洋出版社

2015年·北京

图书在版编目（CIP）数据

海事纠纷解决机制研究/栗克元，韩斯睿，王春著. —北京：海洋出版社，2015.10
（广东海洋大学海洋人文精品丛书）
ISBN 978-7-5027-9269-5

Ⅰ.①海… Ⅱ.①栗… ②韩… ③王… Ⅲ.①海事处理-法规-研究-中国 Ⅳ.①D993.5

中国版本图书馆 CIP 数据核字（2015）第 243780 号

责任编辑：苏 勤 赵 娟
责任印制：赵麟苏

海洋出版社 出版发行

http://www.oceanpress.com.cn
北京市海淀区大慧寺路8号 邮编：100081
北京朝阳印刷厂有限责任公司印刷 新华书店发行所经销
2015年10月第1版 2015年10月北京第1次印刷
开本：787mm×1092mm 1/16 印张：12.75
字数：302千字 定价：52.00元
发行部：62132549 邮购部：68038093 总编室：62114335
海洋版图书印、装错误可随时退换

"海洋人文精品丛书"编委会

主　任：关志强　叶春海

副主任：张兰英　向献兵　陈泽球　章超桦
　　　　朱坚真　刘东超　高秀梅

编　委：蔡　郁　洪鹏志　苏永华　林晓敏
　　　　林年冬　宁　凌　张学松　巩建华
　　　　粟克元　胡　墨　白福臣　刘　勤

总 序

　　文明的进步是伴随着人类对自然环境认知与利用的全面深入而前行的。人类作为地球上的生命体，自产生便主要以陆地资源作为其赖以生存和发展的必要条件，而海洋资源则作为辅助拓展了人们生存的条件阈限。进入20世纪末叶以来，随着陆上资源的日趋枯竭、人口压力的加剧和生存环境的恶化，国际社会开始对海洋投入了更大的关注。海洋作为人类社会实现可持续发展的希望所在，被看作未来文明发展走向的决定因素。世界沿海各国对海洋权益越来越重视，对海洋资源的开发利用全面展开，海洋经济总量迅速增长，海洋军事力量急剧加强，海洋环境保护和海洋法律制度的建立健全逐步深入，海洋渔业、海洋油气业、海洋矿业、海洋盐业、海洋化工业、海洋生物医药业、海洋电力业、海水利用业、海洋船舶工业、海洋工程建筑业、海洋交通运输业和滨海旅游业等主要海洋产业已经发展成为大规模的产业集群。

　　中国是一个传统陆域大国，人们习惯了以大陆思维观照经济社会发展，进入21世纪——"万国竞渡"的海洋世纪，由大陆思维向海洋思维的转换已成必然。开发海洋资源、发展海洋经济，对经济社会可持续发展的作用日益显现，制海取海、缓解陆域压力、拓展国家的利益空间和安全空间，成为提升综合国力的重要一环。在社会经济和国家安全需求的驱动下，海洋科学和技术受到重视，并取得可喜的新进展，但是，审视我国海洋事业发展的现状，我们不难发现，在海洋经济和海洋科学技术取得长足发展的同时，人文社会科学领域对海洋问题的关注和重视程度远远滞后于海洋世纪对人文社会科学提出的新要求，不能及时有效提供理论指导和人文精神支持。当代中国海洋问题研究虽在某些人文社会学科领域取得重要进展，但尚未出现海洋政治学、海洋经济学、海洋社会学、海洋法学、海洋管理学、海洋旅游学、海洋军事学、海洋史学、海洋考古学、海洋文学、海洋民族学、海洋文化学、海洋民俗学、海洋宗教学等学科建构意义上的全面突破，更没有形成海洋人文诸学科多元综合的学术体系。建构起适应我国海洋事业发展的海洋人文社会学科体系，这既是海洋类高等院校人文社会学科的担当，更是海洋类高等院校人文社会学科谋求自身可持续发展的最佳机遇。

广东海洋大学作为广东省人民政府和国家海洋局共建的省属重点建设大学，是一所以海洋和水产为特色、多学科协调发展的综合性大学，是教育部本科教学水平评估优秀院校，是具有"学士、硕士、博士"完整学位授权体系的大学。学校立足广东，面向南海，辐射全国，以建设海洋和水产特色鲜明的高水平海洋大学为目标，培养具有国际视野和社会责任感，富有自主学习能力、实践能力与创新精神的高素质专门人才和行业精英，服务于国家海洋事业和地方经济社会发展。作为我国南海之滨唯一的海洋大学，目前，学校正全力贯彻落实党的十八大提出的"推动高等教育内涵式发展""建设海洋强国"的战略部署，紧紧抓住国家将重点研究开发南海、广东全面实施国务院批准的《广东海洋经济综合试验区发展规划》的重大机遇，坚持以改革创新为主线，以提高质量为核心，全面实施学校《建设特色鲜明高水平海洋大学规划纲要》、"创新强校工程"和"三大行动计划"（"质量30条"行动计划、"协同创新"行动计划、"南海战略"行动计划）。学校重视海洋人文学科发展，鼓励广大人文社会学科教师和科研人员主动向海和靠海发展。近年来，我校人文社科教师围绕海洋经济、海洋综合管理、海洋开发战略、海洋政治、海洋法律与文化等领域中的重大理论与实践问题开展了广泛研究，形成了自身的研究特色和一定的学术影响，取得了一批有价值的研究成果。为了总结、积累和推广这些重要成果，同时推动海洋人文社会科学学科体系建设，学校启动了"海洋人文精品丛书"出版工程。

本丛书第一辑共出版四册，内容涉及海洋经济、海洋政治、海洋社会、海洋法律等四个方面。丛书的出版正值广东海洋大学的八十华诞，该丛书为向八十周年校庆献礼系列丛书之一。同时，也期待有更多的海洋人文社会科学研究成果面世，以不负时代赋予我们振兴海洋事业的历史使命。

是为序。

广东海洋大学"海洋人文精品丛书"编委会
2015 年 10 月 15 日

序

21世纪是海洋世纪。我国海域面积达300多万平方千米,广阔、富饶的海域,已成为国民经济发展的重要载体和增长点。统计数据显示:我国对外贸易的80%左右是通过海上交通运输完成,经济对外依赖度也已超过60%,我国已从陆地走向海洋,加快了从近海跨向远海的步伐。

随着对外贸易和航运业迅速发展,海事纠纷案件不断增多,海事纠纷解决面临着极大的风险与挑战。与此同时,随着对外贸易和航运在新世纪的发展变革,产生了一系列新型的交易关系、方式和行为,传统的交易过程也发生了新的变化,由此带来的新情况、新问题亟待研究。传统的海事纠纷解决理念亟待更新,海事审判已不堪重负,且表现出过于刚性、呆板的天然弊端。正如美国著名法学家博登海默所言:"只有那些以某种具体的和妥协的方式将刚性与灵活性完美结合在一起的法律制度,才是真正伟大的法律制度。"尤其当前我国海洋经济、海洋事业的蓬勃发展,海洋大国地位的提升,客观上呼唤我国在海洋领域的话语权及国际游戏规则制定的主导权。而海事纠纷解决机制的建构在争取海洋话语权中具有重要的作用。

本书是广东海洋大学"质量30条"行动计划文化精品培育项目。该书通过对发达国家海事纠纷解决机制的比较研究,分析我国海事纠纷解决方式的现状和问题,力求建构既与国际接轨又符合我国国情的海事纠纷解决机制,提高解决海事纠纷的软实力。

本课题分为四部分。第一部分,海事纠纷解决机制概述。厘清海事、海事纠纷的概念,海事纠纷的类型及其形成的原因,非诉讼(Alternative Dispute Resolution,ADR)、准诉讼(仲裁)、诉讼方式的选择、利弊分析及其在海事争议解决机制中的地位、作用、发展前景展望。第二部分,海事ADR。海事ADR的概念和特征,国外海事ADR机制的运作及其启迪,海事ADR的价值分析以及构建我国海事ADR长效机制的设想。第三部分,海事仲裁。海事仲裁的基本理论,以分析伦敦海事仲裁的成功原因为切入点,通过借鉴伦敦海事仲裁的成功经验,探讨分析我国海事仲裁未来的发展方向并提出改革建议。第四部分,海事诉讼。从海事诉讼功能的定位和海事诉讼的进程两方面阐述了海事诉讼在海事纠纷解决中的重要地位以及发展方向,并从提高国际影响力、海事法院组织体系的重构等方面提出建议和完善措施。

本书是各撰稿人精诚合作的结晶。各章的撰稿人（以章次为序）分别为：栗克元（广东海洋大学法学院教授、硕士研究生导师）撰写第一、二章；韩斯睿（香港中文大学博士研究生）撰写第三章；王春（广东海洋大学法学院副教授）撰写第四章。全书最后由栗克元教授统改定稿。

我们在写作过程中，引用和参考了大量国内外研究成果，在此谨向原作者表示衷心的感谢！此书的出版得益于广东海洋大学的资金赞助和海洋出版社编辑们的辛勤劳动，在此一并表示谢意！

栗克元
2015 年 8 月

目 录

第一章 海事纠纷解决机制概述 ··· (1)
  一、纠纷及海事纠纷 ··· (1)
  二、海事纠纷的解决方式 ··· (6)
  三、海事纠纷解决方式之对接 ··· (14)

第二章 海事 ADR ··· (23)
  一、ADR 与海事 ADR ·· (23)
  二、域外海事 ADR ·· (27)
  三、我国的海事 ADR ··· (42)
  四、构建我国海事 ADR ·· (54)

第三章 海事仲裁 ·· (62)
  一、海事仲裁制度概述 ··· (62)
  二、我国海事仲裁考察 ··· (74)
  三、外国海事仲裁评析 ··· (87)
  四、海事仲裁机构 ··· (91)
  五、海事仲裁管辖权、范围和法律适用 ······························ (101)
  六、海事仲裁规则 ·· (111)
  七、海事仲裁协议 ·· (124)
  八、海事仲裁裁决的承认和执行 ······································ (134)
  九、小结:我国海事仲裁制度的建设与展望 ························ (145)

第四章 海事诉讼 ·· (148)
  一、海事纠纷与海事诉讼 ··· (148)
  二、海事诉讼管辖 ·· (151)
  三、海事请求保全 ·· (157)
  四、海事强制令 ··· (170)
  五、海事证据保全 ·· (176)
  六、海事担保 ·· (178)
  七、海事审判程序 ·· (180)
  八、设立海事赔偿责任限制基金程序 ································ (185)
  九、债权登记与受偿程序 ··· (188)
  十、船舶优先权催告程序 ··· (190)

第一章　海事纠纷解决机制概述

一、纠纷及海事纠纷

（一）纠纷及其特征

1. 纠纷的含义

纠纷，英文的同义词是 dispute，从英文的词根来看，pute 的含义是单纯，加上 dis 这样一个反意的词根，就变成不单纯了，从英文这一单词的文义和语境来看，对应于汉语的单词就是纠纷。从汉字的形声结构分析，纠纷也是很形象的一个词组。根据《说文解字》的解释，"纠"和"纷"这两个字都有"丝"旁，都和丝线有关。纠，绳三合也。纷，马尾韬也。纠纷合成一个词组，就是纠缠、缠绕的意思。纠纷又作纠葛，葛是一种植物，其纤维可以用来织布，也有纠缠、缠绕之意。如此看来，纠纷这个词本身就说明了这种现象的复杂性和难解性。根据人类学的研究，早在原始社会就已经存在纠纷了，而且，纠纷的表现形式和纠纷的解决方式都已经呈现出相当典型的样式。美国人类学家 E. 埃德蒙斯·霍贝尔在考察了原始社会对部族争端的调停方法之后指出："假如我们把两个有争端的家族视为当今的两个国家，我们就会注意到作为司法中间人的作用是和当今国际事务中的调停者的作用相同的。"[①] 人类进入文明社会，特别是进入现代文明社会之后，纠纷的表现形式虽然并非原始社会的纠纷所能比拟，但是，从纠纷的根本内容和基本特征上看却仍然是原始社会纠纷的延续，甚至在纠纷的解决方面，在现代发达的法律制度之下，仍然不能轻视早在原始社会就已经被频繁使用的方式。从这个意义上说，纠纷的确是社会的一种常态，是人类文明的一种共生现象。现代意义的纠纷或争议，是特定的主体基于利益冲突而产生的一种双边的对抗行为，[②] 是社会主体间的一种利益对抗状态。[③]

2. 纠纷的特征

（1）纠纷主体的明确性

纠纷是在相对的社会主体之间发生的，这是学界公认的关于纠纷的一个比较明显的特

[①] ［美］E. 埃德蒙斯·霍贝尔. 原始人的法. 严存生等译. 北京：法律出版社，2006 年，第 117 页。
[②] 范愉. 非诉讼程序（ADR）教程. 北京：中国人民大学出版社，2002 年，第 2 页。
[③] 何兵. 现代社会的纠纷解决. 北京：法律出版社，2003 年，第 1 页。

征。也就是说，纠纷的主体具有相对性或对应性，单个的主体是不可能产生纠纷的。这一特点是大部分研究者的共同见解。例如，刘荣军博士认为："纠纷、冲突、争议、争执，甚至竞争、论争等，都是在对立的当事人之间发生的。"① 众所周知，社会交往是社会主体的基本活动之一，而社会交往的最终目的就是主体的目标利益的实现，由于主体的目标利益是各不相同的，并且都会努力追求各自利益的最大化，在这个过程中就难免发生利益冲突。所以，纠纷之所以会发生在相对的社会主体之间，是由于主体进行必要的社会交往的必然结果。也就是说，社会交往是纠纷发生的前提，没有社会交往也就不会产生纠纷。而社会交往的必要条件，一个是参与主体的多方性，至少应当是两方主体；另一个是交往主体的特定性，没有特定的主体也就无法进行交往。因此，如果在交往当中发生了纠纷，其主体必然是相对特定的主体。但是，相对性和特定性虽然揭示了纠纷主体之间互相对应的关系，却不能说明纠纷主体相互之间的明确关系。换句话说，发生纠纷的双方当事人互相之间不仅应当明确对方的身份属性，而且应当明确与对方的身份属性相关的其他必要信息，例如对方当事人的姓名、住所、职业，等等。也就是说，纠纷的主体不仅具有相对性的特点，而且还应当包括相对双方的有关必要信息。美国法社会学家唐·布莱克提到一种"对手效应"的概念，他认为："谁控告谁？在美国这样的现代社会中，原告自身的社会结构可能是预测案件将被如何处理的最重要的预测因素。例如，对立双方分别具有什么样的社会地位。"事实上，无论你愿意或不愿意，自觉或不自觉，纠纷主体的社会地位始终是纠纷解决过程当中必须考虑的重要因素。

了解纠纷主体的明确性至少具有两个方面的意义。第一，纠纷主体的明确性有助于区别纠纷关系和非纠纷关系。纠纷主体的明确性首先要求纠纷的双方具有相对性关系，也就是说你必须明确你所面临的纠纷存在着确定的对方当事人，如果没有确定的对方当事人，那么就不可能构成纠纷关系。第二，纠纷主体的明确性对于纠纷的解决具有重要意义。纠纷主体的明确性除了要求纠纷主体的相对确定性之外，还要求相对双方的基本信息的清楚和准确。一方面，纠纷主体的基本信息是纠纷解决的程序性操作的必要条件，如果没有清楚准确的基本信息，就可能影响到纠纷的解决；另一方面，纠纷解决的过程是一个需要综合考量纠纷主体具体情形以便决定是否需要采取某种措施的过程，如纠纷主体的社会关系、财产状况，乃至于其社会地位等因素。全面地考察这些因素有利于纠纷的理性解决。

（2）纠纷双方的对抗性

对抗性所强调的是纠纷双方当事人之间存在的对立和抗争状态。纠纷的对抗性包括利益的对抗和状态的对抗。社会冲突理论所指出的"利益的冲突"是对抗的根本原因，但并不是全部的原因，至少对于某些纠纷而言，它还不是直接的原因。并且，无论是因为利益的原因引起对抗，还是非利益的原因引起对抗，只要是从纠纷原因的层面分析纠纷双方的对抗性的，都是关于纠纷内容的对抗；纠纷双方的对抗性不仅表现在内容的对抗，而且还表现在状态的对抗。所谓状态的对抗是指纠纷双方的对抗的外部表现形态，主要包括纠纷双方对抗的强度和实力对比关系。在纠纷的解决中存在这样一种现象，有的纠纷比较容易解决，对当事人双方的关系也不会产生严重的影响；有的纠纷却很难解决，当事人双方的

---

① 刘荣军. 程序保障的理论视角. 北京：法律出版社，1999年，第1页。

关系也十分紧张，似乎到了你死我活的地步。例如，对关键性事实持有完全相反的观点，或者对于纠纷的解决方案差距过大，那么，一般的纠纷解决方式对于这样的纠纷可能就难以奏效。在后一种情况下，勉强的"撮合"有时还可能事与愿违，反而造成更为严重的后果。对于某些纠纷，例如纯粹的经济纠纷，纠纷双方的对抗强度还可能不完全是一种情绪化的表现，而是和双方的实力对比关系有关。如果双方的实力相当，那么，对抗的强度可能较低，反之，如果双方的实力相差悬殊，那么，对抗的强度反而更高。但是，对于影响到纠纷双方对抗强度的实力对比关系的因素却不能做机械地理解。在一般情况下，相对强势的一方表现为权力、地位或经济实力的强大，处于弱势的一方往往缺乏和相对强势的一方进行对话或者协商的资本。但是，实力的强弱在一定情况下却可以发生逆转，尽管某一方当事人在权力、地位或经济实力方面无法与对方抗衡，但是，其弱势地位有可能随着某种因素的增加而发生变化，从而形成足以与对方抗衡的综合实力。例如，原本实力强大的经济实体因经营不善而濒临破产，本来处于弱势地位的消费者因为政府的帮助或者社会团体的支持而形成了足以和生产经营者抗衡的力量。在类似这些因素的影响之下，纠纷双方的对抗强度便有可能相互转化，从而为纠纷的解决创造了多种可能的局面。纠纷双方对抗强度的不同为纠纷解决方式的灵活多样提供了可能。强度较低的对抗，通过对话和协商就可能得到化解。

(3) 纠纷的主观性

纠纷的主观性包含两层意思：一方面，从内容上说，纠纷属于"私权"范畴，具有私权利的属性；另一方面，纠纷的判断标准是纠纷主体的主观性标准。纠纷的内容从本质上来说应当属于"私权"的范畴。纠纷的主体主要是自然人、法人和社会团体，纠纷的内容主要是自然人、法人和社会团体之间的利益冲突。作为代表国家利益的政府机关一般不是纠纷的主体，但是，在一定情形下，政府机关也可以代表国家成为纠纷的主体，这时，其所涉及的纠纷的内容和纠纷的一般主体也应当是相同的。关于这个问题，在民法理论上有着精确的解释。即民事法律关系的一般主体是公民和法人，国家只有在特殊情形下才可以成为民法上的主体。私法将主体制度抽象成为人（包括法人），主体的高度抽象化，这一过程被英国历史法学派创始人梅因称为"从身份到契约"，不考虑主体的特性、身份、大小，而是统一用"人"的制度来对待。不仅主体如此，权利也是如此，将人对物的权利抽象成物权，将人对人的权利抽象成债权。这种高度抽象的概念，促进了形式正义的发展，"相同的情况同样对待"是这种正义观念的经典写照。所以，在私法中，国家和私人是一样的主体，只有法律形式的不同，而没有实际上的实力大小和结构复杂与否之分。于是，自然人、社会组织和国家在私法的理论上被统一起来了。纠纷的主观性还包含着纠纷的判断标准的主观性质，即一个纠纷是否存在，不是由外界做出判断，而是由主体从内部做出判断的。由于纠纷本质上属于私权性的，主体对私权的处分不受主体以外的因素干扰，因此，纠纷是否已经发生，乃至于纠纷的解决是否需要采取何种方式，都应当由主体自行做出判断和决定，任何的外部个体，包括国家司法机关都不应当主动介入。正因为如此，民事诉讼法所规定的受理案件的原则是当事人必须提起诉讼，即"不告不理"的原则。另外，纠纷的"私权性"还可以从社会公众对纠纷的一般性态度来得到印证。一般来说，无论是发生纠纷的主体还是纠纷以外的个体，都不会认为纠纷是关乎社会公共利益的事情，正好相反，一般都会认为纠纷是发生纠纷的个体之间的事情。正因为如此，发生纠纷的个体一般并不希望别人随意插手或干预自己的"私事"，而社会公众对他人之间的纠纷一般也会采取一种与我无关的态度。

（4）纠纷的社会性

主观性并不是纠纷的唯一属性，应当看到，除了主观性之外，纠纷还有社会性的一面。纵观纠纷研究领域的诸多论著，一般都将其局限于纠纷的私人领域，而对于纠纷的社会性特征的研究还不多见。对纠纷解决研究颇为深入的范愉教授在这方面的关注可以说为纠纷的社会性研究打开了一扇窗。在《纠纷解决的理论与实践》一书中，范愉教授指出："纠纷作为一种社会现象，其产生不是孤立的。在研究纠纷解决问题时，首先需要注意的是纠纷产生的社会因素。"她认为，影响纠纷产生及其解决的社会因素至少包括以下几个方面：①社会结构，包括社会的基本生产方式、政治制度、组织结构等。②纠纷的原因，包括纠纷的主观原因和客观原因。③社会观念及纠纷的价值。[①] 可见，范愉教授对纠纷的社会性的关注主要是影响到"纠纷解决"的社会性因素，而不是将社会性作为纠纷本身的一个特征来对待。认识到纠纷的社会性尤其必要。在纠纷解决的过程中，必要时可以动员、利用各种社会力量，促使纠纷得到及时妥善的解决；如果必须对纠纷做出裁决，那么，也要充分考虑这种裁决有可能带来的社会效应，包括它的示范性意义和社会效果。尽管"依法裁决"已经是纠纷裁决必须遵守的原则，但是，法律的具体规范不可能穷尽所有的事实范畴和责任界限，因此，司法者永远拥有自由裁量的巨大空间。综上所述，从主观上看，纠纷属于私权范围的事务，应当说，这是纠纷的本质属性，一切围绕纠纷的理论、观念和行为都不能否认纠纷的私权性，这也是纠纷现象区别于其他权利现象的重要分水岭。但是，同时要看到，纠纷在客观上具有不可忽视的社会性，与社会发生着各种各样的联系。如果不承认这一点，一味坚持纠纷的私权性，认为纠纷是"纯粹的私人事务"而拒绝一切社会的影响、干预和作用，那么，将不利于认识纠纷和解决纠纷。

（5）纠纷解决的自主性

纠纷解决的自主性是指纠纷主体对于纠纷的态度和纠纷解决过程中做出自己认为合适的选择的一种自主性权力。纠纷是否已经发生、已经发生的纠纷是否需要解决以及采取何种方式解决、对自己的实体性权利是坚持还是放弃，或者在多大程度上可以做出妥协，这些问题都应当允许纠纷主体自主地做出决定。所以，纠纷解决的自主性是区分纠纷不同于非纠纷的其他社会冲突的一个重要特征。对于非纠纷的其他社会冲突，冲突主体可能是无法完全自主地做出选择的，各种外部力量乃至于国家公权力在必要时完全有理由以维护社会公共利益或者出于正义的理由而介入或者进行干预。自主性在权力形态上就表现为纠纷主体的自主权，对自主性的认识有赖于对自主权的具体内容的理解。所谓自主权，应当说是一个典型的民事法律关系主体所拥有的权力，它的基本内涵是民事法律关系，主体在不违反法律禁止性规范的前提下对自己的民事权利所拥有的自由处分的权力。自主权的理论基础是私法上的"私权自治"学说。但是，从纠纷和纠纷解决的视角来看，私权自治理论所带来的启示却不仅仅是围绕着这样一个单纯的观念。即不仅纠纷的本质属性是私权性

[①] 范愉. 纠纷解决的理论与实践. 北京：清华大学出版社，2007年，第73—76页。

的，而且在纠纷的解决方面也应当是私权性的；纠纷主体不仅对于纠纷所涉及的实体内容拥有自由处分的权力，而且，对于纠纷解决方式的选择乃至在纠纷解决的具体过程中所适用的程序的选择也拥有自由处分的权力。关于纠纷主体的这种权力形态，在民事诉讼理论中有着较为完整的概括。民事诉讼理论认为，作为诉讼主体的当事人在不违反法律的禁止性规范的前提下拥有自由地处分自己的实体性权利和程序性权利的权力，这种权力被概括地称为处分权，也就是说，这里的处分权所包含的对象，包括实体性和程序性两个方面的权利。当事人的处分权和法院的审判权既相互制约又相互依赖，共同推动了民事诉讼程序的有序进行。但是，应当看到，民事诉讼理论所阐述的处分权是相对于民事诉讼这种以国家公权力的介入为特征的解决民事纠纷的情形而言的，也就是说这种权力的表现是以民事诉讼作为特定场合的。而一个纠纷从发生到解决可以出现各种不同的场合，例如协商和谈判的场合、调解的场合以及其他正规的与非正规的场合，等等。纠纷主体对于这些场合的选择，以及在这些不同的场合中对于自己的各种权利的处置，仅仅用处分权显然是难以概括的。纠纷解决的自主权不仅包含了自由处分民事权利的内容，而且还蕴含着纠纷主体对于纠纷解决的态度、方式、过程、效果等多方面的权利。也就是说，自主权所包含的内容，在纠纷解决的场合，要比单纯行使民事权利的场合和进行民事诉讼的场合宽泛得多，它是纠纷主体所拥有的贯穿了从纠纷的发生到解决的全过程的一种权利。例如，对于一个纠纷的解决方式，是通过协商和谈判的方式解决，还是通过仲裁和诉讼的方式解决，这就是一个自主权的问题；对于纠纷是采取容忍即自我化解的方式使其得以解决，还是采取认真对待的态度与对方进行交涉，同样是一个自主权的问题；在纠纷的解决过程中，面对来自各个方面的"压力"，是采取妥协的态度，还是对抗的态度，也是一个自主权的问题，等等。在这些不同的场合，自主权的价值被充分显示出来，即这些问题都可以被纠纷主体自主地决定。

（二）海事纠纷及其原因

1. 海事纠纷的界定

海事纠纷可从广义、狭义两个方面理解。狭义上的"海事纠纷"是指海损事故（特指造成财产损失和人身伤亡的海上事故）所引起的纠纷；广义上的"海事纠纷"是指一切海上事务，包括与船舶活动有关的及海上运输所涉及的一切法律事实在有关当事人之间所引起的纠纷。可以说，广义的"海事"包括狭义的"海事与海商"。从考察中国国务院颁布的有关法规以及中国《海事诉讼特别程序法》的有关规定来看，对"海事纠纷"一词应作广义上的理解为宜。国务院1958年颁布的《关于在中国国际贸易促进委员会内设立海事仲裁委员会的决定》中就海事仲裁的受案范围之规定，采取的就是广义上海事的概念，即它既包括船舶碰撞等海损事故，也包括船舶救助和其他有关合同关系。1999年《海事诉讼特别程序法》对"海事纠纷"的界定也是采取其广义上的含义。该法第4条明确规定："海事法院受理当事人因海事侵权纠纷、海商合同纠纷以及法律规定的其他海事纠纷提起的诉讼。"从这一规定可以看出，"海事纠纷"主要有两类，即因海事侵权行为引起的纠纷，以及因海上运输合同或者与海上运输合同有关的合同当事人之间因合同事由而发生的争议。此外，"海事纠纷"还包括少量的、由于不当得利或无因管理而引起的争议。比如在实施保险委付后，被保险人或受损失方得到保险公司赔偿后又向责任方要求索赔得到的补偿，引起保险人与被保险人之间的争议；又如在海上货物运输中，承运人在目的港交货时，因收货人未按时收货，承运人担心货物出现较大损失，由其代理人在合同规定的期限届满以后代为管理所引起的争议，等等。

2. 海事纠纷产生的原因

海事纠纷产生的主要有以下几种情况：①海事活动中产生的财产损失或人身伤害，给双方造成了损失，双方当事人均有责任，但双方都不愿意承担自己的责任，或者其中一方不愿意承担责任或仅承担小于应承担的责任从而引起了国际海事争议。②海事活动中产生的财产损失或人身伤害仅给一方当事人造成了损失，但双方当事人都有责任，本应由双方当事人按比例承担，但无损失的一方当事人不愿意承担引起的争议。③由于海事活动中一方当事人的责任，造成另一方当事人的人身伤害或财产损失，负有责任的一方当事人拒不承担全部或部分责任，从而引起了双方的争议。④由于意外事故或不可抗力的原因导致有关当事人的损失，在界定是否意外事故或不可抗力从而一方当事人是否可以免责的问题上双方当事人产生了争议。⑤由于非争议双方当事人的原因，即第三方的原因导致海事活动中双方当事人的财产损失或人身伤害，但该责任方不承担责任因而与双方当事人之间产生了争议。如前所述，海事争议主要是由于海事侵权行为、海事海商合同、不当得利或无因管理而引起的，它主要表现在为物权之争或债权之争。由于这些法律关系发生在平等的民事主体之间，因而海事争议从性质上讲属于民商事争议，受有关民商事法律规范调整，应采取民商事争议解决方法加以处理。对于国家因海上活动而与私方当事人之间的争议，如船籍国或沿海国有关当局与船所有人就船舶国籍、船舶航行权、沿海运输权等方面发生的争议，港口有关当局与船舶所有人就船舶适航条件、船员配备等方面发生的争议等。

二、海事纠纷的解决方式

（一）海事 ADR

1. 海事纠纷和解

海事纠纷和解，是指在海事纠纷发生后，由争议双方当事人直接接触，进行磋商，在分清是非、消除误会、明确责任的基础上，以自愿为原则，相互做出一定程度的让步，在双方当事人都认为可以接受的情况下，达成和解协议，使争议事项得到解决的行为。双方自行协商解决与和解解决争议的方法在海商事领域中得到广泛应用。在海商法实践中，有相当数量的海事争议是通过这种途径解决的。协商与和解有自行解决、委托代理解决、庭外和解等表现方式。双方在自行协商与和解时，应在自愿、平等的基础上进行协商，达成和解协议，且该协议必须符合法律规定，否则无效。双方自行协商与和解这种方法主要用于分歧不严重、责任比较清楚的海事纠纷。其优点是：手续简便、灵活、节省时间，而且是在当事人双方互谅互让的友好气氛中进行的，彼此不伤感情，有利于双方进一步交往。不足之处是：双方当事人达成的和解协议不具有法院强制执行的约束力，双方任何一方的反悔都会使协议无法履行，特别是海上争议所涉及的标的额一般都比较大，技术标准也较为复杂，一方的违约会使原来的争议变得更加难以处理。因此对于不具备和解条件的争议，应及时采取其他途径解决，以避免拖延时间。

2. 海事纠纷调解

海事纠纷调解是指海事争议发生后，争议双方在第三方的主持下，查明事实，分清是非，消除误解，在互谅互让的基础上达成协议，以使争议得到解决的行为。调解同协商一样，都是在自愿的基础上进行，并通过双方的同意达成协议。但调解是在没有任何利害关系的第三者的主持下进行的，而协商则无须第三者的参与。在我国海事调解是解决海事纠纷在内的各种海事纠纷的重要途径。海事纠纷和争议与一般民事纠纷不一样，其有着高度的专业性，解决这样的纠纷需要有丰富的专业领域知识作为基础，所以在发生纠纷后，需要专业的处理机制才能真正起到消除争议的作用。也正是因为其专业性造成了海事纠纷可以真正高效高质解决的困难。所以，在海事纠纷解决方面，需要联动一切可以联合的力量，发挥专业作用和各自的优势，解决纠纷。调解通常有群众调解、行业协会调解和海事机构调解三种。[①]

（1）群众调解

群众调解是中国历史上解决民事争议的传统方式。邻里、亲属、朋友、路人等百姓之间因房产、借贷、土地、收养、赡养、婚姻、继承、损害赔偿等人身和财产关系发生争执，往往请本乡本族德高望重的长者以第三者的身份出面劝解、调停，使纠纷得以解决。中国现行的群众调解制度可以说在很大程度上受到这种调节模式的启示。应当指出的是，由于海事纠纷是一种特殊的民事纠纷，所涉及的法律关系比较复杂，故采用群众调解的方法很难奏效。在实践中，调节往往更多的是在仲裁、诉讼等方式中一并使用，成为仲裁、诉讼等方式的一种辅助性或先行的手段。

（2）行业协会调解

目前，我国与海事相关的协会分类很多。有综合性的海运协会，如深圳海运协会；有专业性更强更单一的海运协会，如中国船舶代理协会、上海交通运输协会等。总体而言，这些协会都属于海事航运协会，其会员组成、组织架构、规章制度等相同或类似。其主要工作就是为本行业服务，推动本行业的发展。海事航运协会以单位会员为主，平时在海事相关政府部门的指导下开展各项工作。

海事协会在解决纠纷时的优势主要体现在以下几点：第一，行业协会为民间机构，其出具的调解意见不具有法律强制性。各项程序是在各方当事人完全自主自愿的前提下开展的。在这种情况下，争议各方更容易产生信任感，因为调解机构是与自己完全平等熟悉的第三方，而且是自己自主选择的。在这样的心理基础条件下，有利于矛盾的彻底化解。第二，行业协会是专业领域的专家，协会内外聚集了大量的专业人才，在解决此行业的纠纷争议问题上，有着得天独厚的专业优势。争议各方当事人对领域内专家有着天然的信任感，在行业专家的引导下，有利于各方当事人认清纠纷争议的客观事实，促进达成和解协

[①] 张向兰，邓瑞平，姚天冲. 海商法论. 武汉：武汉大学出版社，2001年，第382页。

议。第三，行业协会内部是一个熟人社会，争议各方本就同根同源，之所以争议各方选择行业内部调解，正是因为互相之间没有撕破脸，希望找到一个互惠互利的方式。以行业协会这个大家庭为背景，在争议解决的过程中，能够推动各方增进了解，或许在解决争议的同时会发现今后合作的基础。当然，为保证行业协会的正常运作，需要充足的经费保障和建立配套的机制和制度。

海事交易中心调解。我国的海事交易中心主要是海运交易所。各大主要沿海沿江港口城市一般都建立了海运交易所。如上海航运交易所、重庆航运交易所、广州航运交易所等。海运交易所的主要职能是在遵循"公开、公平、公正"原则的前提下，紧紧围绕"规范航运市场行为，调节航运市场价格，沟通航运市场信息"开展。在当前新形势下，航交所又被赋予航运信息的加工与发布、航运公约的宣传与推广、航运政策的研究与建议、航运业务的沟通与交流、航运交易的经纪与鉴证、航运实务的咨询与代理、航运文本的制定与示范、航运市场的规范与服务八个方面新的内涵。航交所作为专业机构，有这样的条件和优势，其掌握着大量的一手信息，有能力为交易后的事项进行风险控制。海运行业作为国民经济发展的重要行业起着举足轻重的作用，促进此行业的和谐稳定发展，有利于我国经济社会的建设。航交所在纠纷解决方面有以下两点主要优势：第一，航交所本身就掌握各方交易的第一手资料和信息，在争议发生后，能够更加全面客观地审视争议各方，具备公正、客观、平等解决纠纷的前提。第二，航交所有专业的业务团队和实务经验，在进行调解时，能够更切合实际地解决纠纷，并为争议各方当事人保留最大利益。

为保证航交所调解工作的正常运作，有以下几个方面需要注意：第一，经费问题。与行业协会相同，首先要解决的是经费问题。这个问题对于航交所来说相对容易解决。因为其为事业单位，可以申请相应的财政拨款，这是解决办法之一。解决办法之二是可以对调解进行适当收费。有两种方式，一是在交易时收取一定的"保险费"作为日后争议解决的经费；二是一次性收取。争议发生之后，由递交争议调解申请的各方当事人缴纳。第二，调解机制和制度的建立。与行业协会调解机制和制度的建立一致，航交所为了进行调解，也应当建立符合行业习惯和航交所特点的规则，以保证调解的顺利进行。

（3）海事机构调解

海事机构调解又分港务监督调解、海事仲裁机构调解和海事法院调解等。由于其各自所行使的职权不同，因而调解的效力也有所不同。

①港务监督调解。根据我国有关法律规定，港务监督对海事纠纷可以进行调解。例如，《海上交通安全法》第46条规定："因海上交通事故引起的民事纠纷，可以由主管机关调解处理，不愿调解或调解不成的，当事人可以向人民法院起诉；涉外案件当事人，还可根据书面协议提交仲裁机构仲裁。"由此不难看出，法律一方面赋予港务监督以调解权，另一方面又将是否同意采取调解方法的决定权交给当事人。因此，港务监督的调解不是强制性的，必须以当事人自愿为基础，而调解又并非解决海事争议的必经程序，当事人有权向法院起诉或提交仲裁机构仲裁。

②海事仲裁调解。海事仲裁调解分为无仲裁协议调解和仲裁调解。对于争议当事人没有仲裁协议而单纯申请调解的案件，予以调解解决称为无仲裁协议调解。调解达成协议时，由该委员会做成调解书，调解书具有与合同同等的效力，对双方当事人均有约束力。

对于争议当事人有仲裁协议而申请仲裁的案件,在仲裁程序中,只要有调解的可能,都争取调解解决,调解达成协议时,即以调解结案,终结仲裁程序,由仲裁机构做出调解书。该调解书具有与仲裁裁决书同等的法律效力。

③海事法院调解。海事法院依据我国《民事诉讼法》《海事诉讼特别程序法》等法律之规定,可在当事人自愿的原则下,对案件进行调解,调解可由审判员一人主持,也可由合议庭主持,必要时可邀请有关单位和个人协助。经调解达成协议的应制作调解书,该调解书经双方当事人签收后,即具有法律效力。对于当事人不愿意接受调解的,即予以判决。总之,相对于仲裁或诉讼而言,调解可以节约费用、省去较为复杂的程序,从而有利于海事纠纷的及时解决。

目前,许多国家在处理海事争议时,也已采取该方法。如美国、德国以及日本,大量的海事争议就是通过调解解决的。国际社会对调解也日益重视,如1980年联合国通过的《贸易法委员会调解规定》,建议各国采用调解和联合调解的方法解决争议。

(二) 海事仲裁

1. 海事仲裁立法

海事仲裁作为一种解决海事争议的民间裁判制度,是海事仲裁机构或仲裁员根据当事人的仲裁协议或仲裁条款和一方当事人的仲裁申请,对海事争议进行仲裁审理并做出裁决的制度。有关海事仲裁的立法最早见诸于公元14世纪欧洲地中海地区的商事法典之中,随后世界许多国家的仲裁立法从民商法中分立出来,形成了专门的仲裁法典。其普遍适用于海事仲裁,或者是对海事仲裁进行了专章的规定。由于各国都有自己的仲裁立法或仲裁规则,因而在仲裁程序、仲裁协议和仲裁裁决的效力以及对外国仲裁裁决的承认和执行等方面存在很大的不同。即使是在某一国海事仲裁立法中,也存在对国内海事仲裁和国际海事仲裁规定不一致的情形。因很多国家为了提高本国海事仲裁在国际仲裁中的地位,往往允许国际海事仲裁比国内海事仲裁享有更大的契约自由和程序上的灵活性,而对国内海事仲裁进行广泛的监督审查。上述这些情况在一定程度上对国际海事仲裁的发展产生了负面影响。鉴于此,国际海事仲裁立法和国内海事仲裁立法的统一,订立了一些重要的国际公约和具有国际影响的仲裁规则。这些国际法规主要有:①《承认及执行外国仲裁裁决公约》(以下称《纽约公约》)。该公约是在1958年6月10日于纽约召开的联合国国际商事仲裁会议上订立的,于1959年6月7日正式生效。该公约就《关于承认仲裁条款的日内瓦议定书》《关于执行外国仲裁裁决的日内瓦公约》所未能较好解决的仲裁条款、仲裁裁决承认和执行的法律适用等问题进行了比较全面的补充,并在缔约国之间取代了上述两个日内瓦条约。截至1998年8月18日,已有145个国家和地区成为该公约的缔约方。该公约是目前国际社会最为有效也最为成功的国际条约。当然,随着时间的推移,该公约中的某些规定已经不大适应目前仲裁实践的发展。20世纪90年代以来,要求修改该公约的呼声日益高涨,但这些丝毫不影响该公约在国际商事仲裁中的历史地位和作用。②《国际商事仲裁示范法》。该法于1985年6月于联合国国际贸易法委员会制定,于1990年4月又做了适当的修改。该法是在总结国际商事仲裁制度及各种常设仲裁机构仲裁程序的基础上制定的,反映了国际商事仲裁的一般做法和发展趋势,其目的是为了进一步协调世界各国规范国际商事仲裁的国内法，统一世界各国有关国际商事仲裁程序，为各国制定或修改其本国仲裁法提供一个统一的范本。虽然该法仅供各国在制定本国仲裁法时自愿采用，且各国在采用时可以对此做修改和调整，但由于其具有广泛的代表性，因而目前许多国家或地区在制定其仲裁制度时都以该法为蓝本。上述国际性仲裁立法的制定与生效，使海事仲裁朝着统一的方向发展迈进一步。

我国海事仲裁制度主要由中国参加的国际条约以及有关国内法及最高人民法院的司法解释文件中关于民事诉讼程序的规定所组成。①国际条约。既包括我国与多个国家签订的关于送达、取证、判决的相互承认与执行的双边司法协定，也包括《纽约公约》《关于向国外送达民商事司法文书和司法外文书公约》等程序性多边国际条约，还包括《1969年国际油污损害民事责任公约》等实体性国际公约中有关判决的承认与执行的程序规定。②法律。主要有两部，即《民事诉讼法》和《海事诉讼特别程序法》。《民事诉讼法》是中国目前海事诉讼的基本法，《海事诉讼特别程序法》则为特别法。③最高人民法院的司法解释文件。主要有1992年7月14日颁布的《关于适用〈中华人民共和国诉讼法〉若干问题的意见》、1986年2月26日颁布的《关于涉外海事诉讼管辖的具体规定》、2001年8月9日颁布的《关于海事法院受理案件范围的若干规定》、2001年12月6日制定的《关于民事诉讼证据的若干规定》等等。

2. 海事仲裁制度发展趋势

（1）海事仲裁协议认定标准的逐步放宽

海事仲裁协议是双方当事人达成的将有关海事争议交付仲裁解决的一种书面协议。在海事仲裁制度中，海事仲裁协议处于至关重要的位置，是整个海事仲裁制度的基石。理由是：没有海事仲裁协议，就不能进行海事仲裁，仲裁委员会或仲裁庭就不能对案件享有管辖权；没有海事仲裁协议，仲裁机构所做的裁决将会被法院撤销而根本得不到执行，从而使海事仲裁的目的落空，使海事仲裁变得毫无意义。在当今各国海事仲裁立法大力支持和保护仲裁的背景下，海事仲裁立法和实践对海事仲裁协议效力的认定标准正呈现逐步放宽的趋势。

（2）仲裁条款的独立性越来越强

仲裁条款的独立性是指仲裁条款的效力独立于主合同的效力。即主合同在被撤销、解除、变更或终止的情况下，仲裁条款依然有效；因欺诈而成立的主合同被宣告无效时，但仲裁条款依然有效；不具备生效的形式要件和实质要件的主合同被宣告无效时，但仲裁条款依然有效。概言之，合同中的仲裁条款与合同应被看作是两个不同的独立协议，仲裁条款独立于合同的其他条款而存在，不因合同的其他条款无效而无效，亦不因合同本身的存在与否而受到影响。各国在仲裁立法和司法实践中的总体趋势是承认仲裁条款的独立性。

（3）海事仲裁协议的形式要件内容的拓展

海事仲裁协议的形式要件要求海事仲裁协议应具有书面形式。在这一点上，《纽约公约》《示范法》和各国有关国内法均不持异议，但它们对"书面"含义的规定很不一致。《纽约公约》第2条第2款给书面形式的仲裁协议下了一个定义："当事人所签订或在互换函电中所载明之契约仲裁条款或仲裁协定。"很显然，该公约对仲裁协议的"书面形式"要求过于严格、狭窄。尤其是在海事仲裁领域中，依次规定，很多海事仲裁协议将被认为无效，其中最为突出的是提单中的仲裁条款的效力问题。因为提单流动不定，承运人与收货人或提单受让人之间可能就不存在通常意义上的当事人之间协商一致的情形。这样一来，提单中的仲裁条款就很难满足《示范法》对海事仲裁协议形式要件的要求。但若依此为标准，几乎所有的提单仲裁条款将被认定为无效，这无疑会严重影响海事仲裁的发展。[1] 针对这一问题，英国和我国香港地区纷纷修订《仲裁法》对仲裁协议的形式要件做了有利于海事仲裁的宽松的规定。以英国《仲裁法》为例，该法放宽了"书面形式"的要求，对"书面形式"做了扩大解释，即仲裁协议本身可以不必是书面的，但只要其存在有书面证据证实即可，而且任何可录制信息的方式均被视为书面形式。英国和香港地区放宽认定海事仲裁协议形式要件的立法对其他国家或地区的相应立法产生了示范效应。

(4) 海事仲裁程序出现新的快速、灵活发展趋势

近年来，由于法院的干预以及海事仲裁程序的拖沓，海事仲裁陷入了逐渐失去其原有的快捷、经济、灵活优势的困境，海事仲裁面临的这种局面，引起了国际社会的普遍关注。各国立法机构和海事仲裁机构开始着手对海事仲裁程序进行修改与完善，因而海事仲裁程序呈现新的快速、灵活发展的趋势。

首先是临时仲裁在海事仲裁中的地位增强。相对于机构仲裁而言，临时仲裁具有更充分地体现当事人的自主性与灵活性，效率更高、更节省费用的优点。在国际上享有盛誉的香港资深海事仲裁员杨良宜先生也认为临时仲裁有着强大的生命力。他说："国际海事的纠纷，可以说绝大部分是通过临时仲裁解决的，仲裁地点较多的是伦敦、纽约、我国的香港地区和新加坡。伦敦海事仲裁员协会中的五六个知名仲裁员每人一年的临时仲裁案件数量高达六七百件。"[2]

其次是海事仲裁简易程序的运用增多。海事仲裁简易程序即小额标的特别规则，它具有程序简化、收费低廉、案件审结期限较短等优点。目前，国际上主要的海事仲裁机构均在其仲裁规则中订有海事仲裁简易程序。在这种情况下，当事人在条件允许的情况下都愿意采用简易程序，各仲裁机构也愿意适用简易程序来处理海事仲裁案件，从而在很大程度上提高了海事争议解决的效率。

再次是仲裁庭和仲裁结构在海事仲裁程序中的权利增大。仲裁庭和仲裁机构在海事仲裁程序中的权利源于当事人双方的仲裁协议和仲裁法及仲裁机构规则之规定。相对于仲裁协议对仲裁庭的影响而言，仲裁法及仲裁机构规则对仲裁庭的影响要更大一些。因为仲裁协议的内容要受仲裁法及仲裁机构规则的制约。各国仲裁庭根据本国仲裁法和仲裁机构规则之规定享有的权力有所不同，但从整体上看呈扩大的趋势。这是因为按过去各国仲裁法的规定，仲裁庭的行为要受到法院的严格控制，仲裁程序因而成为诉讼程序的附庸。为此，各国的海事仲裁立法者强烈呼吁法院应减少对海事仲裁的干预，赋予海事仲裁庭更大的权力。

---

[1] 司玉琢. 国际海事立法趋势及对策研究. 北京：法律出版社，2002年，第634页。
[2] 杨良宜. 国际商务仲裁. 北京：中国政法大学出版社，1997年，第141页。

（三）海事诉讼

1. 海事法院与海事立法

海事诉讼是海事法院在海事争议当事人及其他诉讼参与人的参加下，依法审理和解决海事争议案件的全部活动过程。海事诉讼是民事诉讼的组成部分，具有与民事诉讼相同的一般特征。同时，又具有其自身的特性。[1] 海事诉讼适用特殊的诉讼程序法。海事纠纷由专门的法院管辖，法院在审理海事诉讼案件时适用特殊的诉讼程序法。在美国，审理海事案件除适用美国民事诉讼法有关海事索赔的特殊规定外，还适用《美国地区法院联邦民事诉讼规定关于若干海事索赔的补充规则》。在英国，审理海事案件根据英国《最高法院规则》第75号令，适用海事诉讼特别程序的规定，例如，根据该海事诉讼特别程序的规定，法院在审理海事碰撞案件中，当事人提供的最初文件涉及船舶碰撞事实证据等，不得在交换诉讼文件结束之前打开，这是海事诉讼案件特殊性的具体体现。在我国，长期以来没有设置专门的海事审判法院，也没有制定特别的海事诉讼程序法。改革开放后，为适应海洋事业发展和海事纠纷解决的需要，1984年11月4日，第六届全国人民代表大会常务委员会第八次会议通过了《关于在沿海港口城市设立海事法院的决定》。最高人民法院为贯彻实施这一决定，于1984年11月28日做出了《关于设立海事法院几个问题的决定》，决定设立广州、上海、青岛、天津、大连海事法院。随后，最高人民法院又决定设立武汉海事法院。为加强对海事审判工作的监督指导，1987年3月最高人民法院设立了交通运输审判庭，后又改制为民事审判第四庭，以监督、指导海事审判工作，协调海事法院与地方法院之间以及海事法院与其他部门之间的关系。1990年1月2日，最高人民法院决定增设厦门、海口海事法院。1992年12月4日，又增设了宁波海事法院。1999年增设了北海海事法院。至此，我国已设立了10个海事法院，进入了专门海事司法时期，我国专门的海事司法体系正式确立起来。自海事法院成立以来，经过近30年的探索、实践，我国海事审判已发展成为一个独具特色的审判门类，有了特定的、专门的审判机关、审判对象以及特殊的审判程序和法律适用原则等，日益显示出旺盛的生命力。在相关法律配套设施的建设方面，最高人民法院在不断总结我国海事审判经验的基础上，参照国际做法，相继系统做出了《关于海事法院收案范围的规定》《关于涉外海事诉讼管辖的具体规定》《关于海事法院诉讼前扣押船舶的具体规定》《关于海事法院强制拍卖被扣押船舶清偿债务的具体规定》《关于审理涉外海上人身伤亡案件损害赔偿的具体规定（试行）》《关于审理船舶碰撞和触碰案件财产损害赔偿的规定》等司法解释，较好地规范了全国的海事司法活动，促进了海事司法水平的提高。而1992年12月7日第七届全国人民代表大会常务委员会第28次会议通过的《中华人民共和国海商法》、1999年12月25日第九届全国人民代表大会常务委员会第13次会议通过的《中华人民共和国海事诉讼特别程序法》，则在我国海事审判制度建设中具有里程碑的意义。这些法律的制定和执行充分表明，新中国的海事审判工作日臻成熟、规范。

---

[1] 王国华. 海事国际私法研究. 北京：法律出版社，1999年，第230—235页。

2. 海事诉讼的发展与完善

不可否认，中国海事诉讼制度在公正维护当事人的合法权益、促进海洋经济航运事业的发展等方面起了巨大的作用，但由于政治条件、经济条件、国家制度、文化传统、司法水平等因素，中国的海事诉讼制度在某些方面与国际公约和国际海事诉讼的惯例做法尚有一定的差距，存在着不足和局限，若这些问题不尽快加以解决，将在很大程度上影响中国海事诉讼制度与国际接轨的进程。在世界经济一体化的大背景下，我国海事诉讼制度的修正与完善将显得更为迫切。

（1）调整海事法院审级

目前我国审判体系和审级总体上实行"四级二审终审制"，而海事审判则实行"三级二审终审制"，其中"三级"为海事法院、海事法院所在地的高级人民法院、最高人民法院。海事法院按我国总体上的"四级二审终审制"属于中级法院，其受理的案件为一审，二审由海事法院所在地的高级人民法院管辖。实践证明，海事法院管辖的地域范围过大，不便于其及时行使管辖权，也不便于当事人进行诉讼，增加了法院和当事人的诉讼成本。这种审级制度的设置未能解决不同类型的案件在审级上的不同需要，海事法院作为中级法院实际上还从事着许多基层法院的工作。在海事法院办理的案件中，有很大一部分是由相当于基层人民法院的派出法庭承办的。海事法院的审级体制可做如下调整：第一，组建海事高级法院，改革海事法院管理体制，提高海事审判专门化程度。走专门化的审判道路，是我国海事审判体制创新的最终选择。可以考虑在现有海事法院之上设立一个海事高级法院，由其统一规范和指导全国海事司法活动。为了方便当事人提起和应答诉讼，可考虑在基础较好的海事法院所在地设立相应的海事高级法院。海事高级法院的设立，有利于加强对全国海事审判工作的监督和指导，从而更好地维护我国海事司法的权威和统一。第二，将现有的海事法院明确确定为海事中级法院，其下再设置相应的海事基层法院，后者可以在现有海事法院派出法庭的基础上组建。对不服海事基层法院裁判的案件，由海事中级法院即目前的海事法院负责二审；对不服海事中级法院裁决而提起上诉的案件，由海事中级法院所在地的高级法院管辖或由新成立的海事高级法院管辖。这样，海事案件的审级就与普通地方法院相一致，同为"四级二审终审制"。①

（2）我国海事案件管辖有待规范

长期以来，有关海事法院管辖领域较小，普遍收案较少。并且受案范围的立法规定不能很好地得到贯彻执行，导致实践中海事案件管辖不符合法律规定的现象时有发生，一些沿海地方法院违规受理和审判涉外商事、海事案件的情况屡见不鲜。这些现象产生的主要根源在于：地方法院出于地方保护主义或人情关系考虑而强行收案，一些地方法院为增加本院诉讼收费额或为完成考查指标而违规受案等。另外，根据海事审判实践的需要，可以适当扩大海事法院的案件管辖范围。如有关陆源污染海域及与海相通的可航水域的污染案件可以由海事法院管辖。充分发挥海事法院跨行政区域设置的优势，充分利用其专业特长，积极支持环保公益诉讼，有选择性地管辖一批此类案件，重点管辖陆源污染近海海域案件。

---

① 冯明岗. 我国海事审判制度的改革与完善. 法律适用，2002年第12期。

(3) 赋予海事法院刑事审判权

赋予我国海事法院刑事审判权的必要性主要体现在三个方面：第一，一些海事案件涉及公海和外籍船舶上的刑事犯罪认定，具有一定法律和专业上的特殊性，地方法院审理难度较大，海事法院在此类犯罪案件的审理上具有专业性优势；第二，海事法院管辖的海事欺诈、民商事侵权纠纷中涉及刑事犯罪、妨碍民事诉讼的案件，因法律上没有规定海事法院同地方法院、检察机关相互协调工作的机制而无法顺利处理；第三，对一些刑事附带民事案件，海事法院只能依自己的职能受理民事纠纷部分，对于刑事部分，当事人只得向其他机关另行起诉，这就增加了案件的诉讼成本和当事人的讼累。

(4) 完善审前准备程序

重视审前准备程序是当今世界各国民事诉讼制度的共同特点，美国、德国、日本等国的民事诉讼制度均设立了审前准备程序。其中美国对审前准备程序的规定比较完善，包括诉答程序、证据开示和审前会议。我国《民事诉讼法》对此规定得比较简单、原则，基本上是行政事务性的工作。意识到此问题，《海事诉讼特别程序法》做了一些改革，如规定了审前质证程序；规定对案情复杂、争议较大的海事案件，合议庭可在开庭前组织双方当事人交换证据和质证；规定了在审理船舶碰撞损害赔偿案件时，当事人应在开庭前完成举证，当事人不能推翻其在《海损事故调查表》中的陈述和已完成的举证，除非有新的证据，并有充分的理由说明该证据不能在举证期内提交。但它不能从根本上改变中国海事诉讼制度在这方面的不足。为使我国的审前程序承载整理争点和证据以及促进和解功能，应建立以下制度：第一，海事诉讼失权制度。即海事诉讼当事人在规定的时间内不予答辩或举证，则丧失相应的权利的制度。第二，初步审理制度。初步审理应当以当事人的海事诉讼活动为主，法官对争点和证据之梳理存疑而不做评判。通过初步审理，可排除无争议的案件，减少无益的诉讼程序，或促使当事人之间达成和解，或进一步明确双方当事人之间的争议，以提高开庭审理的质量等。第三，法官释明权。它实际上是法官有对诉讼信息进行阐明的义务，它在本质上强调法官与当事人的互动。基于我国当事人法律知识欠缺，尚难以适应当事人主义诉讼模式的实际情况，法院应对当事人的举证进行口头指导和书面指导，这样可以使当事人免予重复举证、遗漏举证、不必要举证，同时也可以避免法官角色错位。

三、海事纠纷解决方式之对接

预防和解决纠纷是和谐社会的第一要义，而法律的主要功能之一是"定纷止争"，纠纷的解决方式有多种，除诉讼外，还有当事人之间的协商、和解和第三方主持下的调解以及仲裁。面对社会变迁和多元化的利益冲突，传统的诉讼制度日益暴露出其内在的诸多弊端，为适应现代社会纠纷解决的需要，应当在立足我国国情，借鉴外国纠纷解决的方式和制度，建立一个包括和解、调解、仲裁、诉讼等方式，彼此相互协调地共同存在，相辅相成地满足社会主体的多样需求的程序体系和动态的调整系统，即多元化的纠纷解决机制。[①] 在多

---

① 齐树洁. 和谐社会与多元化纠纷解决机制的构建. 福建政法管理干部学院学报, 2006 年第 2 期.

元化纠纷解决机制中，各种纠纷解决方式相互融合与衔接，形成互补和共生的状态，才能形成一个效用更大的海事解纷体系，从而使纷争当事人面对的选择机会更多，海事纠纷化解的效果会更好。

（一）仲调对接

1. 仲调对接概述

仲裁与调解相衔接是指将仲裁与调解按照一定的方式进行结合，从而形成的一种新型的复合争议解决方法。其概念由于结合形式的多样性有广义和狭义之分。广义的"仲裁与调解相衔接"指两种独立的程序衔接演变而成的各种形式。主要包括：先调解后仲裁、仲裁中调解、仲裁后调解等。狭义的"仲裁与调解相衔接"特指仲裁中调解的形式。本书仅探讨仲裁中的仲调对接。在仲裁中调解，是指仲裁员或仲裁庭可以在仲裁程序进行的过程中，在纠纷双方自愿、案件事实简单清楚的基础上进行调解，可以通过灵活选择的方式帮助纠纷双方自愿达成合意，解决纠纷。我国，《仲裁法》以立法的形式正式确认了仲裁与调解相衔接制度。在仲裁中调解，是指仲裁员或仲裁庭可以在仲裁程序进行的过程中，在纠纷双方自愿、案件事实简单清楚的基础上中止仲裁程序，对双方当事人的纷争进行调解，通过灵活选择的方式帮助纠纷双方自愿达成合意，解决纠纷。

仲调对接能够最大限度地尊重当事人的意思自治，获得当事人的合意，实现程序公正，还会大大提高解纷效益，具有无比的优势。第一，仲裁、调解相衔接是一种由第三者主持的纠纷解决机制，当事人的合意是必备条件和前提，尊重当事人的程序主体性，要求程序主持者在处理争议能做到公正、公平。第二，仲裁、调解相衔接适当操作的基础上，并不违反正当程序原则。正当程序的真谛是保证当事人陈述权的公平对等，裁判者保持中立。仲裁、调解相衔接中调解程序的启动由当事人决定，所以当事人的陈述权是得到保障并充分延伸的，且仲裁员私下获得的信息除非在仲裁庭得到质证，否则不能作为仲裁裁决时的证据，即使做出裁决也是违反仲裁程序规则的。第三，仲裁员和调解员的主要职责要求仲裁、调解相衔接不会混淆仲裁员和调解员的不同角色。调解员的主要目的是促使双方的妥协与让步，而不是为仲裁裁决做准备，如果担心调解不成转入仲裁程序后仲裁员所获信息在裁决时危害到一方当事人利益，司法监督机制、仲裁员守则和仲裁规则能够促使仲裁员在做出仲裁裁决时其所依据的事实和理由必须来源于双方当事人有机会进行评论的材料和庭审情况，为消除调解不成对后续仲裁的不利影响提供保障。

2. 仲调对接的必要性

海事 ADR 争端解决方式的不断发展，是人们在诉讼之外寻求更佳的替代性解决方式的结果。正如美国原首席大法官沃伦·伯格曾说："我们能够提供一种机制，使争议双方花钱少，精神压力小，比较短的时间内获得一个可以接受的解决结果，这就是正义。"[①] 海事诉讼的天然弊端和海事诉讼外的替代性争端解决方式（ADR）保护的不足，决定了仲调必须对接，才能把机制发挥到极致。

---

① 张荣荣. 民事纠纷的非诉讼机制初探. 西南交通大学, 2007年。

(1) 充分尊重当事人自主意愿，更好地解决纠纷

商业合作重视互利共赢的运行方式，彼此间愿意建立长期的友好合作关系，但在海事往来中纠纷的发生在所难免。如何及时合理地解决纠纷，挽回争端造成的损失，特别是维系友好的海事关系对于当事人各方尤为必要。仲调对接以自愿原则为基础，使纠纷当事人掌握程序上的主动性，赋予他们充分的自主权以解决争议。当事人在仲裁过程中，在完全自愿的情况下既可以选择采用调解机制，亦可以选择继续适用仲裁，促成纠纷的有效解决。该制度赋予了纠纷当事人在程序上的选择权，而这一优点是其他任何单一的争端解决机制所不能够比拟的。在这种新型的复合争端解决方式下，争端各方可以基于自己实际利益的考量选择更有利的解决方式，即使在选择的调解程序不能成功时，亦可以迅速地恢复仲裁程序，在合理期限内促成纠纷有效的解决。由于仲裁与调解相衔接能够更加尊重当事人之间的意思自治，促使争议向自我协商解决的方向发展，从社会效益来说，不仅能够避免纠纷冲突的进一步加剧，更加体现了社会主体之间的和谐。正是因为在这种纠纷解决方式下，做出的调解协议或仲裁裁决是纠纷当事人协商一致的结果，纠纷当事人通常可以及时自愿执行。另外，在此种方式解决纠纷的过程中，双方当事人通过主动把握完全沟通和交流的机会，最终达成彼此均可接受的解决方案，最大限度地维系纠纷双方间的海事合作关系，为再次合作做准备。再者，在诉讼或独立的仲裁程序中，往往由于一定程度的对抗性质既无法有效化解当事人之间的内在冲突，又可能造成因为一个争议而丧失长久合作的机会的情况发生。仲裁与调解相衔接，重视当事人之间的沟通交流，让纠纷双方在调解的程序中权衡利弊做出合理的妥协和让步，能够更加稳妥地解决争议。同时还可以就双方所关注的争议相关的其他问题一并达成协议，确保从长远利益的角度出发，维系纠纷当事人之间互利共赢的海事合作关系。

(2) 仲裁与调解相互补充，发挥更大的优势

仲裁与调解制度是相互独立的，不同的非诉讼争端解决方式。仲裁，指争端当事人在平等自愿的基础上达成合意，将有关争议交由双方约定同意的独立第三方仲裁员或仲裁机构，由其做出对纠纷双方均有约束力的裁决的一种争端解决方式。而调解则是指中立第三方依据国家法规、政策和道德要求，对争端当事人进行疏导、规劝，帮助他们通过自愿协商谈判达成合意，解决纠纷。二者各具优点，但也存在着自身无法解决的缺陷。调解致力于争端的最终解决，不关注是否调查清楚事实真相，进行纠纷的是非判断，而更多地着眼于当事人双方的利益，追求共赢的解决方案。人们通过调解的程序，充分协商，表达自己的真实意愿，寻找共同点，在利益权衡中做出让步妥协以化解纠纷，促进合作。但调解也同样面临着难以达成合意、双方互不妥协的可能性，并且由于不具有强制执行力，调解协议的效力较弱。另外，由于长期以来司法实践过分强调调解的作用，在大量的纠纷中，争端解决方式的合理性选择被忽视，公权力因素逐渐渗透并被强化，导致很多案件"凑合调解"或"折中调解"。使得强制调解，甚至是一调再调的情况出现，严重影响了程序的正当性原则和效率价值。传统的仲裁程序以经济高效地解决纠纷为特点，广受商业往来人群的推崇。正是因为其可以根据当事人的意愿自定仲裁程序，对很多环节进行简化，甚至在法律适用方面亦存在着很大的弹性空间，恰恰符合商业交易当事人所关注的争议解决方式的经济效益和意愿的充分表达的要求。然而，随着实践的发展，仲裁制度为了保护当事人

权益而过于限定仲裁规则，法律化程度不断加强，逐渐丧失其原有的自主、灵活、便捷等优点，在运用中缺乏可操作性。现代仲裁制度越来越趋向于诉讼化发展，使仲裁制度本身的发展陷入困境，面临严峻的考验。东亚各国，普遍对仲裁协议形式要件要求苛刻，过于僵化，与英美国家通行的做法相差甚远。为此许多国家先后对仲裁制度进行改革，以提高仲裁效率，降低仲裁成本。通过在仲裁程序中引入调解方式，降低仲裁进行中的对抗性质，加大程序的灵活性，增强争端当事方的处分权与自主权。仲裁与调解相衔接不仅能够更好地克服独立的调解和仲裁程序的缺陷，还可以最大化地发挥仲裁的专业性和终局性与调解的灵活性和经济性相结合的优势，在充分尊重当事人意思自治，以及符合法律规范与道德要求的基础上，满足多元化的社会争端解决的需求。世界各国对方式更加灵活、执行更有保障海事 ADR 方式的赞同和积极推行，也正为仲裁与调解相衔接制度的建立提供了契机。

（3）方式更加灵活，执行更有保障

仲裁与调解相衔接，结合了仲裁与调解作为独立程序的优势所在，并且将两个程序演化为一个新型的调解方式，节省了一个单独的程序，从而缩减了时间，降低了成本，避免了不必要的时间、精力和金钱的浪费。在仲裁程序进行中，只要当事人同意，即可以将仲裁和调解合二为一，虽然仲裁与调解作为两个独立的程序有很大的差异性，但二者的结合无论是在程序的便捷性与费用的节省上都有很大的发展。在程序性较强的仲裁中引入调解的方式，调解不要求严格的程序，亦没有类似于诉讼与仲裁法定程序上的要求。由于调解不关注事实的调查，结果的是非判断，更在乎纠纷的最终解决，争端双方可以在调解员的主持下灵活选择方式，不必拘于特定的步骤。纠纷当事人可以在一个相对和谐的环境中进行协商、谈判，在利益的权衡中做出让步，互相妥协，达成合意。通常在仲裁程序中，调解可以尽快解决纠纷，大大节约争议双方的时间与金钱。传统的诉讼和仲裁的方式，由于对程序要求较高，往往会需要长期的精力投入，以进行证据、文件资料的准备等工作，导致纠纷当事人无法正常地进行生产经营活动。在执行方面而言，自愿原则是仲裁和调解相衔接制度的基本原则，纠纷当事人在仲裁程序进行过程中自愿选择使用调解的方式解决争端，调解协议也是纠纷双方在自愿协商的基础上做出的合意约定，更符合他们的实体利益要求。当事人一般均可自觉、主动履行协议，便于争端更有效、更便捷地解决。再者，根据我国 1995 年《仲裁法》的规定，纠纷当事人可以就所达成的调解协议向仲裁庭申请制作调解书或仲裁书。该调解书或仲裁书同法院的裁决具有相同的法律效力和强制执行力。即在当事人一方达成调解协议后反悔、拒绝自动履行调解协议时，通过仲裁庭确定该调解协议的法律效力，可赋予其强制执行力。而传统调解程序，由于各国法律对于调解协议并未有强制性规定。在调解程序进行中，一旦当事人之间无法就某些事项达成合意，调解即宣告失败，所做的努力亦变为徒劳。即使双方当事人就纠纷解决达成调解协议，由于其并不具有法律效力，也就相应地没有强制执行的效力，当事人无法保障自己的合法权益。在这种情况下就只能够重新提起仲裁或诉讼，导致程序的反复，造成不必要的资源浪费。在仲裁与调解相衔接的制度中，当事人不仅可以通过自愿选择使用调解的方式，灵活、便捷地达成调解协议，高效地解决纠纷，而且可以通过仲裁、调解规则，保障裁决的执行力度及时解决争端。仲裁与调解相衔接制度的成功运用，不仅有利于灵活、有效地解决当事人之间的纠纷，更可以以调解协议的达成，最大限度地满足纠纷双方的利益需求；在节省相关的程序资源、费用成本的同时，促进纠纷当事人长期利益的维护和友好合作。即使调解失败，亦可以通过仲裁的专业性与司法性保障纠纷的合理解决，促进海洋事业的发展。

3. 仲调对接的不足与完善

虽然仲调对接作为解决海事纠纷的方式越来越多地被国际所认同，但由于我国在立法时对于仲裁或调解制度本身的认识和理解存在偏差，立法不完善，内容空泛，可操作性不强，并且未能正确平衡各方面的利益需要和国际海事纠纷，仲裁和调解两种制度在实践运用中的对接过程还存在诸多的矛盾与冲突，需要不断地在实践中加以完善。

(1) 仲裁与调解相衔接制度立法不足与完善

尽管我国《仲裁法》明确规定了仲裁与调解相衔接制度作为我国处理纠纷的一种复合式纠纷解决方式。但相关条文过于简陋、抽象、简单，很多问题甚至从未涉及，例如仲裁中调解程序的启动程序，调解人员的选任，以及涉及的信息保密与披露等问题都未有规定。因此，建议制定《中华人民共和国仲裁与调解法》，使仲裁与调解在立法上无缝对接，更有效地解决海事纠纷。

(2) 仲裁员与调解员身份重合，难以适度把握

在司法实践中，由于仲裁与调解相衔接制度自身的特点，很可能出现仲裁员同时是调解员的状况。这时候就要求仲裁员要清晰地认识到仲裁员与调解员这两个不同身份的区别，适度把握，自觉转换角色。但由于相关立法不完善、仲裁员自身素质各有差别、良莠不齐等原因，使得仲裁员不能正确适当地把握程序而损害当事人的合法权益。根据我国法律的规定，调解过程中达成的妥协让步，双方当事人做出的承诺以及陈述，不能作为调解不成功时最后仲裁裁决的依据。但由于仲裁员或仲裁庭的组成人员通过调解程序，对当事人之间案件的产生、原因、发展、立场等情况有了进一步的了解，又由于我国对于仲裁庭认为与争议解决有关的信息披露问题没有明确的规定，导致仲裁员在充任调解员的角色以后不自觉地将某些个人意识带入到调解失败后的仲裁裁决中来。另外，在仲裁员充任调解员的角色时，由于不可能立即生硬地完全进入到调解员的状态，为了促进当事人和解解决纠纷，往往会向纠纷双方当事人表示自己的调解看法和仲裁评判，给当事人造成一定的心理压力，影响当事人意思自治的表达，从而可能出现损害一方或双方当事人利益的情况。

(3) 大力培养仲裁员的能力和素质

影响调解成功的因素包括很多方面，除了当事人对于调解的诚意和态度，仲裁员自身的素质和能力也很重要。在调解过程中，仲裁员是一个保持中立态度的辅助者，他的主要职能是主导调解程序。所以，作为调解员的同时，仲裁员应当具备以下几点基本的能力要求：第一，受信任的能力。在调解程序中，营造一种信任的氛围对于调解的成功来说是很重要的。当事人对调解员的信任程度越高，对调解员的坦诚度也会随之增高，这样调解成功的可能性也随之变大。第二，保持公平、中立的能力。不管是仲裁还是调解都要求仲裁员保持公平和中立，这也是获取当事人信任并最终促使调解成功的基础，即使最终调解没有成功，保持公平和中立也有利于调解员转换为仲裁员继续审理案件。第三，交流能力。学会倾听和询问，是调解员所必须具备的能力之一。倾听能使调解员清楚并理解当事人的

需求，同时这也是一种使当事人宣泄情绪的方式，为之后的调解在信任和谐的氛围内进行创造了条件。询问一方面会帮助调解员了解案情，另一方面也便于当事人掌握调解的重点以及目的。

（4）加大涉海商会等专业调解机构建设，使仲裁前移

鉴于调解在我国一直以来都有着悠久的历史和深厚的基础，成立独立的调解中心有它自身独特的优点，不仅充分地使仲裁与调解这两种独立的制度衔接起来，而且极大地提高了解决海事争端的效率，避免了仲裁与调解相衔接制度原先可能存在的因把握不好调解活动而造成资源和时间浪费的现象。这种优点主要体现在：①争端当事人之间具有调解协议时，调解中心可以直接接收该案，而不必先进入仲裁程序然后再进行调解；②当发现受理的仲裁案件有调解的意向时，可以把案件直接转给该调解中心，由调解中心聘请专业和技术都比较娴熟的调解员进行调解，显然比仲裁员担任调解员更加有利和合理；③当调解中心对案件调解成功后，可以把该案直接交给仲裁委员会，所需制定的调解书或者裁决书就由委员会通过指定仲裁员的方式来制作。当然，当事人之间具有仲裁协议的争端调解不成功时，自然直接终止调解，进入仲裁程序。

（二）诉调对接

1. 诉调对接概述

何谓"诉调对接"有着不同的理解。一种观点认为，诉调对接是指法院的审判程序，与诉讼调解、人民调解程序之间的相互衔接，通过案件在不同程序间的流转，实现纠纷的有效解决。[1] 另一种观点则认为，诉调对接是指法院的诉讼调解与人民调解之间相互衔接、相互结合的一种诉前调解行为。通过不同调解方式的有机结合，优势互补，充分发挥调解制度的优势，提高调解制度的纠纷解决效率，促使矛盾纠纷得以科学、合理、方便、快捷的化解，从而推进社会和谐与稳定。[2] "诉调对接就是通过人民调解、行政调解和司法调解的有机结合，使诉讼调解与社会矛盾纠纷大调解这两种纠纷解决机制相互衔接，充分发挥诉讼调解与大调解机制各自的优势，使司法审判与社会力量优势互补，形成合力，促使纠纷以更加便捷、经济、高效的途径得到解决，从而更好地维护社会的和谐与稳定。"[3] 按照最高人民法院《关于建立健全诉讼与非诉讼相衔接的矛盾纠纷解决机制的若干意见》，其目标是要构建和完善诉讼与人民调解、行政调处、行业调解、商事调解、仲裁及其他非诉讼方式相衔接的矛盾纠纷解决机制。目前司法实务界普遍认为，从广义上说，诉调对接中的"诉"为法院诉讼系统，"调"为人民调解、行政调解行业协会等非诉讼调解系统。诉调对接就是充分发挥人民法院、行政机关、行业协会基层调解组织等各方面的力量，促进各种纠纷解决方式相互配合、相互协调，做好诉讼与非诉讼渠道的相互衔接，更好地为海事纠纷双方当事人解决纠纷。从狭义上看，"诉调对接"是指法院诉讼与

---

[1] 冯伟，舒秋膂. "诉调对接"的理论透视及制度建构. 中南大学学报（社会科学版），2008年第1期。
[2] 刘兵，凌晓明. 诉调对接的运行及其社会效果. 安徽职业技术学院学报，2008年第9期。
[3] 沈明磊，王淳. 诉调对接之路的理论与实践. 人民司法，2006年第11期。

调解有机结合，充分发挥双方优势，实行资源共享、信息共享、合力解决社会矛盾纠纷的工作机制。

诉调对接以法院为主导。诉调对接机制直接产生于法院对案件爆炸式增长的应对。所以，从一开始就注定了我国目前的诉调对接机制均是采取以法院为主导的方式。法院对诉调对接机制的主导主要体现在以下几个方面：一是诉调对接的提法来源于法院。2005年3月最高人民法院向全国人大所做的《人民法院工作报告》中，首次提出了要将人民调解与诉讼调解相衔接，探索多元化纠纷解决机制。二是诉调对接机制的探索和运行主要是在法院的指导下进行。实务中，诉调对接的具体方式，包括人员配备、场所、经费保障等主要由法院与当地政府有关部门协调解决。三是诉调对接中调解的结果更多地体现法院的监督、指导和确认。纠纷双方当事人经调解达成协议的，通常由法院进行司法确认或者根据双方达成的协议制作调解书直接予以确认。

诉调对接形式多样。第一，场所对接。为使诉讼程序与调解程序在法院内实现零距离衔接，各地法院或在法院办公楼内设置"人民调解工作室"，或成立"诉调对接中心"，实现便捷、和谐、低成本化解纷争，解决问题。第二，人员对接。各地法院的诉调对接均体现了人员的对接。一是"社区法官"进入诉调对接队伍；二是聘请专业人士、行业协会等先行调解。第三，程序对接。程序对接主要表现在以下两个方面：一是建立立案引导机制和案件快速处理机制。在立案之前，当事人递交诉状后，以法院"立案导诉窗口"为平台，通过科学筛选，将事实清楚、权利义务关系明确、争议不大的简易案件区分出来，引导当事人根据自身需要选择调解程序。二是建立诉讼内委托调解制度。案件进入诉讼程序后，对于有可能通过调解解决的，司法机关委托人民调解委员会调解。第四，效力对接。效力相对接同样体现在两个方面：一种情形是调解员主持双方当事人达成调解协议后、在一方不履行时，另一方可持该调解协议向法院起诉要求予以司法确认，法院经审查立案后，快速启动"司法确认程序"，对该协议进行合法性审查，若协议合法，则制作法律文书，当事人可申请强制执行；如不符合确认条件，则依一般的审理程序处理。另一种情形是通过法院的绿色通道，直接以法院调解书的方式确认双方达成的调解协议。

2. 诉调对接的基础

（1）纠纷类型的多样化

现代社会必然是一个文化价值多元的社会。纠纷的类型也不可避免地呈现出多元化的特点。不同的民商事纠纷，包括海事纠纷要求适用不同纠纷解决程序。这一理论的实践体现在某些案件的调解要求上。最初调解被认为是适合家事纠纷的程序，因为它符合"治疗"的理念——调解人多具有心理学方面的素养，调解的立足点更多的是在当事人之间的人际关系而不是法律的是非曲直上，调解的目的是恢复、维持当事人之间的感情关系。目前，调解基于不同的理念已被适用到解决更加广泛的民商事纠纷上。在当前的纠纷解决体制中再次强调调解的作用，并非完全基于我国传统的调解文化和现实中法院面对的案件增长的压力，实际上案件本身的多样性就天然地要求部分海事案件通过调解的方式解决。当然，现代法治社会的一个基本原则就是任何人均可以通过诉讼方式保护自己的权利，所以，即使是那些本身适合以调解的方式解决的海事纠纷，在双方达不成调解协议时，仍需要适当的路径方便当事人提起诉讼。换句话说，对于通过调解不能解决的纠纷，本身就存在着与诉讼的对接问题。

(2) 当事人多样性

资源的有限性决定了人类社会总是充满了利益冲突。随着经济、社会的发展，新的利益冲突不断产生。在这些利益冲突背后体现了社会大众不同的利益需求。这种多样化的利益需求加上多样化的文化、价值观念，体现在纠纷解决方式上，就是对不同纠纷解决方式的偏好上。实际上，各种纠纷解决方式本身的区别也是形成当事人偏好的原因之一。相对于诉讼，调解的对抗性不强，双方当事人始终是在互相谅解、包容的气氛下寻求纠纷的解决。正是当事人对纠纷解决方式的多样化需求，决定了在海事纠纷的解决方式上不能单一化，应根据海事纠纷的性质、公共利益的需要、当事人的偏好等，对当事人的需求进行引导，提供多元的纠纷解决方式。诉调对接的理念正是从满足当事人的多样化需求出发，充分发挥诉讼和调解这两种不同纠纷解决方式的不同作用。

(3) 正义与效益的衡平

调解本身的灵活性和低成本，天然地成为诉讼的替代方式。但调解并不以"事实—法律"为基础，其对纠纷的处理并不是严格遵循法律的过程，如果所有纠纷都无一例外地要求以调解的方式解决，无疑不利于法治社会的形成和维护。众所周知，调解并非纠纷解决的最后一道程序，因此，从整个纠纷解决机制出发，二者在纠纷解决过程中的转换也当然地存在着成本的问题。如何在减少总体成本的前提下，实现二者在纠纷解决上融合，就成为诉调对接机制的应然内容。换句话说，正义的实现不仅应当考虑调解与诉讼各自的成本支出，还应当考虑二者作为整体的成本支出问题。只有二者真正地存在无缝衔接，正义与效益的追求才能在最大程度上得到平衡。

3. 诉调对接的完善

(1) 创新诉调对接工作机制

诉调对接工作的开展，法律层面，有2011年《中华人民共和国人民调解法》、2012年《中华人民共和国民事诉讼法》；在最高法院司法解释层面，有2004年《最高人民法院关于人民法院民事调解工作若干问题的规定》、2009年《最高人民法院关于建立健全诉讼与非诉讼相衔接的矛盾纠纷解决机制的若干意见》、2010年《关于进一步贯彻"调解优先、调判结合"工作原则的若干意见》、2011年《最高人民法院关于人民调解协议司法确认程序的若干规定》等。上述这些规定，对当前法院的诉调对接工作有了一个比较完整的设计和规划。今后在诉调对接的实践工作中，要以上述法律法规为基本的出发点和落脚点，将诉调对接工作纳入一个更趋规范化的轨道中，并以上述法律法规为指导，解决实践中遇到的问题，创新实践中的工作机制和方法。

(2) 强化诉调对接的质量

尊重当事人的合意。只有建立在当事人合意基础上的调解工作，才能有其正当性与合法性。但除此，也可借鉴域外的立法经验，对当事人的选择权也做出了一定的限制，即必须尽可能少地浪费宝贵的司法资源，如美国法院附设调解中就有这样的规定，即拒绝接受调解方案当事人，如果在判决中没有得到比调解结果更有利的判决时，将要承担拒绝调解以后对方当事人所支付的诉讼费用。

规范调解案件的入口。以排除式明确不得纳入的范畴。如涉及公共利益、国家利益、政策性原则、破产还债程序案件等，不宜纳入诉调对接范畴。

规范调解程序。不仅审判需要依法办事，调解同样需要依法办事，尤其是诉调对接中的调解。偏离了法律和事实的轨道，调解就无法取得当事人的信任。尽可能在查明事实的基础上做出调解，避免"和稀泥"式的调解，减少调解这一柔性纠纷解决手段自身所存在的一些弊端。

为了使诉调对接程序建立在事实基础之上，非法证据排除规则、举证责任倒置规则、相应辩论规则应当适用，相关的程序保障措施可以引入。

（3）规范调解员制度建设

规范调解员的选任程序，通过规范调解员队伍的准入门槛，提高调解员的综合素质。应提高退休司法人员、海事领域的专家、权威专业人士以及有经验的社区干部在调解员中的比例，发挥他们熟悉法律、善于和人沟通、善于做群众工作、善于化解矛盾的优势。对此，可以借鉴仲裁委员会聘任仲裁员的方式进行。首先，除诉调对接中的调解员外，可聘请各行业具有声望的海事、海洋专家作为非固定的调解员，并通过发放聘书等形式增加调解员的荣誉感；其次，建立列明各调解员专长的名册，供参加诉前或审前调解的当事人根据各自需要进行选择。

第二章 海事 ADR

一、ADR 与海事 ADR

(一) ADR 概述

1. ADR 界定

ADR 作为舶来品，除被译作选择性纠纷解决方式外，也有人将其译为替代性纠纷解决方式，[①] 但是笔者认为"替代性"容易使人误解 ADR 的发展意欲替代传统司法诉讼，在目前中国对于 ADR 接受和信任程度都有待提高的情况下，可能不利于 ADR 与诉讼的和谐发展。实际上，ADR 作为非诉讼的纠纷解决方式，目的在于为当事人提供多元化的选择机会，减轻法院沉重的诉累，并帮助当事人扫除谈判中的障碍进而顺利达成和解协议。ADR 与司法诉讼之间非但不是替代关系，从某种意义上说还是一种伙伴与功能互补的关系，追求的都是社会矛盾的化解、社会秩序的恢复，两者完全可以达到良性互动。由于文化传统、社会制度、法律制度等因素的不同，各国对 ADR 含义的解释也存在着一定的差异。ADR 的概念最早发源于美国，1976 年在庞德会议上弗兰克·桑德尔（Frank Sander）教授第一次使用了"ADR"这一名词。美国 1998 年《ADR 法》的定义是：选择性纠纷解决方式包括任何主审法官宣判以外的程序和方法，在这种程序中，通过诸如早期中立评估、调解、小型审判和仲裁等方式，中立第三方在论争中参与协助解决纠纷。[②] 该解释主要相对传统诉讼而言，将 ADR 与诉讼本位的观念进行区分。英国学者亨利·J·布朗（Henry H. Brown）认为，ADR 系指任何作为诉讼替代性措施的程序，它通常涉及一个中立的第三人的介入和帮助，ADR 包括仲裁。该学者以是否有第三方介入作为识别 ADR 的重要标准。[③] 日本学者对 ADR 的理解则是，"以合意为基础的，以当事人为中心的程序，这使得纠纷的解决能够避免一无所获的僵硬的选择，使 ADR 具有实体上的高度灵活性和变化的余地，并对当事人的总体补偿"。[④] 各种释义表述虽有所不同，但总体上可概括地认为，ADR 的含义有广义狭义之分。广义的 ADR 是指诉讼制度以外的具有合法性、自主

[①] 美国 ADR 就被译为替代性纠纷解决方式。如美国司法部《联邦法院诉讼中替代性纠纷解决方式指南》。
[②] 刘晓红. 构建中国本土化 ADR 制度的思考. 河北法学，2007 年第 2 期。
[③] Henry J. Brown, Arthur L. Marriott. ADR Principals and Practice. Sweet & Maxwell, 1999, 12.
[④] [日] 小岛武司. 诉讼制度改革的法理与实证. 陈刚译. 北京：法律出版社，2001 年，第 181 页。

性、选择性的各种纠纷解决方式的通称，在我国主要包括和解、协商、调解、仲裁；狭义的则将仲裁排除在外。

2. ADR 的特征

（1）非正式性与灵活性

ADR 机制相对传统的司法诉讼而言，因缺乏公权力参与或参与程度不够，往往被视作非正式性或民间性的，最主要表现在 ADR 所产生的结果一般对当事人没有法律约束力，虽然也有部分 ADR 的裁决具有法律约束力（如仲裁），但即便如此，其性质与诉讼的判决结果也有本质区别。在法律基本原则的范围内，ADR 被赋予了很大的空间，主要表现在程序上的灵活变通。首先，ADR 机制中当事人不必严格遵照法律处理纠纷，有权自主选择适当的实体法或程序法，甚至可以选择不成文法处理纠纷；其次，纠纷解决过程中当事人可根据情况灵活转换或组合各种 ADR 程序，不必拘泥于固定的模式；再次，纠纷解决结果不局限于法定的救济方式，可以通过当事人合意选择，使处理方式和结果更符合市民社会的伦理道德。这些特点使 ADR 机制对新兴的社会纠纷能够迅速反应，适应社会经济的飞速发展，弥补法律规定的僵化性与滞后性。

（2）平等性与互利性

随着 ADR 的启动，参与进来的 ADR 主持人员与当事人双方处于平等地位，三者之间呈等边三角结构，并非如诉讼中代表国家公权力行使职权的法官处于凌驾于当事人之上的地位。ADR 机制中纠纷当事人既可以平等协商对话，也可以在中立的第三方（个人和机构）的主持下达成合意。第三方的中立性、协商对话的意志自由及平等的氛围使得当事人能更好地沟通，扫除矛盾障碍，达成一致，并更容易接受纠纷解决结果。相对于诉讼以司法权力的公正行使为价值取向，ADR 机制侧重于解决当事人的利益问题，切中要害，往往能达到事半功倍的效果。很多时候矛盾纠纷的化解并不在于僵化地遵循法律规则，而是寻求一个利益平衡点，一个使当事人都能满意和认可的处理结果。ADR 更多地以促成和解为取向，双赢（多赢）与和谐是其最关注的价值，也是当代世界对 ADR 最为认同的优势。[1] 这一特性使得 ADR 机制能够化解诉讼中程序正义与实体正义有时不可兼得的尴尬局面。

（3）保密性与专业性

ADR 程序一般都是非公开进行的，有些 ADR 方式，还会在规则中规定 ADR 主持人及参与人员的保密义务。这种保密性对当事人来说是很具有吸引力的，因为大多数海事纠纷的当事人出于防止商业秘密外泄或商业声誉受损的考虑，都不希望将纠纷解决的过程暴露于公众面前。ADR 的解决对象基本是海事、贸易、航运、金融等领域的民商事纠纷，此类纠纷往往会涉及特殊领域的专业知识与技术问题，不仅要求纠纷解决者具有深厚的法律背景，更要求精通专门的知识和技巧。大多数法官只是法学精通的单一型人才，对海事、贸易、金融、航运等领域的知识并不精通，导致其在纠纷解决的过程中往往力不从心，处理的结果不尽如人意。运用 ADR 解决纠纷时，当事人可以选用符合这些专业要求

---

[1] 范愉. 解决纠纷的理论与实践. 北京：清华大学出版社，2007 年，第 143 页。

的 ADR 主持人，以求更满意的结果。

(4) 高效性与和谐性

由于诉讼程序的刻板、繁琐与昂贵，越来越多的当事人倾向于寻求诉讼外的方式解决纠纷。ADR 程序的灵活便捷使当事人可以节约不少时间成本、经济成本，从法经济学的角度看，这完全符合经济理性人的利益需求。诉讼的本质使得当事人往往处于充满对抗性的对话模式，缺乏良好的沟通，容易使矛盾升级。ADR 机制为当事人创造解决纠纷的和谐氛围，避免不必要的对抗所产生的社会不和谐与不稳定因素。从 ADR 的启动到最终达成合意，整个纠纷解决过程中当事人可以自由行使和处分权利，三方能够平等对话，自主协商并达成和解，体现 ADR 和谐的内在逻辑。

(二) 海事 ADR

1. 海事 ADR 及其机制

要准确界定海事 ADR 的内涵，首先要了解什么是海事。一般来说，广义的海事指海上运输活动以及与船舶有关的一切海上活动，引起的海事纠纷的问题会涉及运输合同、货损货差、债权债务、海上侵权、船舶船员管理、船舶经营、海上油污等。狭义的海事仅指海上发生的事故，这些事故会引起从事海上活动当事人的损失或责任。[①] 因此，对海事纠纷也可以从广义、狭义两个层次理解。广义的指海上运输或与海上运输有关的业务中发生的违约或侵权行为造成对方损害而引起的纠纷。[①] 狭义的则主要指海上事故所引起的纠纷。无论从广义还是狭义分析，海事纠纷引起的责任或财产赔偿关系都属于一种特殊的民事纠纷，主要是海事行为主体之间或海事行为客体之间引发的合同纠纷、债权和债务纠纷、侵权行为纠纷。[①] 考察我国《海事诉讼特别程序法》的相关规定，对"海事纠纷"的理解应以广义为宜。从规定看，海事纠纷主要有两类，即因海事侵权行为引起的纠纷，以及因海上运输合同而发生的纠纷。《海事诉讼特别程序法》第 4 条明确规定：海事法院受理当事人因海事侵权纠纷、海商合同纠纷以及法律规定的其他海事纠纷提起的诉讼。

海事 ADR 即是将选择性的纠纷解决方式运用于海事纠纷的解决，以减轻海事法院诉讼负担，满足海事纠纷多元化的解决需求。《牛津英语词典》将"机制"一词释义为"方式、方法或规则、管理，或具有影响力和权威性的体系或机构"。[②] 可见"机制"应该是由多种具体的方法、规则、制度和机构组织所组成的体系，并且这些方法、规则、制度和机构组织之间并不是相互孤立的，而是在保留各自独立运行空间的同时，又存在功能互补与良性互动的有机整体。综上，海事 ADR 机制至少应当包括三种基本要素：一是海事 ADR 方式，包括海事调解、和解等在内的可以利用的海事纠纷解决方式；二是海事 ADR 规则，包括各种程序规范和纠纷解决可以适用的法律；三是海事 ADR 机构及人员，即解决纠纷的主体，也包括民间的纠纷解决主体。海事 ADR 机制就是指在海事诉讼制度之外，由上述三种基本要素组成的协调与互补的解决海事纠纷的有机法律体系。

[①] 陈宪民. 新编海商法教程. 北京：北京大学出版社，2011 年，第 355 页.
[②] 丁伟. 经济全球化与中国外资立法完善. 北京：法律出版社，2004 年，第 524 页.

2. 海事 ADR 特征

海事纠纷与其他的民事纠纷相比，具有其特殊性。尤其是随着现代海运业及相关行业的发展，海事法律关系日益复杂，海事法律关系的主体趋向于多元化，客体更加广泛，内容不断丰富。

（1）海事纠纷以海上货物运输为中心

海事法是调整特定海上运输关系的法律规范的总称。因此，海事纠纷首先包括有关海上运输的民商事合同纠纷，如海上、通航水域货物、旅客、行李运输合同纠纷，租船合同及货物代理合同纠纷，海上、通海水域保险、保赔合同纠纷等；其次，海事纠纷还包括海上侵权纠纷，即因船舶碰撞、海洋环境污染等行为所引起的侵权责任关系，如船舶碰撞、触碰、损坏空中设施、水下设施损害责任纠纷，船舶污染纠纷等；最后，因海上特殊风险或法律特别规定而产生的纠纷也是常见的海事纠纷之一，如共同海损纠纷，海上、通海水域运输重大责任事故责任纠纷。现代海事纠纷主要包括以上三种与海洋有关的民商事纠纷。

（2）海事纠纷与船舶密切相关

船舶是海上运输的载体，与船舶密切相关的海事法律纠纷也是海事法调整的主要对象。与船舶密切相关的海事纠纷可以归纳成两类：第一类是因船舶物权产生的海事法律关系，包括船舶所有权和担保物权，如船舶共有、权属纠纷、海事请求担保纠纷、船舶抵押权纠纷等；第二类是因船舶之债而产生的债权法律关系，包括各类与船舶有关的合同之债和因船舶侵权行为而产生的侵权之债，从最高人民法院的《民事案件案由规定》来看，围绕船舶而产生的债权债务纠纷为海事纠纷的主要类型，尤其是海事合同纠纷，占所有海事纠纷的一半以上。

（3）海事纠纷主体的多元化

基于海事纠纷主体个数的不同，可以把海事纠纷分为两者之间的海事纠纷和三者以上主体之间的海事纠纷。现代海事纠纷呈现出主体多元化的特点。这种趋势的产生是海运服务行业发展的必然结果。海事服务主体、客体、内容的多样性和服务的精细化导致现代海事纠纷多发生在三方或三方以上的主体之间，如船舶建造、融资租赁合同纠纷，通常会涉及借款人、担保人、建造人、所有人和船舶经营人等多方民商事主体，而不断发展的多式联运会导致海运、铁路、公路运输各个区间大量法律关系主体的出现。海事纠纷主体的多元化给海事纠纷的解决工作带来了很大的挑战，使得海事纠纷的事实认定更加困难，难以实现圆满的审判和调解效果。

（4）海事纠纷的涉外性

基于海商事纠纷的性质，可以将海商事纠纷划分为国内主体之间的海事纠纷、国内主体与外国当事人之间的海事纠纷和外国当事人之间的海事纠纷。海洋运输的地域特性决定了海事纠纷通常具有涉外性，即与两个或两个以上的国家存在实质性的联系。从国际私法的角度来看，这种连结点可能是涉案行为发生在其他国家的海域、船舶的国籍为某外国、船员为外国人，抑或是外国司法、海事机关对船舶实施了扣押等强制措施。此外，当事人的选择也可以使与一国没有任何联系的海事纠纷在该国进行实体审理。如我国《海商法》第 8 条规定：海事纠纷的当事人都是外国人、无国籍人、外国企业或者组织，当事人书面协议选择中华人民共和国海事法院管辖的，即使与纠纷有实际联系的地点不在中华人民共和国领域内，中华人民共和国海事法院对该纠纷也具有管辖权。

二、域外海事 ADR

（一）美国海事 ADR

1. 美国海事 ADR 概述

美国是 ADR 机制的发源地和现代 ADR 最发达的国家。美国作为一个有着法治传统的国家，曾经极为推崇以诉讼作为解决纠纷的最佳途径。20 世纪 60 年代兴起的 ADR 是由美国当时的社会改革运动和民事审判改革两股潮流汇合而成。当时法院积案严重，安排听证要几个月，一个案件的诉讼解决可能要几年，诉讼费用相应增加。另外，诉讼具有自身无法克服的局限性。因此，商人、社团纷纷转向 ADR，寻求非诉讼处理程序，作为民事诉讼的替代。人们从实践中体会到 ADR 的优点主要是：避免诉讼延长，节约时间；收费低，节约开支；协调和谐，改善客户关系；不公开审理，利于保护商业秘密；私人社团进入争议解决，更具民间性的优点；同时促进司法改革，法院吸纳 ADR。与此相适应的，在全国范围内纷纷建立 ADR 组织。在 20 世纪 70 年代，美国律师协会建立解决争议替代方法的专门委员会。此后，各州、各地区、各行业和全国范围内都组建各种调解中心与 ADR 中心。美国司法 ADR 的地位第一次被正式承认是 1983 年对《联邦民事诉讼规则》第 16 条的修改，修改后的第 16 条要求法官考虑运用"司法外程序"解决纠纷的可能性。根据这一规定，联邦法院在随后的几年里尝试运用了最初的司法 ADR 程序。1998 年的 ADR 法是目前为止有关司法 ADR 立法的最重要成果，该法确认了 ADR 的含义、法律地位和管辖等问题，但重点还在于授权每一个联邦地区法院执行 ADR 程序，鼓励各法院通过地方规则创造和利用 ADR 程序。

2. 美国海事 ADR 机制的模式

（1）调解－仲裁

顾名思义，"调解－仲裁"方式是将调解与仲裁结合在一起，介于调解与仲裁之间的一种模式。在此程序中，一般由同一位中立第三方作为调解人，帮助当事人双方缩小差距或分歧，并促使他们达成一致意见或者双方可接受的和解结果；一旦调解失败，便进入仲裁程序，中立者作为仲裁员做出具有终局性约束力的裁决。需要说明的是，仲裁员可由原来的调解员担任，也可以另聘一位新的仲裁员。"调解－仲裁"模式的优点在于融合了纯粹的调解与仲裁的优势，将两种程序衔接起来；同一位中立第三人既作为调解人又作为仲裁员，更熟悉当事人双方争议之症结所在，有助于尽快解决纠纷。

（2）早期中立评价

这是一种用于鼓励纠纷当事人面对面谈话并评估各自诉讼立场的秘密程序。此方式于 1985 年由加利福尼亚州北部地区法院所创建，目的是通过在诉讼的早期阶段为当事人提供关于案件的现实评价，以促进和解。具体程序是由争议双方当事人在提起诉讼后 150 天内，选择在争议所涉及的专业领域内的专家作为中立者，由双方当事人提出事实上的理由和法律上的主张后，经评估人研究后发表意见。评估人听取双方当事人的意见后，确定主要争点，并确定无争议事实的范围，如果当事人要求，还可适用调解。在无法达成合意的情况下，中立评价人则做出无拘束力的判定。目前，早期中立评价的利用形式更加多样化，而且在多数法院附设 ADR 中，都包含"评价性"要素。这也是与传统的调解最大的区别。早期中立评价具有以下特征：第一，中立评价人通常由法院提供人选，多为资深律师；第二，中立评价人的作用是做出客观的评价，带有很强的指导性；第三，当事人提出主张和举证的程序上比调解更正式；第四，中立评价人的信誉和能力对此程序影响较大，如果当事人确信中立评价人是公正和广见博识之人，则和解的可能性会增加。早期中立评价程序的积极意义在于，通过对当事人主张是否正当，双方理由强弱的评估，有助于当事人加快发现程序，达成和解协议，节省诉讼费用。

（3）小型审判

小型审判一词出自《纽约时报》（New York Times），是对 1977 年为解决两个企业间之纠纷而创立的一种和解促进方式的称谓。小型审判绝不是严格意义上的审判，而是一种综合谈判交涉、中立评价、调解以及裁判等程序而构成的、制度性的和解程序，属于典型的"混合性"的 ADR。[①] 因小型审判最初是处理企业间纠纷的一种形式，所以主要被民间团体和政府机关所利用。美国仲裁协会制定了《小型审判程序》规则，以加强对此种 ADR 形式的规范。近年来，小型审判已被用于解决各种纠纷（包括海事纠纷），法院也相继制定规则，同时还建立了作为法院附设 ADR 的小型审判程序。小型审判有多种形式，但基本差别不大。小型审判组由当事人双方选任的中立建议者主持（多由退休法官和资深法庭律师担任），双方当事人一般由企业法人代表或有决定权的高级主管人员参加。审判组负责宣布公开文件的数量界限，各方必须准备的要点以及陈述案情的时限等规则。在指定的听证日期内（一般不超过 2 天），双方陈述案情。听证以后，双方主管人员自己进行和谈，尽量寻求解决办法。如有必要，中立建议者可对此争议一旦诉至法院的可能判决结果口头发表个人意见，但此意见并无约束力。在此之后，双方可以再次协商解决。通过小型审判，如果双方和解且其结果被写入判决书，即具有法律约束力。如不能和解，则进入正常诉讼程序，但在庭审活动中双方均不准引用小型审判中对自己有利的对方的陈述。根据美国司法部《联邦法院诉讼中替代性纠纷解决方法适用指南》的介绍，小型审判更适用于当事人人数较少的纠纷，特别对于解决下列四类纠纷最为有效：①在因一方当事人对他方当事人及其实力估计过高而导致谈判陷入或即将陷入僵局时；②存在着某些重要政策问题，而决策者的面对面对话有助于解决这些政策问题时（在缺乏中立第三人介入之场合）；③属技术性纠纷，且决策者与中立第三人对纠纷问题具有专业知识时；④中立的三人所拥有的专业证书有助于纠纷案件时。小型审判具有以下显著特征：第一，它不是以法官和职业法律家为中心，而是以当事人为主角；第二，整个进行过程是不公开的，故不会泄露企业的商业秘密；第三，此程序规定了和解达成的最后期限，因此不会造成拖延；第四，因参加者本身具有决策权，因此和解率及履行率较高。

[①] 范愉. 非诉讼纠纷解决机制研究. 北京：中国人民大学出版社，2000 年，第 241 页。

第二章 海事 ADR

(4) 简易陪审团审判

简易陪审团审判是 1981 年俄亥俄州北部地区联邦法院法官朗布罗斯 (T. Lambros) 所创立,目前已有许多州法院和联邦法院采用了此程序。此程序与正式的审判最为相似,有法官、陪审员和其他法院工作人员参加,通常在法院进行,一般是不公开的。此程序的进行顺序是:①在证据开示程序完成后,在审判开始前 3 天,律师向法院递交有关问题的总结和指定陪审团的指令,从法院提供的有 10 人以上的陪审员名单中指定陪审员,组成陪审团。指定前给每位陪审员一份案件情况报告书。②由律师向陪审团出示证据,可以总结有关证人证言(为节省时间,限制证人出庭作证及对证人的口头询问),并向陪审团陈述。但律师关于事实的陈述,必须援引经过开示的证据。③律师陈述结束并做总结发言后,陪审团退席评议,并做出裁决。陪审团可做出合意裁决或个别或单独裁决。律师可以要求将合意裁决视为一个有关是非曲直的终局的决定,法庭以此为基础做出判决;也可以要求做出个别或单独裁决,此裁决可作为争议双方和解的基础。简易陪审团审判主要适用于侵权损害赔偿诉讼、多方当事人诉讼及反垄断的诉讼。与一般的法院审理不同的是:要求代理律师及当事人本人都要到庭;简易陪审团审判是在简化正式审理中所提出证据的基础上进行的;为了节省时间,严格限制对证人的口头询问。陪审团系从陪审员名单中选出,其评决只作为参考意见,并无拘束力。此程序的特点是:第一,由法院主持,法官的作用处于核心地位,程序的后期,实际上转化为法官的职权式简易程序;第二,法官在讨论结束后做出的裁量并无强制性约束力,当事人如果达成和解,则形成和解协议;如果达不成和解,则不受限制地进入审判程序;第三,其性质和功能属于评价性 ADR,通过向当事人预测评价法院判决的结果,促使其做出决断;第四,因减少了对抗程序且不公开而具有 ADR 的一般长处;第五,对陪审团的利用是其突出特征。在美国,对此程序的利弊有两种针锋相对的意见:一方面,以波斯纳为代表的反对派认为,此程序近于审判但又简化了审判的必要程序和质证活动,无法保证公平;同时较其他 ADR 成本过高,又不适用于非陪审型案件。另一方面,以朗布罗斯本人为代表的拥护者则通过数据证明,俄亥俄州北部地区联邦法院于 1990—1993 年前期的民事案件中,实行简易陪审的案件中的 82% 比同类案件的平均审理时间缩短,平均减少的日数为 337 天。并且,这种程序有利于保障当事人接受陪审的宪法权。[①]

(5) 私人审判或"租借法官"

此程序是当事人根据法院或法庭规则,经法庭决定在特定名单上挑选收取报酬的中立者进行裁判并解决争议的办法。通常中立者是退休法官,程序上类似于小型审判,由其主持一个与正式审判程序相似的审理过程,为当事人提供一个举证和辩论的机会,并由"租借法官"做出一个包含事实判断和法律依据的判决。因当事人事先约定受其约束,故此裁决有法律上的约束力,当事人不服时只能通过上诉推翻它。

(6) 中立专家事实发现

这是一种非正式的程序,由法院选任一名有关专家作为中立第三方进行事实调查、收集证据,做出一份书面的无约束力的专家意见(报告或证明),或作为中立证人出庭作证。法院通常是在证据开示程序完成后,决定是否需要聘请专家。在复杂的涉及技术问题的案

[①] 范愉. 非诉讼纠纷解决机制研究. 北京:中国人民大学出版社,2000 年,第 236 页。

件中（尤其是海事纠纷和知识产权纠纷中，使用较多），此方法可以成为解决纠纷的最有效手段。中立专家的意见或证明可以向当事人提供一种关于事实的客观评价，其结果可以影响当事人和法院对事实的判断，并在经过交叉质证后可能被法院接受为有效证据。

除了以上 ADR 程序外，美国民事诉讼中的和解程序（Settlement）也是以非判决方式解决纠纷的重要手段，其中和解会议（Settlement Conference）是在法官主持下促进当事人达成和解的一种形式。和解会议一般在法官办公室举行，主持和解的法官通常不是该案的主审法官，有时法院专门设立调解法官主持和解会议，或由聘请的退休法官或律师主持。这些程序与各种 ADR 方式相互结合，使得美国只有 5% 的提交诉讼的案件真正走到审判程序，其余 95% 则在审判程序前就被解决了，这样，将"诉讼"作为"替代"，而将这些其他纠纷解决过程作为"正常情况"①。ADR 方式被广泛地融入到现代的司法结构之中，不仅如此，大量的替代性方法是通过立法程序创立起来的，从而使当前解决纠纷的替代方法制度化这一趋势得以强化。②

3. 美国海事 ADR 对我国的启示

虽然中美两国在社会制度、文化传统、经济发展水平等各个方面都存在着较大差异，但是，在类似的"诉讼大爆炸"的背景下，分析美国 ADR 的兴起的原因，对我国纠纷解决资源的利用将不无启示。第一，美国 ADR 的发展实践证明，我国现在流行的以法治的名义否认非诉讼机制合理性的观点是片面的。有着法治传统的美国，在面对"诉讼爆炸"的现实危机时，也最终采取了灵活的应变措施，以多元化的纠纷解决机制替代和补充司法的中心地位。实践证明，ADR 的发展并未、也不能否定法治本身，它一方面证实了法治的弊端之所在，另一方面又为医治这一弊端提供了补救措施。我国在引进西方诉讼制度、满足社会的法治理想的同时，不可避免地同时引进了长期困扰西方社会诉讼的种种弊端，此时，除了改革审判方式，完善诉讼制度本身、积极发展能够有效解决诉讼痼疾的 ADR（即诉讼外纠纷解决方式）肯定也是必要的。第二，我国应全面重视 ADR 的发展。美国 ADR 的发展得到了从政府到社会、从法院到当事人、从产业界到理论界的全方位支持。立法的重视、资金的投入、理论的指导以及民众的支持都有效促进了 ADR 的发展。相形之下，我国非诉机制明显显得孤立无援，而在一片批评声中被冷落和忽视。所以，要充分利用诉讼之外的纠纷解决资源，发挥非诉讼方式的解纷功效，在纠正片面的法治观的前提下，增加对非诉讼机制的投入、加大立法力度、完善相关机制和配套措施、加强理论研究以及进行正面宣传和引导都是必不可少的。第三，我国非诉讼机制应该不断地自我完善和发展。

（二）英国海事 ADR

1. 英国 ADR 概述

ADR 在英国并没有得到充分重视，民众普遍对 ADR 持保守和怀疑态度。直到 20 世纪

---

① [美] 克丽斯蒂娜·沃波鲁格. 替代诉讼的纠纷解决方式（ADR）. 河北法学，1998 年第 1 期，第 58 页。

② [美] 彼得·G·伦斯特洛姆. 美国法律大辞典. 贺卫方等译. 北京：中国政法大学出版社，1998 年，第 230 页。

90年代的"接近正义"的民事司法改革在英国正式拉开帷幕,英国大法官任命沃尔夫勋爵牵头负责此项改革。沃尔夫勋爵于1995年6月发表了题为"走向正义"的关于英格兰及威尔士的民事司法改革中期报告。1996年7月,发表了最终报告。1998年,以上两份报告为基础的新民事诉讼规则出台,并于1999年4月26日生效实施。人们发现ADR机制是分流诉讼案件,解决司法改革问题的突破点之一,ADR才逐渐在英国受到推崇。与美国ADR机制的实践模式不同,英国对于ADR机制倾向于"大力支持,谨慎介入"。[①] 英国法院更倾向于给ADR的自治发展提供间接支持,使其拥有自主发展的适当空间,不会过多地干扰ADR的发展趋势和模式。首先,英国法院一般不直接提供ADR服务,也即法院附设ADR。而是积极探索民间的ADR资源和潜能,在民事司法改革中采取措施,鼓励民众自主使用ADR,如当事人间缺乏有效的ADR协议时,法官可以指令ADR提供者提供ADR服务;其次,英国有效利用经济杠杆激励当事人使用ADR机制解决纠纷。将长期以来只提供给诉讼当事人的法律援助金发放给ADR当事人,并将援助金适用的ADR范围扩大;再次,英国法院还通过改革案件管理制度,让所有民事法庭都能提供ADR相关的信息资源,以供当事人有需要时参考。目前,英国ADR的主要形式有:调解、调停、行政裁判、迷你审判、专家决定、早期中立评估、司法评估、仲裁等等。[②] 种类多样的ADR方式与传统民事诉讼相结合,形成了协调发展的多元纠纷解决机制,收到了良好的法律效益与社会效益。不仅如此,英国民事司法改革前期,民间ADR组织已经发展得初具规模。其中,英国三大ADR组织,即专家协会、ADR集团以及纠纷解决中心的作用尤其突出。[③] 这些重要的组织不仅具有解决纠纷的功能,而且具有专业培训的功能,特别是专家协会在培训中立第三人方面取得了巨大成就。[④] 上述措施都为英国ADR机制的可持续发展与科学发展奠定了必要的组织基础和人力资源基础。

2. 英国ADR对我国的启示

虽然ADR有助于实现法治的可持续发展,但它客观上也存在着反法治化的倾向。因此,应该考虑到我国ADR实践处于特定的法治化语境中,即依法治国刚刚被确立为治国方略,法治化水平还亟待提高。因此,确立适当的ADR模式极为重要。英国的ADR模式既较好地维持了法院作为审判机关的纯洁性,又有力地推动了ADR的发展,应该说这一模式对我国具有较大的借鉴价值。首先,处理好ADR的鼓励与程序基本权保障的关系。借鉴英国的民事司法改革的经验,我国的民事司法改革也应当以保障当事人的程序基本权的实现为最高理念。当然,在尊重和保障当事人的裁判请求权这一程序基本权利的前提下,我国在民事司法改革过程中还应当充分发挥以调解为代表的ADR的作用。因诉讼不是最圆满的纠纷解决方式,有其固有的缺陷,它容易造成当事人的对抗和紧张,解决纠纷成本高、

---

① 敖妙. 我国与美国司法ADR的比较研究——兼论对构建我国多元化纠纷解决机制的启示. 沈阳工程学院学报, 2009年第3期.

② Gary Slapper, David Kelly. English Legal System. Gavendish Publishing Limited, 1996.

③ 徐慧, 张艳霞. 英国民事司法改革对我国ADR发展的启示. 社会科学论坛, 2006年第12期.

④ Peter Hibberd, Paul Newman. ADR and Adjudication in Construction Dispute. Blackwell Science, 1999.

速度慢，而 ADR 能克服这些缺陷。此外，虽然我国没有出现诉讼爆炸现象，但随着经济的发展，纠纷将不断增加，可以说纠纷是无限，而我国的司法资源是有限，纠纷的无限性与司法资源的有限性的矛盾是难免的。因此，在我国的民事司法改革过程中，应当鼓励当事人在纠纷发生后尽量通过非诉讼的纠纷解决机制。不仅法院应当向当事人提供非诉讼的纠纷解决机制的信息，并根据案件具体情况建议当事人使用适当的非诉讼的纠纷解决机制；而且律师在代理民事案件的过程中应向当事人说明诉讼的风险，并鼓励当事人使用非诉讼的纠纷解决机制解决纠纷。其次，增加非诉讼的纠纷解决机制的形式。这些形式或项目可以是独立于法院系统的，也可以是法院附设的。例如，我国可发展类似于英国的专家决定，早期中立评估等 ADR 形式。我国还有必要建立法院附设的调解委员会。最后，更好地发挥人民调解等民间纠纷解决机制的作用。应进一步健全人民调解委员会这一调解组织，政府应组织调解人员的培训等工作，并提供物质保证；我国还应鼓励个人或团体提供 ADR 服务，我国完全可以借鉴英国的做法，建立注册调解员队伍，鼓励建立民间的纠纷解决中心。

（三）德国海事 ADR

1. 德国 ADR 概述

作为欧洲大陆最富有理性的国家，德国的诉讼程序、司法制度乃至整个纠纷解决机制都是经过精心设计建构而成的。与美国形成鲜明对照的是，在德国，既没有出现明显的"诉讼爆炸"，也没有形成司法 ADR 的热潮。[①] 然而，近年来诉讼案件的迅猛增长仍然使得德国的法院系统不堪重负。例如，德国 1991 年的一审民事案件为 163 万件，1994 年增至 213 万件。[②] 为此，德国通过数次修改《民事诉讼法》，制定《司法简化法》和《司法负担减轻法》等做法来应对这些新变化，力图通过进一步简化诉讼程序，提高司法效率，减轻司法系统的负担。与此同时，德国立法和司法部门也开始将眼光转向诉讼外的替代性纠纷解决方式。自 20 世纪 70 年代以来，德国政府逐渐重视并倡导发展 ADR 制度，力求在重视诉讼制度改革与完善的同时，对其他的纠纷解决方式加以更充分的利用。近年来，诉讼制度的改革与 ADR 的发展已成为德国法学界关注和探讨的热点问题。

2. 德国 ADR 的特点

与美国的大力推行 ADR 相比，德国的 ADR 发展相对缓慢。美国作为判例法国家，其司法裁判的功能更多地在于通过判例发现和确认规则，为社会提供行为规范。因此，当法院承担了越来越多的社会功能而又无法应对纠纷解决的需求时，通过法院功能的转移，将纠纷解决功能分流给某些具有司法性质的替代性纠纷解决方式就成为顺理成章的选择。比较而言，德国民事诉讼的职权主义色彩较重，从民事程序的设计和实际效果上看，更符合效率、经济和便利原则，并且不断围绕提高效率和便利诉讼的目标进行程序法的改革。德国的司法实践中并未出现美国式的"诉讼爆炸"以及严重积案的现象，法院具有较强的能

[①] 范愉. 多元化纠纷解决机制. 厦门：厦门大学出版社，2005 年，第 15 页.

[②] 吴杰编译. 德国民事司法改革，载陈刚主编. 比较民事诉讼法（2000 年卷）. 北京：中国人民大学出版社，2001 年.

力应对不断增多的诉讼案件。因此，当各国积极推进 ADR 发展时，德国并没有一味地予以效仿，而更多的是从法制和社会"可持续发展"的需要出发，通过非诉讼方式来缓和本土社会与现代化法律规则的冲突，使得当事人的特定需求获得多元化的满足。[①] 从总体来看，德国的 ADR 制度起步较晚，在制度构建中也显现出更为理性与谨慎的态度。20 世纪 90 年代"两德"统一后，德国诉讼费用高昂、诉讼迟延等问题日趋凸显，政府逐渐重视诉讼外纠纷解决方式的作用，积极推动 ADR 制度的发展。1977 年、1981 年、1982 年德国连续举行了三次有关 ADR 的大型研讨会，并提出了在现有的和解所、调解机关和仲裁所之外，再建立其他新的制度的提案，并进行了一系列尝试，取得了较为明显的成效。[②] 德国的纠纷解决机制本身即为一个多元化的体系：民间调解等非诉讼机构遍布城乡和各行各业；法院及其程序的繁简分流使得案件审理和司法资源的利用相对井然有序；劳动纠纷等专门化纠纷解决机制运行正常；商事法院等特别法院可以满足当事人的特殊需要。特别是作为非诉讼特别程序的督促程序简便、经济而高效，利用率相当高。这种多元化的机制的合理协调及其正常运作，使得德国的 ADR 制度构建更侧重于对传统的仲裁制度、法院调解制度以及民间 ADR 制度等方面进行完善。

3. 德国 ADR 的形式

（1）德国司法 ADR

将调解的理念贯穿于审判程序的始终已成为德国民事诉讼法的一个基本原则。德国《民事诉讼法》第 278 条明确要求法官"应当在诉讼的各阶段努力在当事人之间进行调解"。[③] 有学者指出，在诉诸法院前的任何时候，当事人针对他们之间的纠纷实行和解都是合理的；如果存在着与法院程序相比更为经济、更为有效、适当的解决纠纷的替代性纠纷解决机制，法院不应鼓励当事人启动法院程序，除非当事人已经使用该机制；在启动法院程序之前以及法院程序进行中，当事人应该能够了解并且应该被充分告知可能的诉讼成本和诉讼结果，以及所有的诉讼外纠纷解决方式。[④] 由此可见，法院鼓励当事人在诉讼前尽可能地采取其他方式来解决纷争；即便是在案件进入诉讼程序后，法院也有义务为当事人运用 ADR 创造条件。德国的法院调解可以分为当事人合意的调解和诉前强制调解两类：第一类是当事人合意的法院调解。此类调解程序以当事人各方的合意为程序启动的先决条件，但法院往往会利用其自身的影响力影响当事人的选择，程序的运用也是在法官的指导及推动下进行的。例如，根据修改之后的德国《民事诉讼法》第 278 条第 2 款的规定，除非有充分的证据表明召开这样的会议"明显没有意义"，法官应该在所有的民事案件正式开庭审理之前组织召开正式的调解会议。[⑤] 调解会议可以作为首次言辞辩论的一部

[①] 范愉. 非诉讼纠纷解决机制研究. 北京：中国人民大学出版社，2000 年，第 245 页.

[②] 范愉. 替代性纠纷解决方式（ADR）的起源与发展. 载江平主编. 比较法在中国（第 1 卷）. 北京：法律出版社，2001 年.

[③] 李大雪. 德国民事诉讼法的历史嬗变. 西南政法大学学报，2005 年第 2 期.

[④] Karl Mackie, et al. The ADR Practice Guide: Commercial Dispute Resolution, 2nd edition, Butterworths, 2000, 67.

[⑤] Giesela Ruhl, Preparing Germany for the 21st Century, in Germa. Journal, 2006, Vol. 6, No. 6.

分，也可以在正式庭审开始之前独立进行，具体的时机由法官根据各方当事人的态度确定。法官应当尽量促使当事人以积极的态度参加审前调解会议。在调解会议上，法官与当事人应当一起就案件的事实与法律问题进行讨论，法官可以通过提问的方式引导当事人达成调解协议。尽管德国没有实施类似美国的法院附设 ADR 制度，但法院在认为适当时，仍然可以鼓励当事人采取替代性纠纷解决程序，并促成有关程序的适用，以协助当事人就案件实现全部或部分和解。此类设立在法院内的调解机制程序灵活，作为诉讼程序中一个相对独立的环节，主持案件审理的法官一般可在诉讼的任何阶段决定进行调解，调解的主持者由法官、检察官和法院工作人员等担任，但审理法官一般不能参与调解。[①] 第二类是诉前强制调解。近年来，德国在《雇员发明法》《著作权和发现法》《支付不能法》《劳动法院法》等部门立法都对诉前强制调解程序进行了规定，但作为民事诉讼基本法的《民事诉讼法》却始终未予正面回应。[②] 2001 年 1 月生效的《民事诉讼法实施法》对《民事诉讼法》进行了修改，增设审前调解程序的规定。《民事诉讼法实施法》第 15a 条规定，针对特定的案件类型必须进行诉前强制调解，各州可以规定，下述争议所提起大的诉讼只有在州司法管理机构设置或认可的调解机构对争议调解之后才能被受理：①地方法院受理的财产争议数额低于 750 欧元；②邻地争议，即《德国民法典》第 906 条、第 910 条、第 911 条、第 923 条，《德国民法施行法》第 124 条规定的争议，涉及经营活动的除外；③没有经过媒体、广播报道的个人名誉损害。此举在德国引起了巨大反响，它突破了以往民事诉讼改革的模式，使得 ADR 的运用在诉讼制度中得到落实，这也是德国第一次在司法程序之外赋予民事调解较为广泛的约束力。[①]

此外，《民事诉讼法实施法》中还对主持诉前调解的调解员做了规定。调解员主要由三类人士构成：担任调解员的律师、公证员和上诉法院许可的其他人；具有调解员资格或其他经注册可主持调解的人；经注册的 ADR 组织中的调解人员。在遇到法律问题较为复杂的争议案件时，可将案件交给法律专业人员进行调解；如遇到专业性较强的案件，可由特定领域具备专业知识的非法律人员主持调解。对调解案件的分流有助于减轻法院的负担，并能保证案件得到尽可能公正的解决。在《民事诉讼法实施法》颁布并生效后的实践中，诉前强制调解取得了较好的成效，经诉前调解结案的案件大大缓解了法院的诉讼压力，也使当事人免遭案件久拖不决的困扰。可以说，《民事诉讼法实施法》第 15a 条符合德国立法者对法制改革"更有效率、更接近民众、更透明"的指导思想，同时也标志着诉前强制调解作为德国 ADR 制度中的一种形式，已逐渐为公众所熟知并得到更广泛的运用。

（2）德国民间 ADR 制度的发展

德国民间性质的替代性纠纷解决方式众多，它们在不同的领域、行业内发挥作用，传统与新型的形式共用，自治性与强制性手段并存。①诉讼外调解是德国人寻求司法救济时的又一选择，早在 19 世纪，普鲁士及其后继国家中就设有调解局，用以帮助民众解决简单纠纷。与诉讼相比，诉讼外调解有其独到之处：它不占用司法资源，有助于减轻法院的

---

① See Donna Shestowsky, Disputants' Preferenees for Court Conneeted Dispute Reso - lution Proeedures: Why We Should Careand Why We Know 50 Little. Vol. 23, 549.

② 章武生，张大海. 论德国的起诉前强制调解制度. 法商研究，2004 年第 6 期.

负担;对繁简案件进行分流,使得法官能集中精力处理较为复杂的案件。近年来德国各州纷纷成立民间性质的调解机构,力图通过诉讼外调解的方式让纠纷在进入法院程序之前被妥善解决。德国的调解委员会作为政府资助的民间调解机构,其调解方式灵活多样,调解范围广泛,调解活动甚至涉及刑事诉讼领域,自愿调解成功率也相对较高。此外,各种协会、同业公会、联合会的调解机构也都活跃于德国的各行业领域中,德国ADR制度的改革重心就是大力发展面向大企业和消费者的产品质量、医疗纠纷等行业的民间性纠纷解决机构。[1] 以便为为数众多的小额损害赔偿纠纷案件提供替代性的解决办法。尽管这些民间性质的调解机构不是诉讼前当事人必须选择进行的程序,但它在纠纷解决方式上给当事人提供了更多的选择余地,并在具体程序设计上给当事人带来极大的便利,因而受到当事人的欢迎。[2]诉讼外和解与诉讼程序相比,诉讼外和解程序并无严格的法律要件要求,运用中体现出简洁便利的特点。因此,作为民间ADR制度之一,诉讼外和解不失为一种低成本解决纠纷的替代性方式。依据德国相关法律规定,律师应当尽力促成当事人优先使用ADR来解决纷争。为鼓励律师在庭外促成当事人和解,德国于1994年6月24日颁布的《费用修正法》特别规定:律师如能促成当事人达成庭外和解,除了可向当事人收取法律规定范围内的全额律师费外,还可再多收50%的"和解费"。此举通过规定较高的收费标准,调动了律师的庭外和解积极性,也为当事人寻得了诉讼之外的纠纷解决方法。随着现代社会的发展,纠纷解决方式的多元化已是大势所趋。作为迅速、低廉、大众化的纠纷解决机制,ADR既要在纠纷解决中尽可能地节约司法资源和诉讼成本,又要考虑为当事人提供更多的选择机会;既要及时合理地解决纠纷,又要最大限度地维护社会正义。因此,它势必将在世界各国进一步得到发展,成效也将更为显著。

4. 德国ADR发展与英美的比较

从诉讼制度和诉讼文化上讲,作为大陆法系代表的德国与作为英美法系代表的英国和美国有很大的差异,这种差异会对德国借鉴美国的ADR产生影响,但却并不会产生难以继受和移植的影响,而是发展模式和发展状态的不同。这也就使得德国发展ADR呈现出了自己的特点。

(1) 发展ADR的法制基础不同

英美法系国家的民事诉讼采用对抗制模式,法官作为中立的第三方,只负责保障双方当事人平等地参与诉讼,其角色定位为消极的裁判者,而当事人才是整个诉讼程序的启动者、推动者和主导者。这种诉讼模式能较公平地解决当事人之间的争端,但由于是当事人更多地主导诉讼程序,所以其效率必然会大打折扣。诉讼"爆炸"、诉讼迟延、滥用发现程序等英美法系国家民事诉讼挥之不去的阴霾,即是由对抗制而引发。大陆法系国家的民事诉讼采用职权制模式,在诉讼中,是法官而非当事人主导着诉讼的进程,因此,民事审判的效率较高,而审判的公平性则相应地受到影响。长久以来,两大法系的国家均在不断地试图平衡公平与效率在司法中的比例,虽然两大法系之间彼此借鉴和相互融合的趋势不断加强,二者的对比性已不如从前那么强烈,但对抗制和职权制各自的特点以及进而引起

---

[1] 范愉. ADR原理与实务. 厦门:厦门大学出版社,2002年,第7页。

的弊端仍然深厚。对抗制在司法效率上仍然差强人意，这也是英美法系国家诉讼迟延和诉讼成本高昂等弊端十分严重的原因所在。职权制在司法效率上确实比对抗制优越，但其忽视程序的弊端仍普遍存在，这也是大陆法系国家冤假错案相对较多的症结所在。

（2）发展 ADR 的目的不同

虽然德国在诉讼案件数量增多、诉讼迟延等问题上面临比英美更小的压力，但在美国率先发起 ADR 运动以后，也紧随其后发展 ADR，个中原因，除了其确实面临一定的和英美同样的司法危机外，最主要的是看中 ADR 的诸多程序性优点。第一，ADR 解决纠纷具有很大的灵活性。ADR 包含了数个不同的纠纷解决方法，如调解、仲裁、谈判等，当事人可以根据不同纠纷的性质和复杂程度选择不同的解决方法，甚至可以在一种方法不行后再选择另外的解决方法。第二，降低诉讼成本。与诉讼程序相比，ADR 的程序简单，其最主要的目标是快速解决纠纷，而不像诉讼那样非常注重程序，所以 ADR 的成本极低。在当前各国诉讼成本居高不下的情况下，这一优点对于当事人来讲尤为重要。第三，缓解司法压力，有利于司法资源的优化配置。虽然德国没有出现像美国那样的"诉讼爆炸"现象，但 ADR 理论和实践的发展也必然能减轻司法压力，使有限的司法资源更好地运用到重大、疑难、复杂的案件上去，而不是一些简单的民事纠纷。第四，克服诉讼的固有缺陷，快速解决纠纷。法律具有滞后性和僵化性等固有缺陷，典型的对抗制诉讼使纠纷解决表现出来的"要么全胜、要么全败"和"胜诉方全得"的局面。而 ADR 与诉讼相比，最大的优点就是其灵活和快捷，避免了诉讼的繁文缛节，在快速地解决纠纷的同时，也使双方当事人更易于接受解决方案。第五，ADR 的发展有利于多元化纠纷解决机制的完善。在一个社会中，如果仅有一种纠纷解决方式或出现一极独霸的局面，那么一旦诉讼本身出现障碍或纠纷主体因主客观原因不能诉讼时，不仅对纠纷当事人，甚至对整个社会都会产生难以估量的危害，而 ADR 程序则可以发挥调节器的作用。事实上，许多 ADR 程序在实效上已超过诉讼，从这个意义上讲，ADR 的存在和发展对多元化纠纷解决机制的完善至关重要。

（3）发展 ADR 的模式不同

与上两点相联系，正是因为德国面临的司法危机并不严峻，其民事司法仍有继续发展的空间，所以其发展 ADR 的状况并不急迫。这也就使得其发展 ADR 的动力没有英国和美国强烈，并最终造成了 ADR 发展的相对滞后。从某种意义上说，美国和英国发展 ADR 是为了生存，而德国发展 ADR 则仅是为了锦上添花的完善。自 20 世纪 70 年代 ADR 运动在美国兴起以后，ADR 在美国的立法和司法实践中不断发展。1990 年 12 月，美国制定了《民事司法改革法》，揭开了美国民事司法改革的大幕。为了解决美国民事司法面临的诉讼迟延、费用高昂等危机，该法采取了两大措施，其中之一就是发展 ADR。同年，国会通过了《行政纠纷解决法》和《谈判型立法法》。1998 年《ADR 法》出台，该法要求每个联邦地区法院都要依据当地的规则建立自己的 ADR 项目，并要求诉讼当事人在每个案件中都应当考虑在一个合适的诉讼阶段使用 ADR。在实践中，各种法院附设的 ADR 方式遍地开花，[①] 因此，在美国只有 5% 的案件真正进入审判程序，其余 95% 则在审判前就被判

---

① 刘冬京，徐文园. 对美国法院附设 ADR 的分析与借鉴. 求索，2012 年第 7 期，第 226 页。

决了。由此可见，美国 ADR 在纠纷解决中的强大能力，以致有美国学者指出可将"诉讼"作为"替代"，而将 ADR 作为"正常情况"。① 在英国，虽然其发展 ADR 的模式是"大力发展，谨慎介入"，但英国《民事诉讼规则》是利用经济杠杆促使当事人自觉利用 ADR 的。即法院在做出有关诉讼费用的命令时，会考虑有关当事人是否提出和解要约，以及后续的和解成败的因素，各方在和解中的表现等情况。另外，法律援助资金也是这种经济杠杆的手段之一。以前，法律援助资金仅仅适用于诉讼中的当事人，当前，法律援助资金已扩大适用于调查、仲裁、早期中立评估、调解等 ADR 方法。② 英国有学者预测，作为一个概念，ADR 的时代已经到来。③ 而在德国，至今仍没有一部法律对 ADR 做出相对全面的规定，而仅是在某项具体的方式上有所建树，如仲裁制度，且在实践中，德国 ADR 解决纠纷的能力仍然十分有限。相比而言，德国 ADR 发展滞后的局面不言而喻。

（四）日本海事 ADR

1. 日本 ADR 概述

在日本，ADR 的实践历史源远流长。早在江户时代，民间就有通过长者调解解决纠纷的习惯。一方面根源于人们对社会和谐的孜孜追求，另一方面，也归因于法官职业群体的缺乏。调解凭借其自由灵活、高效便利的优势，在当时的社会情境下广受欢迎。但这样的历史源流却使得日本法学界在第一次世界大战前，将以调解为主的 ADR 误读为一项具有"前现代性"特征的纠纷解决机制。随着 ADR 在缓解传统社会与继受法冲突方面发挥的作用越来越突出，以及美国等国家对 ADR 关注的升温，人们才逐渐改变对 ADR 的态度。日本于 2007 年实施《关于促进利用裁判外纷争解决的法律》（以下简称《ADR 促进法》）。该法附则第 2 条规定："在本法施行五年后，政府应当对施行状况进行调查研究，如果认为有必要，则应基于调查结果修改法律。"由于 2011 年春天发生三场大灾难——海啸、地震、核泄漏，立法者将注意力转移到其他更紧迫的事情上，推迟了对《ADR 促进法》实施情况的调研。2014 年 3 月 17 日，经过"ADR 法调查委员会"一年的实证研究，日本法务省发布了 ADR 制度在日运行状况的调查书。

本书希冀在介绍日本 ADR 制度发展原因、种类的基础上，通过对运作现状的简要述评，为我国 ADR 制度构建提供一些域外经验。日本 ADR 制度发展的背景由于江户时代的《相对济令》、内济制度和明治时期的劝解制度，日本曾一度将以调解为主的诉讼外纠纷解决方式标签化为"前现代"，认为其与现代法制不相兼容。进入 20 世纪后，工业化、城市化以及第一次世界大战后萧条破败的经济状况使得社会矛盾加剧，大量的房屋租赁纠纷、劳动纠纷、土地建筑纠纷涌现。继受欧陆法建立的现代民事诉讼制度对此束手无策。移植法与传统社会的高度不协调逐渐显现出来。调停、斡旋等手段以其内在灵活性和对古老法

---

① ［美］克里斯蒂娜·沃波鲁格. 替代诉讼的纠纷解决方式（ADR）. 河北法学，1998 年第 1 期，第 58 页。

② Karl Mackie, David Miles, William Marsh, et al. The ADR practice Guide: Commercial Dispute Resolution. London: Tottel Publishing, 2005, 79.

③ Catherine Elliott, Frances Quinn. English Legal System. Pearson Education Limited, 2000, 420.

律文化的传承，成为可与诉讼制度相媲美的纠纷解决手段。日本现代民事调停制度肇始于1922年《借地借家调停法》。1951年的《民事调停法》将除家事和劳动争议以外的各种调停制度加以统一，此后虽做过若干次修改，但一直沿用至今。1945年后，社会上出现了行政和民间ADR机构。这些机构打破法庭调解的固有模式，以"游离于法律与秩序之外"的独特程序解决纠纷，引发了是否要对其进行立法规制的讨论，但直到20世纪90年代中期，人们才首次呼吁制定ADR法，为各种各样法庭外ADR机构的存在提供法律依据。在制定ADR法的过程中，如何处理ADR程序与诉讼程序的关系成为一个棘手问题。对此，学界有两种意见，学者们形象地用日本名山——富士山与八山（八ケ山）命名代表这两种意见的两个学派。富士山派认为诉讼是纠纷解决的核心，是严格以法为基准的裁断，应从诉讼角度把握纠纷解决全局。八山派将ADR与诉讼并行排列，认为两者同等重要，应在相互补足的基础上获得共荣。在两派激烈争论时，中间派阿苏山派诞生。阿苏山派承继了八山派的同等重要观，但提出诉讼相当于山内环，ADR相当于山外围。不管内环外围，由民众选择最方便自己的手段即可。应当说，阿苏山派的观点是较为妥当的。[①]《ADR促进法》于2004年12月1日公布。但为了留给政府部门充足的时间制定配套的行政文件，直到2007年5月31日，这部法律才正式得以施行。《ADR促进法》总则规定，"除诉讼外，当事人自愿选择的，通过公正第三方介入以解决民事纠纷的方法"。涵盖法院调停、调解、仲裁等方式。这些诉讼外纠纷解决程序，"应尊重当事人自主解决纠纷的努力，公正妥适地开展程序。当事人及其代理人在纠纷解决过程中应展现出与争议事项相关的专门知识，并且尽可能快速地定分止争"。无论ADR的运作主体是法院（司法ADR）、行政机关（行政ADR），还是民间机构（民间ADR），都应遵守总则的总括性规定。《ADR促进法》的分则规制了民间ADR，内容包括民间ADR认证制度及可能产生的特殊法律效果。发展至今，日本ADR制度已初具规模，形成了较为成熟的体系结构，而且与日本的法治化和专业化需求紧密结合而形成司法、行政、民间三种ADR类型。

2. 日本ADR的类型

（1）司法ADR

司法ADR主要指法院调停制度，包括民事调停与家事调停。日本的法院调停制度堪称现代法院附设调解制度的滥觞。该独立程序一方面完全受控于司法机关，另一方面又在调停人、解纷方式和依据方面强调与诉讼的区别，在满足当事人选择意愿的同时，承担了沟通诉讼与非诉讼、社会与司法、传统与现代纠纷解决方式的社会功能。[②] ①程序的启动。法院调停可由当事人申请启动或依法庭指令启动。在申请启动的情况下，一方当事人可以在任意时候申请调停。故另一方当事人有可能在未赞成采用调停程序的情况下被卷入该程序（在行政及民间ADR机构里，调解的提起必须经双方同意）。如果其拒绝出席首次聆讯，将会被法庭处以最高达5万日元（约合人民币3 020元）的罚金。申请应以书面方式提起。如果以口头方式提出，则必须由法庭工作人员记录成文。申请书必须包含申请人

---

① [日]川岛四郎. 日本ADR系统现状以及相关课题备忘. 法政研究，2007年第3期。
② 范愉. 委托调解比较研究. 清华法学，2013年第3期。

的请求以及关于冲突的简要描述。申请可以在调停的任一阶段撤回，而无须另一方当事人的同意。在依指令启动的情况下，只要法庭认为合适，即可依职权将诉讼程序转为调停程序。在程序开展初期，法官无须取得当事人同意即可自由转换程序。但当法庭梳理出案件的争议焦点并整理完证据后，法官若想转换程序，就必须征得当事人双方的同意。此外，家事纠纷与租约纠纷实行调停前置。②调停员的指定。在法院调停程序中，调停委员会主导程序开展。调停委员会由一名主任以及至少两名非专业调停员组成。当案件从庭审程序转换为调停程序时，发布转换命令的法庭会为调停委员会指定一名主任。最初，主任只能由职业法官担任。但为了减轻法官工作负担，增加法官和律师间沟通交流，2004年司法改革规定最高法院可选任有5年以上执业经验的律师，以兼职法官的身份担任主任。兼职法官与职业法官拥有相同的权利义务。非专业调停员是从由最高法院指定的候选人中再行选定的，选任标准是具有与具体争议事项相关的知识储备。调停员应符合以下条件之一：a. 有律师执业资格（如律师、退休法官、大学教授等）；b. 有专门知识背景（如内科医生、编辑、注册税务会计师等）；c. 有丰富社会经验。其年龄被限制在40～69岁之间。同时，候选人不能有《调停委员会条例》规定的不能被任命的情形，主要是指未被判处过监禁，或未受过其他严重的刑事处罚或行业处分（如曾被撤销某项任命，或被吊销某个行业的职业资格）。近年来，第三类非专业调停员中从事贸易、农业生产和商品生产的人急剧减少。但没有正式工作却有丰富社会经验的非专业调停员则增长了30%。这是因为一大批已经退休的司法代书人仍然活跃在调停程序中。③程序的开展调停委员会组织的调停聆讯应当保密。委员会有权决定是否在法庭外举行聆讯。如果他们认为该案件不适合调停或申请调停者怀有恶意，即可在程序正式开始前终结调停。委员会的决定遵从多数原则。若出现僵局（反对方与支持方人数相同），则由主任做最终决定。在日本，调停与诉讼是并行的独立程序。法庭如果发现就调停事项提起的诉讼将影响调停的顺利开展，可以推迟该案件的审理。若调停失败（当事人双方没能达成协议，法庭没有提供可调方案或法庭提供的方案被一方当事人拒绝而无效），当事人在两周内就此提起诉讼的，视调停申请提出之日为诉讼提起之日。在行政和民间ADR机构组织的调解中，同样会产生时效中断的效果，不过时间限制并非两周，而为一个月。④程序的终结。在法院调停中，有两种情况会被视为调停程序成功终结。其一，在调停委员会的调停下，双方达成合理协议并将内容记录在案。该协议的内容与诉讼和解协议具有同等效力。其二，虽然双方没有达成协议，但职业法官行使《民事调停法》第17条赋予的权力发布了一个可资参考的方案即"代替调停的决定"。若双方当事人均未在两周内提起上诉，法庭的这份方案即生效，并且拥有与当事人自己达成的协议相同的效力。诉讼和解协议或调停协议均可作为强制执行的依据。但是根据通说，它们并不具备完全的法律效力，其效力须受到执行目的的限制。

（2）行政ADR

日本是行政ADR机构比较发达的国家。行政ADR机构部分由国家运营，部分由地方运营，负责处理环境、海事、劳动、消费方面的纠纷，如都道府县劳动委员会、公害调整委员会、消费生活中心等。在程序上，其将调解、调停与裁决相结合，实际上主要依靠协商和调解处理纠纷。行政ADR机构的调解方案没有强制执行力，但因具备成本低廉、效率较高的优势而广受社会与当事人欢迎。以下以成效显著的国民生活中心与消费生活中心为例，进行简要介绍。在消费者权益保护领域，行政ADR机构的作用独树一帜。基于日本民众的"权威崇拜"，人们对民间消费者保护组织提供的解纷服务兴趣不大。法庭组织的调停程序和诉讼程序在这个领域也未发挥良好的效能。行政ADR凭借其权威内蕴的先天特征和组织良好的后天技能而优势明显，国民生活中心为消费厅下属的独立行政法人（国家运营），消费生活中心则为一般的地方行政机关（地方运营），两者共同构成了一张绵密细致的权益保护网络。国民生活中心认为调解可以"发现消费者期待与企业态度之间的落差，并从保护消费者的角度调整这种落差"。调解员须具备一定的法律素养，并能时刻注意观察消费者的情绪起伏。调解员要清楚与消费争议相关的法条、判决以及调解先例（特别是在企业有欺诈嫌疑，而消费者又对自己权利了解不充分的情况下），综合分析后做出判断。因纠纷当事人通常存在愤怒、悲哀、悔恨等消极情绪，调解员除理智冷静地提供法律建议外，还要努力将消费者的消极情绪转变为积极情绪。学者大村敦志曾说："消费者不仅想主张自己的权利，使纠纷朝着对己有利的方向解决，他们还希望调解员能理解其烦恼，并产生'你们的想法是正当的共鸣'。调解与其说是填补物理损失，还不如说是给消费者一个曝光不幸遭遇的机会。消费者得以在调解员这个耐心且中立的第三方面前，与对方也面对面互动。并在对事件地不断叙述描绘中回复平和心态。"[①] 如果仅仅关注纠纷所涉及的法律问题，忽略当事人心情，即使双方达成妥协合意，也不意味着纠纷被实质解决，还会有再起纠纷的可能。另外，调解中调解员所坚持的"中立地位"也与一般理解不同。调解员的中立并不是简单地与当事人双方保持同等距离，而是在虑及法律规定、商业利益、当事者双方原本关系和群体主张后所奉行的相对"中立"。国民生活中心的调解广受好评，且成功率高。其2012年的和解成功率达到了53%。[②]生活中心组织的调解意在"以事后介入方式确保消费者利益的现实实现""促进双方当事人的交流与合意达成"。其职责主要是"积极参与"与"尊重当事人的自我决定"。所谓"积极参与"，是指调解员为了实现消费者权益，在调解过程中所做的引导、指导行为。所谓"尊重当事人自我决定"，是指调解员应尊责任和权利义务，从而做出适宜的决定。中心理当支持消费者的这种决定。日本认为"消费者与企业相比，在所获取信息的数量、质量方面处于劣势"，并以这种"弱势消费者"特征为基准，制定了相关消费者保护法律。各行政ADR机构也着眼于消费者的弱势地位，在纠纷解决中给予倾斜保护。但值得注意的是，随着时代发展，消费者不再是单一的弱者型，也出现了能够合理判断型消费者与希望自主决定型消费者。故现在日本国内也有声音呼吁，既然消费者是多样的，基于消费者特质构建的ADR系统也应该呈现多样化特征。

(3) 民间ADR

民同ADR的运作离不开社会自治和共同体。共同体由特定的生活方式、价值观和结构组成。成员的认同感和凝聚力是其赖以生存的基础，并由此形成对共同体规范及其实施、制裁的需求。经过现代化的社会转型，传统的村落、家族、单位等共同体衰落。这不

---

① [日] 大村敦志. 消费者法. 日本有斐阁，2007年，第354—356页。
② [日] 井口尚志，日野胜吾. 国民生活中心纷争解决委员会的运行状况及今后的课题. 日本《jurist》杂志，2013年第12期。

可避免导致一部分民间纠纷解决机制衰弱。但是，社会发展又促生新的社区、行业协会、民间团体等自治共同体形式，并形成新的民间解纷机制。民间 ADR 就在社会变动中不断兴盛、衰落、复兴。但无论如何，民间 ADR 是现代法治社会不可或缺的。日本的民间 ADR 机构包括仲裁机构、地区律师协会、准律师协会（如司法代书人组织）以及专门解决交通事故、产品质量、消费者信任等纠纷的行业机构。与行政 ADR 机构相同，民间 ADR 机构达成的调解协议不具强制执行力。《ADR 促进法》分则详细规定了民间 ADR 机构的认证条件，产生的特殊法律效果以及调解员在开展业务时应履行的义务。①实行认证制度立法之初，立法者曾就是否在民间 ADR 中引进机构认证制度产生争议。最终，立法对此采取肯定态度。民间机构若想合法开展 ADR 业务，必须向法务大臣提出申请。但若该机构开展的业务是仲裁以及类似业务，无须运用交谈、协商等手段，则无认证的必要。《ADR 促进法》第 6 条规定，要取得认证，该机构须具备某个专门领域的知识背景和合适的程序实施者，所制定的规章应包括调解主体的自主意思。不可否认，很多消费者在纠纷解决过程中过于以自我为中心，在申辩时毫不避忌地展示出对对方企业的猜疑心和不信任，使得调解不欢而散。但经过调解中心的努力，这些消费者也可能回归冷静，理解纠纷中自己选定的实施者的选任办法、回避制度、解纷程序流程等内容。如果法务大臣经过审查认为该机构具备相关的知识、能力、管理基础，应当给予认证。若某机构未能取得认证，其实施的调解将无法产生下文所述特殊法律效果，人们对其信赖度和依赖性也会大大降低。②产生特殊的法律效果经认证的民间 ADR 机构开展的调解有中断诉讼时效、中止诉讼程序、抵消调停前置三种特殊的法律效果。所谓中断诉讼时效，是指当纠纷解决程序以双方当事人达成和解无望为理由终结时，当事人在收到终结通知书起的一个月内以相同事由提起诉讼的，视纠纷解决申请提出之日为诉讼提出之日。所谓中止诉讼程序，是指纠纷当事人已经提出诉讼，但在诉讼进行中，他们又达成申请民间 ADR 服务的合意或已经申请民间 ADR 服务，经过共同申请，管辖法院可以将诉讼程序推迟，但不超过四个月。在家事纠纷和租约纠纷中，若当事人已经申请民间 ADR 服务，但以和解不成为由终结时，可以免除此两类案件诉讼中的调停前置义务。不过，如果管辖法院认为合理，仍可以依据职权进行调停。

3. 日本 ADR 对我国的启示

日本与中国在历史、文化、社会传统等很多方面都有类似之处。在纠纷解决机制方面，中国与日本一样都有法院外的非诉讼方式解决民间纠纷的优良传统。中国的调解制度和日本的调停制度都属于传统型的选择性争议解决方式。二者在建立的历史背景上有一定的相似之处，都属于为了在法制现代化过程中适应社会需求，建立一种过渡性纠纷解决机制而采取的积极策略；二者在功能和作用上都是以追求简便、迅速、低廉、符合实际情况和民族习惯，有利于稳定社会秩序和维系人际关系，减少讼累、缓和诉讼和司法的压力为目标。这两种制度都曾经被誉为"东方经验"，以至于许多法学家都把非诉讼解决争议方式的利用作为区分远东法系的重要依据之一。而在当今我国在向现代法制急速迈进的过程中，我国原有的调解制度也出现了很多弊端和局限性。如何积极地对之进行改革完善，使之能成为我国新型 ADR 中的一员，为解决纷繁复杂的纠纷发挥作用，也是一个迫切需要研究解决的课题。日本对传统的调停制度的改革和完善的经验值得我们借鉴。今天价值多元化和法律多元化已经开始成为当代人类社会的共识。一些已经仿效西方建立了现代普遍意义上法治的亚洲国家,包括日本和韩国,都开始反思他们在现代化过程中的经验和教训。一些日本和韩国的法学家认为在这一现代化过程中,由于过度地强调"西化"而忽视了本国文化的"个性",影响了社会的长远的发展。日本和韩国的这种教训对于正在向法治现代急速迈进的我国而言,本应成为前车之鉴。然而这种理念却是当前我国大多数法学家所拒绝接受的。我国学者在提到日本法制现代化过程的成功经验时,多着眼于其实体法的建立和司法制度的建设,而往往忽视了法的制定者与运作者面对来自社会的抵制之时,在实践中通过与社会习惯相协调或妥协,实现西方法制本土化的艰巨努力。在我国法制走向现代化的过程中,我们应充分意识到 ADR 对法院诉讼的补偏救弊的作用,充分地利用和改进我国已有的传统 ADR 调解的机能,积极发展各种新型的现代 ADR,以为纷繁复杂的纠纷解决服务。

三、我国的海事 ADR

(一) 海事纠纷和解

1. 纠纷和解及其内涵

纠纷的含义与"冲突""矛盾""争执""争议"等相近。有的学者对它们进行了分析厘定,如赵旭东认为,纠纷是社会冲突的体现,只是这种冲突被限制在相对的社会主体之间,并且是可以由法律规范加以调整的冲突,争执、争议是纠纷的不同表现形式,在特定情况下可以和纠纷这个名词互相代换。[1] 范愉认为纠纷是"特定主体基于利益冲突而产生的一种双边对抗行为"。[2] 它可以被描述成主体间的冲突,也可以体现为主体间的争议或争执、矛盾,只不过是语词的运用所体现的角度不同而已。一种纠纷解决方式之所以能被加以独立的描述或定义,是因该方式与其他纠纷解决方式有着内在的不同点。人类解决纠纷的方式始终是多元的,学者对这些纠纷解决方式有着不同的分类。

日本学者棚濑孝雄根据纠纷的解决是否取决于当事人之间的自由"合意",将纠纷解决分为"合意性"解决和"决定性"解决;根据纠纷解决的内容是否事先为规范所规制而将纠纷解决分为"规范性"解决和"状况性"解决。美国法社会学家布莱克将解决纠纷的方式概括成五种:自我帮助、逃避、协商、通过第三方解决、忍让。我国有学者在公力救济和私力救济二元划分的基础上,将纠纷解决方式分为私力救济、公力救济和自力救济。诉讼法学者大多将纠纷解决机制分为私力救济、公力救济和社会救济,在此基础上,徐昕将纠纷解决机制分为私力救济、公力救济和社会型救济。[3] 私力救济,指当事人权益受到侵害时,在没有第三者以中立的名义介入纠纷解决的情形下,不通过国家机关和法定程序,而依靠自身私人力量,实现权益、解决纠纷。公力救济,指当事人将纠纷提交给国

---

[1] 赵旭东. 纠纷与纠纷解决原论. 北京:北京大学出版社,2009 年.
[2] 范愉. 非诉讼程序(ADR)教程. 北京:中国人民大学出版社,2002 年,第 2 页.
[3] 徐昕. 论私力救济. 北京:中国政法大学出版社,2000 年.

第二章 海事 ADR

家机关，国家机关根据当事人的诉求运用公权力对被侵害人实施救济。社会型救济指当事人在非国家机关、不具公权力色彩的第三者以中立的名义参与和协助下，解决纠纷。私力救济包括自决与和解，社会型救济主要包括调解和仲裁等，公力救济包括行政救济和司法救济。[1] 郭丹青认为，纠纷解决的方法一般被置于这样一个变化于两端的领域之中，一端是双方非正式的谈判，另一端是由某些类似于法院的机关进行正式审判。一旦第三方介入，评论者一般会将该程序置于三个类型中的一种：调解、仲裁以及审判。但现实生活中的这些模式并不如此泾渭分明，而关于中国的纠纷解决，需要对一包括内部纠纷解决方式和外部纠纷解决方式的类别在内的另一线索的引进。内部纠纷解决方式中，纠纷解决者具有权威，并不因为其作为专门纠纷解决者的作用，而是因为它与纠纷双方有着某些特殊关系，它考虑的是诸如便利和效率这些因素；而外部纠纷解决方式中，纠纷解决者与争执双方各自独立，纠纷解决关注公平与过错。[2] 赵旭东认为，长期以来，人们从理论上概括出解决纠纷的几种较为典型的方式或途径，即所谓的和解、调解、仲裁、诉讼。[3]

笔者认为，如果以解决纠纷的力量来源为分类标准，纠纷解决方式可以分为公力解决和私力解决，前者指借助国家力量的解决纠纷，后者指借助民间力量解决纠纷，从权利救济的角度来讲，相应地称为公力救济和私力救济。根据纠纷由纠纷主体来解决，还是由非纠纷主体来解决，分为自力解决和他力解决。前者包括通常意义上的自决与和解，后者则是由第三方解决纠纷的方式。根据纠纷解决是纠纷主体间的合意，还是根据第三者的决定分类，纠纷解决有根据"合意"的纠纷解决和根据"决定"的纠纷解决。笔者主张，根据"合意"解决纠纷的方式，可以通称为"和解"，"意"是和解的本质属性。传统意义上的和解是纠纷当事人进行交涉、当事人协商、讨价还价进而解决纠纷，分为原初意义上的和解和发展意义上的和解。在原初意义，"和解"仅指在没有第三人参与的情况下，纠纷当事人进行交涉、协商、讨价还价进而解决纠纷。但反思这种原初定义，却排除了第三人在其中的作用，因为在有些情况下，第三人也参与纠纷解决，起到牵线搭桥、传递信息、提供方案等作用，发挥了一定中介、判断或强制功能。在许多情况下，纠纷的实际解决，除非其中的由第三人进行判断的因素转化为根据第三人的决定来解决纠纷的方式，最终还是取决于当事人的意愿，并不违背"合意"这一本质属性，原初意义上的和解含义明显过于狭窄。发展意义上的和解是指，在和解这一纠纷解决方式实际发展过程中，并不排除第三人的参与，如西方"刑事和解"中的社区的参与，但纠纷的最终解决仍取决当事人的意愿。不过，这种发展意义上的和解，仅把第三人的视角落在非国家机关身上，无视国家机关在非诉讼解决纠纷中的作用，因此，仍难免有狭窄之嫌。笔者在本文中将尝试对"和解"进行重新定义，并试图从其包含范围、排除范围两方面进行外延的明确。笔者将"和解"的定义为：与纠纷具有实质关联性的主体（当事人），自愿选择或虽被强制选择，

---

[1] 陈柏峰．暴力与屈辱：陈村的纠纷解决．载苏力编．法律和社会科学，第一卷．北京：法律出版社，2006 年，第 202 页．

[2] 郭丹青．中国的纠纷解决者．载强世功．调解、法制与现代化：中国训解制度研究．北京：中国法制出版社，2005 年，第 376—384 页．

[3] 赵旭东．纠纷，推日纷解决原论．北京：北京大学出版社，2009 年．

但自愿形成解决纠纷的方案或接受他人提供的纠纷解决方案的基于"合意"解决纠纷的方式。这一定义，概括了"和解"的几个基本特征：一是当事人与纠纷的实际关联性，指当事人与纠纷有着实质的利益关系，或纠纷的解决与其有利益关系。其中的"利益"并非单指经济利益，还包括声誉、面子等无形利益。二是解决方式的选择性，指当事人对和解这种方式具有选择权，在一些存在法定强制调解的情况下，对纠纷解决方案的最终承认具有选择权。三是解决方案的自愿性，对纠纷的实际解决，最终表现为取决于当事人自愿，一方当事人不能进行胁迫和欺骗而使对方产生重大误解或显失公平；有机会参与的第三方也不能将和解变为根据"决定"解决纠纷。四是"合意"性特征，体现了一种双方契约行为，这实际上是和解最为根本的特征。只要是尊重了上述的几个方面的基本特征的纠纷解决方式，就可归于"和解"范畴。

2. 海事纠纷和解基础

（1）私权自治

发生纠纷有害社会稳定，导致当事人的权益无法正常实现，因而需要运用纠纷解决机制来缓解和消除。从历史和现实看，纠纷解决机制是多元化的。美国学者埃尔曼将解决纠纷的方法归为纠纷主体通过协商自己解决和将纠纷交付裁决两类，还认为在缺乏裁决机构或者蔑视诉讼的地方，通过协商解决纠纷是人们倾向性的选择。日本学者棚濑孝雄把解决纠纷的类型分为根据合意的纠纷解决方式和根据决定的纠纷解决方式，前者指双方当事人通过协商性交涉达成合意解决纠纷，后者指第三方就纠纷应当如何解决做出指示，并据此终结纠纷（纠纷解决机制还可以划分为私力救济、社会救济和公力救济）。纠纷自行和解实为私力救济的典型方式，即俗称"私了"，是指纠纷当事人以平等协商、相互妥协的方式和平地自行解决纠纷。① 和解无论是形式上，还是程序上都具有通俗性和民间性，通常是以民间习惯的方式或者纠纷当事人自行约定的方式进行。由于和解是纠纷当事人自行解决纠纷，所以因和解所达成的解决纠纷的协议，性质上相当于契约（对已经发生的纠纷是否需要解决以及采取何种方式解决，对自己的实体性权利是坚持，还是放弃亦或在多大程度上妥协，所有这些均源自于纠纷当事人自主地做出决定）。这种自主权的理论基础就是私法上的"私权自治"，强调的是民事法律关系的主体拥有自由处分自己民事权利的权力，不仅纠纷的本质属性是私权性的，而且在纠纷解决方式的选择上所适用的程序及所涉及的实体性权利都有自由处分的权力，表现出纠纷解决方面也是私权性的（但纠纷的对抗性表明纠纷当事人之间存在着对立和抗争的状态，这种对抗多表现为"利益的冲突"，对抗的强度和纠纷当事人的实力等因素影响着纠纷解决方式的选择）。一般情况下，对抗强度较低，纠纷是可以通过自行和解的方式对话与合作来解决的。纠纷当事人地位的平等性，是当事人可以进行对话的基础，而"对话"是通过多次的意思表示来完成的，但这些意思表示之间并非毫无关系，而是纠纷当事人就解决彼此之间的纠纷所进行的交涉，这些意思表示之间会发生互动。从动态

---

① 自行和解的主要特征有：一是高度的自治性，即和解是依照纠纷当事人自身的力量来解决纠纷，并无第三者协助或主持公道，其过程和结果最大限度地取决于纠纷当事人的意思自治；二是非严格的规范性，即和解的过程和结果没有法律规范的严格制约。

的角度看，纠纷自行和解的过程就是意思互动，和解协议即是意思互动的成果（纠纷当事人通过一系列的意思互动来完成彼此从斗争到合作的结果）。通常而言，解决纠纷的目的在于消除纠纷当事人的争议，使彼此原本的法律权利和义务得以恢复。面对纠纷，当事人首先强调的是其主体自治性，即使自己的意志在纠纷的解决中能够得到充分的展现，并基于公正性、成本、效率及利益实现多重因素的考量，选择何种纠纷解决方案取决于当事人的意思自治，和解方案能否被选择的关键也是归于纠纷当事人各方的利益衡平。在多数情况下，私权的可处分性是毫无疑问的，但这并不能必然得出单方的意思表示就能解决纠纷的结论。纠纷当事人达成的和解协议是当事人意思互动的结果而非某一方的意思表示（即便是最简单的缔约过程也意味着一种意思对另一种意思的应和），实践中的和解协议往往要经过多个回合的反复协商，这个过程乃是建立在纠纷当事人地位平等、个人根据其意志独立和行为自由并综合利益、成本、效率等多种因素所做出的意思表示。所以，正常情况下，和解协议是纠纷当事人基于私权自治的基础上意思互动的结果，其不可避免地包含着最终达成合意的意思表示，这也是合意的本质所在，若是和解协议只是由单方的意思表示组成，则合意不复存在，私权自治也必然无从落实对话的过程，因此就是私权自治的过程通过这个过程。纠纷当事人从各自的立场出发阐明自己的观点，并通过对话弥合、协调纠纷当事人的期望，在对话中磋商，在对话中缓和对抗，通过相互妥协最终使纠纷当事人从斗争走向合作。

（2）利益衡平

从内容上看，纠纷属于私权范围的事务，坚持其私权性的同时亦不可忽视纠纷的社会性。所以，纠纷自行和解应在符合社会公平正义的前提下，不拘泥于具体的法律条文，充分赋予纠纷当事人的自主性，并依靠自己的力量实现利益的衡平，这并不违反现代法治精神。与法律的刚性相比，自行和解更多体现了弹性可伸缩。亚里士多德认为，衡平并不与正义相左，它本身就是一种正义，只不过不是遵循法律的正义，毋宁说它是法律正义的矫正。因此，可以认为，社会的公平正义与当事人利益的衡平是纠纷自行和解的权理基础。

社会的公平正义与当事人利益的衡平。在私法理论看来，私法主体间的纠纷理应由私法调整，公权力不便主动介入，从法律上排除了公权对私权的强行干预以维护私权自治。从这个意义上讲，纠纷既然本质上是私权性的，那么，它就应该属于"私人"之间的事务，纠纷的私权性可以从社会公众对纠纷的一般性态度来印证，一般来说，无论是纠纷当事人亦或之外的人都不会认为纠纷是关乎社会公共利益的事情，恰恰相反，一般都会认为是属于纠纷当事人之间的事情。但这种私人事务与社会公共利益并非毫不相干（社会任何现象都不是孤立地存在，必然和社会其他现象发生联系）。只有把这些现象联系起来，在动态的过程中观察它们的具体表现，才有可能了解这些现象真正的原因和性质，据此找出有效的解决办法。纠纷作为一种社会现象发生在社会个体之间，而社会个体并非孤立存在，彼此之间存在的社会关系才使得有了发生纠纷的可能（发生纠纷的内容同样存在社会性因素，受到社会环境和制度的影响与制约），更为重要的是，任一纠纷的发生及其处理的结果无不对社会产生一定的示范效应，或多或少地吸引着社会公众的眼球，影响着社会公众的心理和行为。纠纷具有社会性特征，纠纷的解决内在地要求实现社会的公平正义与当事人利益的衡平。在现代法治社会，和解的过程和内容须不违背法律的禁止性规定和社会公共利益，要遵守最基本的公平原则，不允许存在强迫、欺诈或显失公平。倘若忽视社会的公平正义，一味强调纠纷的私权性，则和解中的一些负面效应必定会发展成为社会的"毒瘤"。因此，获得社会公众最低程度的正面评价即是和解，体现了社会的公平正义与当事人利益的衡平。

纠纷当事人之间的利益衡平在纠纷解决中不能忽视对诸如利益、权利的分配及信念分歧等客体的关注，界定权利的归属、合理分配各方利益、缓和信念差异的分歧，有利于促进当事人以协商的方式处理纠纷。因此，纠纷自行和解，解决方案本身要公正，当事人交涉的过程要具备理性和参与性，而且交涉的最终成果也要理性、公正，核心要素在于纠纷当事人利益的衡平。纠纷当事人之间利益的衡平并非立足于社会角度的客观评价，而是从当事人内心"接近正义"角度的主观评价。在纠纷发生后，当事人会权衡自己的利益得失，并对纠纷相对方一系列因素做出初步判断，通过各种方式展示自己的优势，给对方施加一定的心理压力，同时期待通过接触，尽可能地表达个人的主张，并罗列掌握的有利于自己而不利于对方的资源，辅以运用自认为是社会一般的公平正义原理及法律的精神证实自己期待的合理性，加大对对方的心理攻势。纠纷当事人各自充分地摆事实、讲道理，客观上促进了纠纷当事人之间的沟通。纠纷当事人从各自的角度出发，对信息进行针对性的甄别和筛选，从而促成协商的进行，通过不断协调各自的立场，以妥协换取共赢，形成彼此都可接受的结果，即内心期待的"正义"。

3. 和解的法律性质

和解的法律性质直接决定着其将产生什么样的法律后果。具体说来，我国的和解主要包括诉讼外和解与诉讼和解，前者本质上就是民事纠纷双方自行达成纠纷解决协议，根据民法上的自愿原则化解纠纷的过程，属于典型的私法行为，而诉讼和解实际上分为两个阶段：第一阶段是当事人自主协商、达成协议的阶段。当事人进行协商，谋求纠纷的解决，其性质与诉讼外和解无本质区别，均为私法行为；第二阶段则是纠纷双方将其向法院陈述其纠纷如何解决、达成的一致意见的阶段，当事人意欲通过其向法官陈述纠纷解决合意的方式获得一定的公权力认可的法律效果，故带有明显的公权行为色彩，也应定性为公法行为或者诉讼行为，作为公私法划分之根本目的在于确定当事人行为的最终法律效果，故笔者认为诉讼和解如仅仅实现了第一阶段，则整体行为的性质为私法行为而发生私法效果，而如两个阶段均得以实现，则整个行为的性质由第二阶段决定，为诉讼行为发生公法效力。我国诉讼期间的自行和解具有特殊性，与国外有一定的差异，虽然名称上看与国外的诉讼上和解有极大的相似性，但从内容上看确是两种完全不同的制度。在我国，由于诉讼调解制度独立存在，当事人在法院主持下达成的和解都已涵盖在调解的范畴内，民事诉讼法规定的和解制度与其他国家有所不同，两种制度主要区别在于我国和解主要指当事人在诉讼中的自行和解，没中立的第三方即法官的介入，而国外的诉讼和解主要是在法院的主持和审判人员的说服教育，使当事人互谅互让，自愿合意解决纠纷，终结诉讼，其实这种制度从形式和效力上看，类似于我国的法院调解。在法律性质上，我国的诉讼期间的和解具有一定的特殊性，根据我国的现行法律规定，当事人达成纠纷解决合意后，一般有两种处理方式，既可向法院申请撤诉，也可向法院申请根据和解协议出具调解书，如果当事人选择后者，则上述分析的第二个阶段明显属于公法行为，则整个诉讼期间的和解行为均属于公法行为,其处理结果也产生相应的公定力。而如当事人达成和解协议后向法院申请撤诉,虽然最终也向法院陈述了达成的纠纷解决合意,但由于法院对这种合意没发表实质性意见,即事实上没经过公权力机构的实质性审查,因此,当事人之间的和解行为本质上仍属于私法行为,其合意也只能发生实质意义上的私法效果。

4. 和解的功能

(1) 解决纠纷

人类社会纠纷纷呈,单纯靠自决或裁决解纷,必然无法使众多纠纷得以解决,何况自决之时,常伴随新的冲突产生,当自决者进行压制时,哪里有压迫、哪里就有反抗的铁律就会发生作用。自决具有极大的悠意性,现代社会对纠纷的自决限制颇多。而裁决解纷,无论是法院裁决、行政裁决、还是仲裁裁决,都是以"法律"为准据,以"事实"为裁决对象,都会面临着"事实"的认定和"法律"的发现问题,常会无法真正解决纠纷事实,唯有和解,它有时并不需要将事实完全公然挑明,而可心知肚明;不需要全部用证据来明证,而有时候完全可以合理推断事实;不需要必须运用国家规范,而可以基于民间规范、商业习惯等进行评判。一句话,不需要查明法律事实、分清法律是非、明确法律责任的情况下解决纠纷。也就是可以在"稀里糊涂"情况下"和稀泥",化解许多恩怨情仇。事实上,有些纠纷可诉诸裁决,但客观上难以排除当事人选择和解,因为基于人类的本性、规范或习惯,和解的功能与特定纠纷存在某种"自然的暗合",公力救济以裁决为主,只要是裁决,就会有国家机关第三人参与,涉及当事人的面子、隐私等不便公开的问题。另外,裁决无法解决或无法施展效能的纠纷。如事实不清、证据不足、规则不足的纠纷,裁决根本无法解决实质问题,而常是形式的解决,如法院因证据不足,判定原告因举证不能而在证据规则上必须承担的不利后果等。

(2) 形成规则

解决纠纷,是和解的最基本功能,但是伴随着解纷行为,还可以形成一类纠纷的解决规则或习惯。美国的埃森伯格在20世纪70年代曾做过关于纠纷解决与规则形成的研究,认为谈判协商在争议当事人间及寻求规则以指导未来的行为人间是一种重要的手段。规则在纠纷解决的谈判协商中具有重要作用。在没有规则约束的谈判中,规则之确立,受谈判协商双方势力的对比影响。一个纠纷的解决,在运用三段论推理的过程中,首先是要确定作为大前提的普遍性规范,根据逻辑涵摄理论,将事实纳入其中,得出案件的答案,而这实际上就是个案的规范(或称个案规则)。[①] 但是,在纠纷和解中,大前提的确定性是需要寻求的东西,由于其中有着关系、人情、面子、当事人的实力对比等因素的影响,更难以像裁决中那样具有相对的确定性。事实往往是,对于具体的个案结合各种因素,形成一个新的个案规则,而此个案规则,因为人的模仿行为和从众心理,形成了适用于一类事物的具有相对普遍性的规则。这完全验证了霍姆斯所言:"法律的生命不在于逻辑,而在于经验",一种经验进化主义的制度就这样渐渐进入社会生活中,与国家正式制度互为犄角。虽然这种和解的具体规则具有"地方性知识"的意味,而且在运用裁判解纷时,很难得到

[①] 谢晖,陈金钊. 法理学. 北京:高等教育出版社,2005年,第89页,注5。

法官的认可或适用，然而"既然一切法制和法意均源于生活本身，分别表述了生活的规则性存在和意义性存在，那么法律之道即生存之道，法意即生活的意义，而生活的意义主要即在此世道人心"，[①] 和解中的具体规则，虽然没有"官方"的图章，一旦具有了普遍性，也应当被描绘成法律，具有和"法律"同样的意义。

（3）归属责任

在日常生活中，人们时常遇到与责任、谴责以及惩罚有关的问题。特别是遇到人们对之持有负面评价的事件时，人们总是要对事件的责任原因进行分析认定，而对责任进行分析认定的过程，就是责任归因。纠纷解决的过程，实际上就是责任归因的过程。纠纷的解决，就是要落实纠纷的责任，确定责任的归属、轻重。心理学告诉我们，归因总体上可分为两种，一种为自我归因，又称个人归因，即对自身行为结果的原因的知觉；另一种为人际归因，又称他人归因，即对他人行为结果的原因的知觉。[②] 从这种分类角度上来分析，纠纷的裁决者（法官）则是站在中立的立场上，对纠纷当事人的行为结果的原因的知觉。法官实际上是一个观察者，他得用通过审判程序获得的信息（证据），依据自己作为裁决者的权力，根据自己的信念或情绪体验，对纠纷的责任进行厘定辨明，确定当事人行为与结果的因果关系，做出有关对与错、合法与违法的判断。纠纷裁决者的归因，主要属于人际归因。和解纠纷中的归因与裁决中的归因不同。在纠纷的解决中，各方当事人自己同时既是一个观察者，又是一个被观察者。作为一个观察者，他们在对对方当事人的行为进行归因，因而是一种人际归因；同时，作为一个被观察者，他们又都是对方进行人际归因的对象。在和解的过程中，归因现象不仅止于此，当事人还要更多地进行自我归因，从自己身上找原因、找责任，以期能相互间达成谅解。

5. 和解协议的司法救助

我国《民事诉讼法》对和解协议的效力未做规定，民事实体法一般也无具体条文规定，只能按照民法原理推理得出其具有民事合同效力的论断。在司法实践中也有诸多疑惑，如诉讼外和解协议仅涉及实体法的内容，是应产生实体法律关系变动的后果，还是产生不起诉合意的确定效力？如果诉讼外和解协议涉及了是否可再起诉和申请仲裁的程序约定，那么是否因为诉权的可处分性，当事人就因此丧失了诉权和申请仲裁的权利？诉讼和解协议可否直接产生终结诉讼的后果？我国民事诉讼司法实践的通常做法是诉讼中的自行和解既不产生确定力，也不产生强制执行力，因为在诉讼中当事人之间自行达成和解，一般通过撤诉的方式终结诉讼，而和解撤诉却又仍可再次起诉，导致我国的诉讼和解不具有阻却对原纠纷再行起诉的效力。另外，由于和解协议不能直接申请强制执行，即使当事人一方反悔，另一方当事人也无可奈何。可见我国诉讼和解制度并无任何终局效力，要获得这种效力，必须变换为调解。对于诉讼外的和解协议效力如何，也无法可依，根据现行司法惯例，不能阻却当事人违反协议后起诉或仲裁。可见，司法实践中仅赋予其不明确的民

---

① 许章润. 萨维尼与历史法学派. 桂林：广西师范大学出版社，2004年，第1页。
② B·维纳. 责任推断：社会行为的理论基础. 张爱卿等译. 上海：华东师范大学出版社，2004年，第6页。

事实体法效力,并没赋予民事诉讼法效力,这使得和解不能阻却再次引发诉讼或者仲裁,纠纷不能彻底解决,实务中当事人很少积极利用这一制度,导致其功能不能有效发挥。因此,要实现和解的定分止争功能必须重构和解协议的效力。不仅要明确和解的实体法效力,更要赋予和解的诉讼法效力。和解协议效力重构,应特别遵循公私法的划分,对和解协议的效力进行二元化区分,在经过正当程序确认前,和解协议本质上属于私法行为处分的结果,因此仅具有私法上的效力,由于仅仅赋予和解协议私法上的效力,已难以充分发挥和解的定分止争功能优势,不符合时代发展趋势,故笔者认为必须设置一定的正当程序以强化其效力。

(1) 正当司法程序确认前的效力

诉讼外的和解没涉及国家公权力机构属于典型的私法行为,而对于诉讼中的和解,如果当事人之间仅仅在庭外自行达成和解协议,没有经过法院通过具有强制力的法律文书的确认,其本质上也属于私法行为,而公定力主要依据公法行为而产生,因此,这时的和解协议上不具有公法上的效力。但笔者认为可参照最高人民法院《关于审理涉及人民调解协议的民事案件的若干规定》,即"经人民调解委员会调解达成的、有民事权利义务内容,并由双方当事人签字或者盖章的调解协议,具有民事合同性质",赋予其民事合同的效力,也符合合同法的规定和立法精神。

(2) 正当司法程序确认后的效力

国外大多数国家均赋予诉讼上和解协议与确定判决具有同等效力,具体表现在:第一,终结诉讼,即诉讼不再裁判,也不再继续进行。第二,使权利义务得以确定或创设变更权利义务关系。

(3) 一审期间达成的和解不得上诉

一方不履行和解协议,另一方可据此申请法院强制执行。当事人之间达成的和解协议只有经过调解法官的审查,才会通过合意判决或者记入法庭笔录等方式赋予其与判决同等的效力,而笔者所设计的正当程序审查也体现了公权力对和解协议进行自愿性、合法性的审查本质上与国外诉讼上和解相同。"对于我国经过正当程序确认的和解协议可比照国外诉讼上和解协议赋予其类似于判决的效力。"[①]

(二) 民间海事 ADR

1. 建立民间 ADR 机制的可行性

包括临时仲裁在内的、很多发达国家普遍流行的 ADR 方式在中国海事纠纷领域并没有得到利用,我国尚未形成民间海事 ADR 制度。究其原因,在中国目前法治化程度有待提高的背景下,不仅是社会大众对 ADR 制度本身不够熟悉和信任,也源于传统司法力量对 ADR 的警惕与不支持。其实很多方式对于海事纠纷的解决都很有益处。借鉴欧美经验,如早期中立评估。它常由中立的或独立的专家,就纠纷的事实问题、法律问题以及可能出现的结果做出客观的分析与评价。专家性的意见对海事纠纷解决的重要性不言而喻。又如

---

① 吕辉. 论我国和解协议的效力重构. 学理论, 2010 年第 31 期, 第 167 页。

小型审判。它通常适用于在事实和法律上较为复杂的海事纠纷。在此程序中，一般由有经验的海事律师或专家提出中立的建议，通过"虚拟"审理使当事方了解己方在案件中的利弊，并征求中立者对案件可能发生的结果做出预测，帮助当事方再次回到谈判桌上。这种方式既可以避免诉讼的对抗性，又能使当事方了解自己的处境，做出正确的判断。由于 ADR 制度本身具有开放性，可利用的相关 ADR 方式很多。虽然民间 ADR 制度也存在一定的缺陷。如民间 ADR 制度的主要程序事项取决于当事人的意愿，如果当事人双方不能充分合作，程序就无法进行，必将延误纠纷的解决。而且，民间 ADR 制度没有固定和完善的规范对其进行约束，有可能造成纠纷解决结果的不公正和不可信赖，影响结果的履行，造成社会纠纷解决资源的浪费。然而，任何一种制度都是一把双刃剑，我们不能因其存在负面问题就全盘否认，客观的做法应是将制度加以完善，最大限度地遏制其负面影响，充分发挥其优势。不可否认，目前在中国构建民间海事 ADR 制度仍存在许多困难。客观上，ADR 机制在英美等国的成功是在社会、法律、文化等多种因素综合促成的结果，不是一蹴而就的，德才兼备的 ADR 人员，完善协调的法律体制以及当事方诉诸 ADR 的丰富经验等因素都是必不可少的。但总体上说，在我国建立民间 ADR 机制是具有可行性的。尊重市场主体的意思自治权是 ADR 制度发展的法律前提；自由市场经济的发展，国家对私权的尊重等较为宽松的社会经济与法律环境是 ADR 制度发展的必要条件。[①] 而我国早已把建立市场经济体制作为经济体制改革的目标，有关市场经济的法律也日趋完善，国家尊重当事人意思自治的意识逐步提高，市场主体的契约精神与诚信意识在一定程度上也有所提高。这些良好的条件为民间海事 ADR 制度的成长提供了"土壤"，为制度的发展夯实了基础。

2. 构建民间海事 ADR 机制的建议

在目前我国社会和法制现状下，如果对零散的民间 ADR 方式不加以有效的监督和管理，必定不利于其发展壮大。有海事纠纷解决需要的当事人即使想利用 ADR，可能也缺乏适当合理的途径。有鉴于此，应对民间的海事 ADR 制度进行一定的法律规范，突破我国建立民间海事 ADR 制度的不利条件。

（1）适时建立海事 ADR 协会

一方面海事 ADR 协会可以发挥其服务和宣传 ADR 的职能，帮助推广民间海事 ADR 制度。另一方面还可以提供咨询服务，根据具体纠纷建议当事人采取适宜的 ADR 方式。更重要的是协会可以起到监管民间海事 ADR 的效用。具体来说，海事 ADR 协会可通过协会规则管理海事 ADR。如果完全依赖于海事法院对民间海事 ADR 加以监督和间接干预，一方面这种被动性的审查不能形成直接的指导和管理，另一方面也影响海事 ADR 的民间性和自主性。只有通过有效的行业管理，才能真正发挥民间的海事 ADR 制度的活力与效率。因此，以行业规则对民间海事 ADR 进行规制不失为一种明智的选择。协会以行规来避免可能带来的无序状态，增强其行为规范的统一，使其转化为具有规范性行为标准和被

---

① 程啸宇. 国际海事争议解决机制研究. 哈尔滨工程法学硕士论文，2007 年 4 月，第 18 页。

普遍认同的"标准行为",这对提高民间海事ADR的"信用"具有重要意义。[1]

（2）建立民间海事ADR主持人员制度

ADR主持人员的好坏直接关系着民间海事ADR制度的优劣。为避免民间海事ADR制度中人员选任程序和标准的不确定性，可以在海事ADR协会中设立海事ADR人员名册，选择具有海事知识和法律背景的、德才兼备的专业人士，以方便当事人自主选任适格的ADR主持人员。此外，应当制定合理的ADR主持人员过错责任制。如果没有相应的责任追究，ADR人员违反法律和程序的成本过低，可能导致民间海事ADR机制陷入无序状态，进而影响到法治秩序的集中与统一。

（3）加强与中国海事仲裁委员会的合作

笔者建议，可以在中国海事仲裁委员会下设ADR服务机构，充分利用仲裁机构的优势条件开展工作，而不对民间ADR进行行政管理。这样既可以利用仲裁机构长期解决海事纠纷累积的经验与资源，增强当事人对ADR的信任感，保护还处于幼苗期的民间ADR制度，又不致使ADR失去原有的特性、价值与活力，为民间海事ADR的独立发展起到铺垫作用。该机构应该设置推荐ADR主持人员名册，制定相应的ADR程序规则供当事人自主选择，还可以制定ADR主持人员行为守则，举行研讨会，开展海事ADR培训，等等。

（三）海事法院附设ADR

目前我国海事法院附设ADR主要是法院调解程序及委托调解程序。根据《中华人民共和国民事诉讼法》和《中华人民共和国海事诉讼特别程序法》等法律规定，我国海事法院可在当事人自愿的原则下，对案件进行调解。《中华人民共和国海事诉讼特别程序法》规定调解可由审判员一人主持，也可由合议庭主持，必要时可邀请有关单位和个人协助。经调解达成协议的应制作调解书，该调解书经双方当事人签收后，即具有法律效力。对于当事人不愿意接受调解的，即予以判决。这种调解可以节省费用，简化程序，有利于海事纠纷的及时解决，使海事纠纷当事人得到满意的结果。各海事法院经常运用调解手段化解疑难案件，节省诉讼资源，成功的案例不胜枚举。目前，许多国家在处理海事纠纷时，乐于采取这种方法。如在日本，大量的海事纠纷都是通过调解解决的。根据《最高人民法院关于建立健全诉讼与非诉讼相衔接的矛盾纠纷解决机制的若干意见》精神，中国海事仲裁委员会与上海市高级人民法院于2011年6月签署了《关于建立海事纠纷委托调解工作机制协作纪要》（简称《纪要》），标志着中国首个海事纠纷委托调解工作机制正式启动。《纪要》明确了法院委托调解机构调解的原则、案件范围、调解启动方式、调解阶段等细则，并将海上、通海水域货物运输合同纠纷等八类海事纠纷纳入委托调解范围。（根据《关于建立海事纠纷委托调解工作机制协作纪要》的规定，法院在收到诉状、立案受理前，或立案受理后、开庭审理前，或开庭审理后，均可委托调解。调解成功后可裁定准许撤诉或出具调解书，如若不成功，海事仲裁委员会将及时反馈法院，法院将及时做出审理判决。）委托海事仲裁机构调解机制通过合理的配置司法资源，能更好地发挥多元化纠纷解

---

[1] 吴筱婉. 临时仲裁制度及其对我国海事仲裁的借鉴意义研究. 大连海事大学硕士学位论文, 2010年6月，第24页。

决机制的效益,使司法力量与社会力量功能互补,形成合力,更加经济高效地解决海事纠纷,维护航运贸易秩序的和谐。[1] 与此同时,该机制的设立可以提升海事仲裁机构的功能作用,加强海事审判与海事仲裁的交流沟通,共同为上海国际航运中心营造良好的法律环境。

(四) 海事行政 ADR

1. 海事行政 ADR 概述

目前我国海事行政 ADR 主要是海事管理机构的调解。根据《海上交通安全法》《海上交通事故调查处理条例》《防治船舶污染海洋环境管理条例》等法律的相关规定,海事管理机构可对特定的海事争端进行调解。调解主要包括两类,即对水上交通事故和船舶污染事故引发纠纷的调解。《海上交通安全法》第 46 条规定:"因海上交通事故引起的民事纠纷,可以由主管机关调解处理,不愿调解或调解不成的,当事人可以向人民法院起诉;涉外案件当事人,还可根据书面协议提交仲裁机构仲裁。"《海上交通事故调查处理条例》第 20 条规定:对船舶、设施发生海上交通事故引进的民事侵权赔偿纠纷,当事人可以申请港务监督调解。调解必须遵循自愿、公平的原则,不得强迫。《防治船舶污染海洋环境管理条例》第 57 条规定:对船舶污染事故损害赔偿的争议,当事人可以请求海事管理机构调解,也可以向仲裁机构申请仲裁或者向人民法院提起民事诉讼。从规定可以看出,我国海事行政调解虽然在行政主体主持下进行,但在性质上并不属于行政行为。因为海事行政调解的标的并不是行政行为而是民事侵权赔偿纠纷。[2] 并且海事管理机构的调解并非强制性的,相关法律法规虽然赋予海事管理机构对特定海事纠纷的调解权,但又赋予当事人决定是否同意接受调解的自由。当事人有权自主决定是否向法院起诉或提交仲裁机关仲裁,调解协议书也不具有法律强制力。可以说,海事管理机构调解依仗的主要是专业知识和公信力,而并非行政权力。因此,对该制度更为准确的表述应当是"在海事行政主体主持下的民事调解"。[2]同时,法律赋予海事管理机关对海上事故的调查权,使其可以及时地进行事故调查、取证,在此基础上运用较为灵活的程序对海事纠纷进行调解,不仅具有便捷、高效、便宜的优点,而且在此过程中可借助海事专家的判断,其权威性对当事人影响力很大,有效地避免了矛盾冲突的激化。因此,大部分海事纠纷当事人能够遵照调解协议自觉履行义务,避免了引起海事诉讼或仲裁的情况。从目前法律对海事行政调解的定性来看,这无异于代替海事法院或海事仲裁机构提供了诸多公益性服务,取得了良好的社会效益。[2]

2. 海事行政 ADR 制度的完善

虽然利用海事管理机构的调解可以免除不必要的司法程序,经济高效地解决海事纠纷,但目前该制度仍存在不少需要完善的地方,这在一定程度上影响了它效用的发挥。

---

[1] 傅成伟. 海仲与上海高院合作建立海事纠纷委托调解工作机制. http://www.ccpit.org/Contents/Channel_65/2011/0701/300992/content_300992.htm.

[2] 徐锦. 我国海事行政调解制度存废论. 海大法律评论, 2007 年。

(1) 实行调查与调解相分离的公开调解制度

首先,海事管理机构的调查人员在调查过程中可能先入为主地产生个人情感偏见,如果调查人员进一步参与到海事调解中,很可能影响调解结果的公正合理性。笔者建议不要混同使用海事调查人员与调解人员,实行调查与调解相分离的制度,尽可能使调解不受行政权影响。其次,海事行政调解信息公开程度不足。尤其当调解不成功时,由于有关海事调查程序中的文件不公开,导致当事方诉讼困难。[1] 虽然对于一些特别成功的案例,早期一些海事行政机构和海事调查官都较积极加以认同并予以公开宣传,如1987年的"阿戈3"轮与"辽长渔6164"轮碰撞事故案,[2] 但这种现象并不多见。笔者建议在法律规范中将公开公正调解规定为海事行政调解的基本原则,充分尊重海事纠纷当事人的意愿,以避免暗箱操作和强行调解的可能性。

(2) 设置合理的程序时限与收费标准

笔者建议应当对海事管理机构的调解程序设置合理的时限,避免久拖不决影响海事纠纷的合理有效解决。有些案件经过海事管理机构一段时间的调解,仍无法得到令当事方满意的结果,如有一方在此种情况下诉至海事法院,将增加审理和收集证据的难度。因为距离事故发生已经过很长时间,海事法院已经错失调查取证的最佳时机,当事人对事故相关情况的记忆也变得模糊,进而影响海事法院判决的公正性,阻碍海事纠纷的顺利解决。其次,应当合理设置调解的收费标准。虽然低廉的收费可以起到经济杠杆作用,激励当事人多运用ADR方式解决纠纷,但目前我国海事行政机关的调解收费偏低,很难与其在人力和财力上付出的成本形成正比,这可能影响行政机构和主持人员的调解热情,甚至造成他们消极怠工,进而影响纠纷解决的效果。因此,建议海事行政调解可以适当调高收费标准,同时严格执行标准,防止滥收费。这样做也可补偿海事行政机构在调解过程中的支出,避免因公共资源用于私法领域而侵害其他公众和纳税人的利益。[3]

(3) 赋予行政调解协议以法律执行力

调解协议是双方当事人在自愿基础上为妥善解决纠纷而达成的一种协议。经海事管理机构调解在当事人之间达成的、有民事权利义务内容的调解协议,具有民事合同性质。签订调解协议的行为如果完全符合《民法通则》第55条规定的民事法律行为的三个构成要件,[4] 即被视为有效的民事行为。当事人应当按照约定履行自己的义务,任何一方都不得擅自变更或解除,变更或确认无效或撤销只能由当事人达成一致或通过法院实现。但现实中当事人反悔、撕毁调解协议的情况屡见不鲜,往往造成新的矛盾纠纷再起。因此,有必要通过立法赋予行政调解结果以法律执行力。当法院审查了行政调解协议,确认协议有效,可以依据协议做出判决,而无须对已经过调解的纠纷重新进行审理(除非调解本身不

---

[1] 徐锦. 我国海事行政调解制度存废论. 海大法律评论, 2007年.
[2] 迟双龙, 王俊波. 海事案例选编. 大连: 大连海事大学出版社, 2001年, 第1—17页.
[3] 徐锦. 我国海事行政调解制度存废论. 海大法律评论, 2007年.
[4] 《民法通则》第55条规定民事法律行为应具备下列条件:行为人具有相应的民事行为能力;意思表示真实;不违反法律或者社会公共利益。

符合规定),这样能够有效防止当事人在执行协议时反悔,避免社会纠纷解决资源的浪费。[①]

(五) 海事仲裁 ADR

除海事仲裁外,海事仲裁机构 ADR 制度目前包括海事调解、仲裁-调解等。该制度主要由相关法律规范、最高人民法院司法解释中有关涉外调解的规定以及中国海事仲裁委员会调解规则组成。如《中华人民共和国仲裁法》、《中华人民共和国海事诉讼特别程序法》、最高人民法院《关于适用〈中华人民共和国海事诉讼特别程序法〉若干问题的解释》、《中国海事仲裁委员会海事调解中心调解规则》等规范中有关调解、仲裁-调解的规定。中国海事仲裁委员会在从事海事调解工作方面具有丰富的实践经验,开创了"仲裁与调解相结合"模式,即在仲裁过程中由仲裁庭主持进行调解。该模式颇受业界的肯定,在国际上被称为"东方的成功经验"。为充分发挥"海事调解与仲裁相结合"解决海事纠纷的优越性,中国海事仲裁委员会上海分会特别设立了海事调解中心并颁布了调解规则,使其调解更具有专业性和针对性。2006 年初中国国际商会和中国海事局联合出台了《中国海事仲裁委员会海事调解中心调解规则》和《中国海事仲裁委员会上海海事调解中心调解员名册》。根据规则规定,《中国海事仲裁委员会海事调解中心调解规则》第 3 条:中国海事仲裁委员会海事调解中心根据当事人之间达成的调解协议受理案件。当事人之间没有调解协议,一方当事人申请调解的,在征得他方当事人同意的情况下,也可受理。第 9 条 (4):当事人在调解中心调解员名单中,各自指定或委托调解中心代为指定一名调解员,或者共同指定或委托调解中心指定一名独任调解员进行调解。当事人约定在调解员名单之外选定调解员的,当事人选定的或根据当事人之间的协议指定的人士经海事调解中心依法确认后可以担任调解员。当事人可自主选择签订海事调解协议书,并在中心调解员名册中选定调解员,不仅程序灵活,节约时间成本,调解协议又具有法律强制力,为海事纠纷当事人提供了一种新的纠纷解决方式。运用调解与仲裁相结合的方式,既能体现一线专业人员解决海事纠纷的科学性与技术性,最大限度发挥调解的公正独立性,又能鼓励当事人以仲裁裁决书的形式赋予海事调解以法律约束力,更加便捷有效地解决纠纷。

四、构建我国海事 ADR

(一) 构建我国海事 ADR 机制的必要性

1. ADR 在解决海事纠纷方面的优势

海事纠纷与其他的民商事纠纷相比,特殊性十分明显。伴随着航运业、贸易业等相关行业的发展,海事法律关系复杂性不断增强,海事法律关系的主体趋于多元化,客体更加

---

① 侯钢. 浅析我国海事行政调解制度. 中国水运,2010 年第 5 期。

第二章 海事 ADR

广泛，内容日益丰富。[①] 在这种形势下，海事诉讼虽然是一种正式的司法解决方式，但并不是唯一的方式，甚至有时候也不是最好的方式。而 ADR 机制能够满足当事人特殊的海事纠纷解决需求，这正是 ADR 在解决海事纠纷方面的优势所在。

（1）海事纠纷范围广使纠纷解决需求更加多元化

海事纠纷范围广泛，类型多样，各类纠纷的解决不可能千篇一律，海事法院司法资源的有限可能导致纠纷不能妥善解决。海事纠纷范围广泛，包括海上运输的民商事合同纠纷，如海上货物运输合同纠纷、租船合同纠纷、海上保险合同纠纷等；海上侵权纠纷，即因船舶碰撞、船舶污染、水下设施损害等行为所引起责任纠纷；因海上特殊风险或法律特别规定而产生的纠纷也是常见的海事纠纷，如共同海损纠纷、海上运输重大责任事故责任纠纷。各类纠纷必然有其法律特征及特殊的解决需求，这是海事纠纷解决需求多元化的主要原因，ADR 机制正是为满足这种多元化而存在的。ADR 方式充分尊重海事纠纷当事人的意思自治，最大限度地调动纠纷当事人的积极性。当事人可针对具体案情，有选择地利用 ADR 方式，结合自身利益选择实体与程序规则，最终制定出所有当事人满意的解决方案，快速、有效地解决海事纠纷。

（2）海事纠纷与船舶密切相关使纠纷解决专业性要求高

船舶是海上运输的载体，几乎所有的海事纠纷都与船舶有关，或围绕船舶产生。这些纠纷往往涉及海事领域的专业技术知识，存在对专业问题的界定，如船舶碰撞损害赔偿案件需要对碰撞事实予以认定并划分碰撞责任等。解决海事纠纷的某些法律具有不同于其他法律的特殊性，具体表现在船舶承运人免责条款、船舶所有人责任限制、共同海损分摊等方面的规定。[②] 小型审判、专家评估等 ADR 方式可以由海事专家或海事律师等专业人士担任主持人，利用他们的技术知识和业务素养能更好地认定海事纠纷事实、理清海事纠纷的法律争议点，帮助当事方了解自己在纠纷中的地位，更专业地解决纠纷。

（3）海事纠纷主体的多元化加剧矛盾化解的难度

海运服务行业的发展必然导致现代海事纠纷主体日趋多元化。海事服务主体、客体、内容的多元化和服务分工的精细化使得现代海事纠纷多发生在三方或三方以上的主体之间。如船舶建造、融资租赁合同纠纷，通常会涉及借款人、担保人、建造人、船舶所有人和经营人等多方民商事主体，而不断发展的多式联运会导致海运、铁路、公路运输各个区间的大量法律关系主体出现。[③] 这使海事纠纷的事实认定更加困难，当事人间的利益矛盾更加复杂，给海事纠纷的解决工作带来极大挑战。海事诉讼虽然最终能形成判决，但如果不能形成令各方都心服口服的判决结果，在执行和社会矛盾的化解方面都难以实现圆满的效果。而调解、和解等 ADR 方式使国际海事纠纷的当事人及其律师更公开、直接地交换意见，加强彼此交流，缓和各方矛盾，提供适当的程序和方式，通过协商找到解决方案，实现利益的合理分配，达到事半功倍的效果。

---

① 阳凡. 论海商事纠纷解决及相关法律制度的完善. 广西师范大学硕士学位论文，2011 年，第 5 页。
② 陈宪民. 新编海商法教程. 北京：北京大学出版社，2011 年，第 355 页。
③ 阳凡. 论海商事纠纷解决及相关法律制度的完善. 广西师范大学硕士学位论文，2011 年，第 6 页。

(4) 海事纠纷的涉外性要求灵活高效地解决纠纷

海洋运输的地域特性和贸易的跨国性决定了海事纠纷通常具有涉外性，当事方对纠纷解决的时间、地点、程序的灵活性要求比国内纠纷高得多。从国际私法的视角看，各国海事法律规定不尽相同，海事法律关系又具有涉外性，因此，围绕海上运输关系和船舶关系，常常会引起许多法律冲突，这在一定程度上影响了国际海上运输及国际贸易的发展。① 海事纠纷的涉外连结点范围较广，可能是涉案行为发生地所在国、船舶的国籍国、船员的国籍国，或者是对船舶实施强制措施、临时措施的司法机关、海事机关所在国，导致管辖权争议和法律的适用问题往往会是当事方或者海事法院争议的焦点，常常会造成纠纷解决的困境。ADR 灵活变通的程序赋予当事人更多的自治权利，当事人方可以协商决定纠纷解决的时间、地点、程序、适用的实体法律等增强法律的可预见性，满足海事纠纷当事人高效、灵活、经济的需求。

2. 海事 ADR 机制的价值分析

(1) 海事 ADR 机制的多元价值

最高人民法院万鄂湘副院长在第二次全国涉外商事海事审判工作会议上指出，中国加入 WTO 后，我国经贸航运事业蓬勃发展，导致涉外海事案件的主体呈现出日益多样化的态势。② 主要体现在以下方面：一是案件类型的多样化。随着科技和经济的发展、海事服务业分工的细化，海事纠纷类型丰富，基于性质、形式、对抗程度的差异，与此相适应解决方式也应是多样的，需要社会提供多种有效的纠纷解决方式，形成协调的纠纷解决机制。二是主体价值观和利益需求的多样化。海事纠纷的经常涉外性，使我们不得不关注中外当事人不同的价值观和对纠纷解决的利益需求。外国人通常会将一国纠纷解决机制的运行状况作为考量是否与进行经贸、航运往来的重要因素之一。因为他们往往不熟悉我国诉讼程序法、实体法和司法制度，无法合理预见在我国可能产生的诉讼风险，可能导致与我国发展经贸往来时有所顾忌。而 ADR 在国外已经是普遍存在的纠纷解决方式，构建我国海事 ADR 机制为外国当事人提供更多元的选择机会，以便他们选择熟悉的纠纷解决方式，增强外国当事人的信心，促进我国贸易与航运业的发展，对建设国际航运中心也具有推动作用。

(2) 海事 ADR 机制的效益价值

我国目前的海事法院受理的案件量尽管没有达到诉讼爆炸的程度，但作为一个外贸和航运大国，受案数量逐年上升是一个不争的事实和必然的趋势。近五年来上海海事法院受理海事海商案件 8 082 件，同比上升 88.4%。从法经济学的角度分析，多元化纠纷解决机制能促进资源的优化配置，在社会资源总量上降低纠纷解决的成本。③ 海事法院人员有限，司法资源有限，也没有设置基层法院分流海事诉讼案件，纠纷不分标的额、不分种类都集中到海事法院，使法院面临不小的诉讼压力。海事法院作为专业法院，其涉外性和专

---

① 陈宪民. 海事法律冲突研究. 河北法学，2006 年第 9 期。
② 中国涉外商事海事审判网. 最高人民法院公布第二次全国涉外商事海事审判工作会议纪要. http://news.sina.com.cn/c/2006-11-10/205010466091s.shtml.
③ 王振清. 多元化纠纷解决机制与纠纷解决资源. 法律适用，2005 年第 2 期。

业性特征都较为明显,走职业精英化之路是其发展的趋势。[①] 精英化的海事法官本不应埋头于不分巨细的一般案件,而应该有更多的时间去思考和解决新型和疑难案件,审理好具有指引作用的经典案例,使理论得到升华。如果海事纠纷解决途径集中于海事法院,会使法官陷入结案数量与结案质量不可两全的困境,影响司法效益和权威,使海事法院不能很好地发挥其社会功能。ADR 作为选择性的纠纷解决方式,可以凭借自身灵活便捷的优势分流案件,使海事法官从一般性的案件中解脱出来,发挥更大的司法效益,实现海事法院在纠纷解决中的功能。通过建立海事 ADR 机制保护海事司法的权威和地位,进而节约当事人和法院的时间、经济成本,实现司法效益和社会效益的最大化。

(3) 海事 ADR 的正义价值

ADR 的快速发展离不开"接近正义"[②] 的三波运动的推动。20 世纪,法治国家特别是西方福利国家,围绕怎样更好地保障社会成员"接近正义"的权利,进行了持续不断的改革,迄今已经经历了三个阶段(也称波)。其中"第三波"的基本理念有两点:其一,通过程序的简化和便利,增加民众利用司法的机会;其二,将正义与司法区分开来,重新理解和解释正义的内涵,通过司法的社会化,公民有机会获得具体而符合实际的正义,即纠纷解决的权利。正义的理念在现代已经深入人心,商业社会人注重的不是刻板的程序和形式正义,而是合理的利益分配所带来实质正义。海事纠纷多为商事领域纠纷,当事人在瞬息万变的国际航运业和国际贸易业,更注重纠纷的快速、便捷解决。与海事诉讼更追求形式正义不同,海事 ADR 机制追求的正是实质正义、利益的合理分配。同时,海事领域拥有许多国际惯例和行业习惯,人们利用 ADR 可以不经过诉讼中查明、识别等复杂程序,可以灵活高效地实现行业内认可的"正义结果"。并且海事法官虽然深谙海事法律知识,但海事纠纷解决往往涉及船舶、环境、气象等专业技术知识。在 ADR 机制中当事人可以选聘具有专业知识的专家主持和解、调解、中立评估等,使纠纷更公平正义地解决。面对日益多样化、新型化和复杂化的海事纠纷,ADR 机制还可以灵活地提供不同的纠纷解决方式,形成当事人认可的解决方案,满足当事人的利益分配需求,实现实质正义。

(4) 海事 ADR 的和谐价值

构建海事 ADR 机制与我国传统的"和为贵""息讼"等和谐文化价值取向相通。海事 ADR 机制的重要价值在于通过平等对话,在友好的氛围中沟通交流,扫清谈判中的障碍,化解矛盾冲突,恢复当事人关系的和谐。ADR 解决纠纷的方式通常具有协商性的特点,与诉讼相比多了一些平等对话,少了一些激烈的对抗;多了一些理性的沟通,少了一些算计和策略;多了一些利益的共享,少了一些博弈后的两败俱伤。对大多数从事航运业的人来说,他们可以将更多精力用于新生意的谈判,而不用浪费在繁琐的诉讼程序上。[③] 相对于诉讼中的对抗性,ADR 方式可以减少司法诉讼带来的心理上的压力,帮助当事人

[①] 王建新. 海事 ADR 机制价值思辨——兼论其构建之基本进路. 海大法律评论,2007 年。

[②] 接近正义(access to justice)的确切意思是"获得司法帮助"。诉讼成本高昂的现实,阻碍了民众接近正义的实现。在全球性的"接近正义运动和我国司法改革的大背景下,降低诉讼成本,显得十分必要和迫切"。

[③] 郑寿德. 海事纠纷中 ADR 的作用. 中国海商法年刊,2000 年。

在和谐的氛围中保持互利的伙伴关系,使纠纷的解决达到双赢(多赢)的效果,从而保证良好的航运秩序的恢复,促进中国海事事业的和谐发展。纠纷解决并非法官的专有特权,其他社会力量和机构发挥的作用有助于打破解决纠纷的官僚壁垒,平衡社会权力分配,促进社会稳定和谐。[1]

(二) 我国海事 ADR 机制立法与监督

1. 我国海事 ADR 机制立法

美国完善的 ADR 机制法律体系推动了本国 ADR 机制的发展,也是美国成为该机制最发达的国家的重要原因之一。我国应当更加重视对海事 ADR 机制的立法工作,为其发展提供相关的法律依据。但针对我国具体国情,地区间无论是文化、经济、社会条件,都有所差异,完善相关法律不能采取"一刀切"的方法,更不必完全仿效美国采取单行立法的方式。而应在维持现行法律体系稳定的前提下,循序渐进地修改现有法律制度不合理之处,不断填补相关领域的空白,协调和衔接各种法律规定。同时,也可以在条件相对成熟的地区开展试点,以便总结经验,探究 ADR 运用于海事领域的路径。2005 年厦门市人大常委会就率先以地方立法形式对纠纷解决机制进行规范,通过了《关于完善多元化纠纷解决机制的决定》。[2]

该决定鼓励当事人自愿选择 ADR 方式,并将构建多元化纠纷解决机制视为政府的责任,虽然条文不多,但极大地突破了目前 ADR 机制相关立法滞后的现状,开创了地方 ADR 机制探索的新局面。我们在构建海事 ADR 机制的过程中可以效仿厦门的做法,先予以地方立法,加以试点,积累经验,为未来推广海事 ADR 机制奠定基础。

2. 我国海事 ADR 机制的监督

ADR 机制给予当事人极大的意思自治空间,以便当事人灵活选择实体与程序规则,更经济高效地解决纠纷。从 ADR 程序启动到最终得出纠纷解决方案,整个过程,均以当事人意愿为中心,所以对 ADR 机制的监督就显得尤为关键。在这方面可以借鉴英国民事司法改革的经验,处理好鼓励人们使用海事 ADR 与保障程序公平正义之间的关系。目前,我国对非诉讼纠纷解决方式主要是司法监督。在实践中除司法监督外,内部监督与行业监督也同样可以发挥各自的作用。我们应当重视它们的发展,积极构建以海事法院监督机制为核心的,包括海事 ADR 内部监督和行业监督在内的有机体系。

(三) 我国海事 ADR 机制的支持与投入

1. 完善相应的配套制度

海事 ADR 机制想要取得良好的法律效果,还应完善相应的配套制度。具体措施包括:①制定具体的罚则。在当事人选择接受海事 ADR 程序后,如无正当理由不按时参加,就

---

[1] 宿梦醒. 我国非诉讼的纠纷解决方式(ADR)的法理研究. 吉林大学硕士学位论文,2009 年,第 20 页。

[2] 梅宏,高洁璞. 美国非诉讼纠纷解决机制及其对我国的启示. 北京仲裁,2009 年第 2 期。

应当处以罚款。在程序开始前可以命令当事人履行相关必要事项,不服从则可酌情处以罚款,从而确保海事法院附设 ADR 程序的顺利进行;②扩大法律援助的适用范围。目前我国的法律援助只适用于诉讼当事人,对于某些需要法律援助而又希望通过 ADR 程序解决海事纠纷的当事人而言,是不公平的,也不利于海事 ADR 机制的推行。因此应当扩大法律援助的适用范围,使其运用于海事 ADR 程序;③建立 ADR 程序的司法监控制度。在一定程度上赋予海事法院监控 ADR 程序的权力,以防止某些当事人利用 ADR 程序达到不正当目的,或者阻止某些不适当的海事案件进入 ADR 程序,从而有效地进行司法监控。

2. 开展 ADR 机制的教育培训

近年来,美国、英国等发达国家都十分注重对 ADR 机制从业人员的能力培养,一些专业学校还针对各专门领域(如海事、贸易、环境、医疗领域等)开设 ADR 培训课程。经过培训这些专业人士运用调解、谈判、中立评估等 ADR 解决纠纷的技巧会更加专业和成熟。在构建我国海事 ADR 机制的过程中,也应注重专业能力和实践能力的培训,并将之作为从业资格认证的标准之一。在高校的相关专业中设立有关海事 ADR 的课程,不仅为一些准入人员提供培训机会,同时也为海事领域中的 ADR 从业人员创造提升自身能力的机会。通过理论与实践的结合,在注入新鲜血液的同时稳固中流砥柱,全方位提高海事 ADR 主持人员的解纷能力和专业素养,为 ADR 机制的长足发展提供人力资源保障。

(四)我国海事 ADR 的缺陷

我国海事领域现有的纠纷解决方式和纠纷解决机构已经具备了形成海事 ADR 机制的可能性。[①] 但现阶段我国海事 ADR 制度仍存在着不少问题,这些缺陷将制约 ADR 在国际海事领域中的应用,削弱 ADR 在解决国际海事纠纷中的作用,阻碍多元化的海事纠纷解决机制的构建。

1. 我国海事 ADR 形式单一且缺乏活力

我国海事 ADR 主要集中于调解、仲裁-调解等方式,缺乏广泛而有活力的其他 ADR 方式,而多元化的充满生机的解决纠纷方式才是 ADR 内在价值和发展的动力。发展多种多样的 ADR 方式,并将其纳入到海事纠纷解决机制中应是 ADR 的题中之意,否则无法实现各种 ADR 方式在纠纷解决中的优势互补、协调发展,造成我国海事 ADR 事业的发展陷入一潭死水。仅有的几种方式也无法应对新兴的海事纠纷,多元化的海事纠纷解决机制的构建更是无从谈起。

2. 海事 ADR 自身能力有待提高

目前,我国的海事 ADR 机制在解纷能力方面远远不能适应形势的要求,主要表现在:一是 ADR 主持人员专业化程度较低,职业化趋势尚未形成。有些 ADR 人员在调解过程中倾向于经验主义,缺乏科学的工作方法与专业知识背景。缺少职业化的海事 ADR 人员使得海事纠纷多元化解决机制的可持续发展陷入危机。二是缺乏专业 ADR 培训。与西方

[①] 李韵. 中国海事司法 ADR 的建构. 东方企业文化,2010 年第 6 期。

国家丰富的 ADR 专业培训形成鲜明对比，目前国内几乎没有专门开设海事 ADR 培训的学校，加强法官调解能力的培训也比较鲜见，这都不利于海事 ADR 机制的科学发展。三是尚未建立全国统一的 ADR 人员资格标准和审查制度。职业入口与出口都很宽松，难以确认诸如调解员等 ADR 人员的资质，也无法监督相关人员主持 ADR 过程中的行为是否不合法不合理地侵犯当事人或第三人的权益。四是海事 ADR 行业的吸引力不大。现实利用率不高，其相对优势与发展潜力还没有被人们充分认知。

3. 海事 ADR 制度缺乏有效的法律制度保障

除海事法院的调解以及海事仲裁机构的调解、仲裁－调解外，海事行政机构的调解结果以及将来可能发展出的其他海事 ADR 方式所得到的结果并不具有法律效力，也缺乏必要的司法监督。双方当事人通过 ADR 方式达成的纠纷解决方案没有执行力保障。这些问题加剧了当事人选择 ADR 解决海事纠纷的顾虑，增加了当事人对不利于己方的解决结果进行全盘否定的可能性，在很大程度上妨碍了海事 ADR 的发展壮大，影响社会资源和司法资源的有效利用。

4. 海事 ADR 制度之间的定位和分工不明确

目前我国存在的三大类海事 ADR 制度，都包含调解方式，但各类调解之间定位和分工并不明确，可能造成司法资源的浪费。各类海事纠纷解决方式还处在"各自为政"的阶段，彼此的优势、功能互补的效应并没有真正发挥出来，尚没有形成一个有机体系。海事纠纷当事人很可能在不明确各种 ADR 制度的功能的前提下盲目选择解决方式，导致纠纷不能圆满解决。

（五）海事 ADR 的建构思路[①]

1. 培养良好的社会基础

当事人积极主动选择海事 ADR 解决纠纷是实现机制价值的必要前提。一方面，要使当事人摒弃对 ADR 的偏见和不信任，积极选择海事 ADR 解决纠纷；另一方面，海事法院积极支持当事人选择 ADR 解决纠纷。激励当事人选择海事 ADR 解决纠纷是为了实现多元化纠纷解决方式的优势互补，适应多元化纠纷解决需求，顺应纠纷解决机制的发展潮流。

借鉴美国对接受 ADR 结果的当事人在费用上采取减让措施，反之则采取惩罚措施，甚至强制当事人到场参与 ADR 解决纠纷。[②] 首先，鼓励当事人选择 ADR 解决海事纠纷，各种海事 ADR 机构的收费应适当低于诉讼费用。其次，国家应以不剥夺当事人的诉权为前提，诉讼时效在利用 ADR 期间发生中断，这样可以解决当事人的顾虑，真正体现海事 ADR 机制解决纠纷的独特优势，使当事人接受海事 ADR 的结果，减少诉讼程序的启动。再次，对于当事人通过海事 ADR 达成和解协议，应当在法律原则之内确认其效力。最后，社会应大力提倡诚信合作的契约精神，公平协商的价值理念，努力创造有利于海事 ADR

[①] 刘禹．构建中国海事 ADR 机制研究．2013 年法律硕士论文．
[②] 姚志坚．当前法院附设 ADR 的调查与思考．法律适用，2006 年第 4 期．

机制运行的社会环境，形成有效合理利用海事 ADR 解决海事纠纷的观念。[①]

2. 提供有效的法制保障

海事 ADR 机制价值的实现需要有相应的法律制度作保障。国家应当将构建海事 ADR 机制的理念落实在具体法律规范中，从宏观上规范该机制的地位、发展方向和运行模式，促进其规范发展、科学发展、可持续发展，不偏离法治化的轨道；微观上对实践中好的运作方法和经验总结成规则，给予法制规范，促进形成海事 ADR 的长效运行机制。具体说来，一是应根据纠纷的特点，合理规制海事 ADR 机制中各种机构的设立标准、法律性质、解决纠纷的权限、人员构成等关键要素，使社会的纠纷解决资源得到优化配置，增强机制的透明度与规范度。二是尊重当事人的意思自治权，具体规定便捷灵活的纠纷解决程序，充分体现 ADR 机制的独特优势。三是要注重 ADR 方式与海事诉讼程序的衔接，设置必要的条件，限制进入诉讼程序。同时在支持 ADR 机制的宗旨下，海事法院依当事人申请可对 ADR 解决纠纷的结果进行适度的监督审查，使当事人有机会获得司法救济。这样既可以促进当事人利用 ADR 机制解决海事纠纷，发挥机制的优势与效益，又能预防当事人滥用意思自治权，从而影响海事司法的权威性。

3. 优化专业的海事 ADR 队伍

首先，机构建设方面。我国海事 ADR 的机构设置单一，海事仲裁机构的分布仅限于经济发达的地区或者沿海城市，加之海事局行政调解成功率低又缺乏专业性，完全不能满足海事 ADR 机制多元化的特征，无法发挥其应有的优势。为了将多元化解决纠纷的法治理念贯彻到海事 ADR 机制中，我国有必要鼓励更多的海事纠纷解决机构加入这个行列，加大民间性海事 ADR 机构和行政性海事 ADR 机构的培育。此外，一些专业性组织，例如有关海事学术研究团体、行业协会、专业的律师事务所等都可以作为海事 ADR 纠纷解决的机构。沿海、沿江港口城市的海事、商检、渔业等与海事纠纷有关的行政机关应设立专门的调解处理海事纠纷的工作机构，制定和完善纠纷解决程序，依法妥善调解处理与本机关行政管理职能相关的海事纠纷。

其次，人员能力建设方面。在相关的制度问题解决之后，海事 ADR 主持人员的能力建设将成为重中之重。一是应当加紧确立人员的准入标准，并建立统一的资格及评价制度，定期进行考核；二是应该设立专门的海事 ADR 培训课程，制定相关的培训标准以加强 ADR 主持人员工作的科学化和专业化；三是提高海事 ADR 系统的职业道德素养，增强海事 ADR 在民众中的威信性。通过多管齐下，让当事人在多元化的纠纷解决机制中充分选择，更合理地解决海事纠纷，为最终形成海事诉讼制度、海事法院附设 ADR 制度和诉讼外海事 ADR 制度有机协调的体系奠定基础。

[①] 王建新. 海事 ADR 机制价值思辨——兼论其构建之基本进路. 海大法律评论，2007 年。

第三章　海事仲裁

一、海事仲裁制度概述

没有航运就没有仲裁（No Shipping No Arbitration）。[①] 航运作为历史最悠久的运输方式之一，其不仅在世界范围内促进了城市的经济发展，还在漫长的商人社会中逐渐催生出新型的商事纠纷解决模式——海事仲裁。以英国为例，许多关于合同制度以及仲裁制度建立的重要案例都与航运纠纷相关，这些重要案例经过了长时间的累积，在英国尊重先例的普通法制度基础上逐渐羽翼渐丰，形成了英国现代合同法以及仲裁法的制度雏形。[②] 因此，从海事仲裁制度的起源和发展来看，不难发现海事仲裁制度与诉讼或者调解、和解等其他替代性纠纷解决机制之间的差异和区别。

（一）仲裁的概念、性质与分类

1. 仲裁的概念

"仲裁（Arbitration）"在我国古代以及近代也被称为"公断"，其词源来自于拉丁文 *arbitratio*。仲裁员在拉丁文中被称为 *arbitrari*，由拉丁文 *arbiter* 演变而来，而 *arbiter* 具有裁判者、法官的语义。[③] 因此，从词源及其语义可以看出，仲裁是一种与以法官为核心的法院诉讼制度相似、具有准司法性质的独特的纠纷解决制度。[④] 一般而言，仲裁是指商事活动的各方当事人自愿将其争议提交第三人进行审理并做出裁决的纠纷解决方式。[⑤]

2. 仲裁的性质

关于仲裁的性质有许多不同的学说，包括司法权说、契约说、混合说以及自治说四种。[⑥] 司法权说认为仲裁程序中所包含的裁判权属于国家主权，因此，仲裁程序必须从属于仲裁地国内法规定。[⑥] 契约说认为，仲裁属于民事主体之间的一种契约；在此基础之上，混合说认为，契约和司法因素是仲裁制度不可分割的两个方面。[⑥] 除此之外，自治说认为

[①] 杨良宜. 国际商务仲裁. 北京：中国政法大学出版社，1997年，第1页.
[②] 详见：1989 Report of the Department of Trade and Industry's Advisory Committee on Arbitration Law
[③] Bryan A. Garner, Black's Law Dictionary (Oversea Publishing House, 2009).
[④] 裴普. 仲裁制度的法理辨析. 河北法学，2008年第11期，第79页.
[⑤] 屈广清. 海事诉讼与海事仲裁法. 北京：法律出版社，2007年，第127页.
[⑥] 李玉泉. 国际民事诉讼与国际商事仲裁. 武汉：武汉大学出版社，1993年，第243—246页.

仲裁是一种超越了纯粹的契约和司法权的自治制度。[1]

3. 仲裁的分类

仲裁制度存在许多类型，不同类型的仲裁程序将会适用不同的法律制度。一般认为，仲裁制度的分类主要有以下几种。

首先，依据仲裁庭组成方式的不同，可以分为临时仲裁与机构仲裁。机构仲裁是指当事人将争议提交具有常设仲裁机构的仲裁庭进行仲裁的程序。选择机构仲裁的纠纷当事人一般需要遵循仲裁机构的相关仲裁规则进行仲裁。与此不同，临时仲裁则不依赖于任何的常设仲裁机构，当事人可以根据其合意在不违反强行法的前提下订立仲裁程序和仲裁规则、任命仲裁员进行仲裁；与此同时，根据当事人任命而组成的临时仲裁程序中的仲裁庭在仲裁裁决做出之后即告解散。临时仲裁制度相较于机构仲裁具有更为悠久的历史，鉴于其制度的灵活性，仍为许多商事主体所青睐。[2] 临时仲裁在英国以及香港等地更为常见。[3] 然而，基于对仲裁裁决质量的考虑，我国现行法律对于临时仲裁制度持反对的态度。[4] 但是，在中国现行相关法律法规中，也依然存在对于临时性仲裁的许可性规定。[5] 另一方面，机构仲裁由于具有固定的仲裁程序、周密的裁决程序，逐渐成为了主流的仲裁程序。

其次，根据仲裁程序当事人以及标的的地域属性不同，可以分为国内仲裁与国际仲裁。国内仲裁指的是仅受理不具有涉外当事人、涉外标的、外国准据法等涉外因素的仲裁案件的仲裁程序；与此相反，国际仲裁程序所受理的仲裁案件一般都具有上述一种或者多种涉外因素。然而，在中国，随着仲裁服务的日渐国际化，这两种仲裁程序之间的区别正在缩小。

第三，根据仲裁裁决所适用的实体性规范的不同，可以分为依法仲裁和友好仲裁。依法仲裁是指仲裁庭依据当事人合意选择的或者根据冲突法律规范确定的法律规范进行裁决的仲裁程序；而在友好仲裁程序中，仲裁员则可以根据当事人的授权，依据公平原则、商业管理以及其他非法律规则进行裁决。[6] 此外，根据仲裁裁决的标的不同，仲裁制度可以分为不同类别的专门仲裁，比如海事仲裁、劳动仲裁、体育仲裁等等。

最后，根据仲裁裁决的程序类型的不同，还可以分为正式型仲裁、半正式型仲裁以及书面审理型仲裁。正式型仲裁是指仲裁裁决的程序非常类似法院程序，一般通过大律师代理，但其不足在于程序时间长、费用昂贵，现在绝大多数的国际仲裁中心都旨在通过改革

---

[1] 韩立新，袁绍春，尹伟民. 海事诉讼与仲裁. 大连：大连海事大学出版社，2007年，第208页.
[2] 张心泉，张圣翠. 论我国临时仲裁制度的构建. 华东政法大学学报，2010年第13卷第4期.
[3] 杨良宜. 国际商务与海事仲裁. 大连：大连海运学院出版社，1994年，第29页.
[4] 香港和澳门由于存在不同的法律传统和体系，对临时仲裁持开放态度.
[5] 比如，中国－荷兰双边投资协定第9条规定："……如果投资者选择将争议提交国际仲裁，该争议应提交特设仲裁庭解决……"。详见：牛磊. 伦敦海事仲裁与中国海事仲裁制度之比较研究. 国际经济法学刊，2006年第3期，第289页。转引自：赵昭，杜家明. 追问与选择：我国海事仲裁制度的现实困境与完善路径. 河北法学，2014年12月，第43卷第12期，第182—187页.
[6] 屈广清. 海事诉讼与海事仲裁法. 北京：法律出版社，2007年，第127页.

以简化此类的仲裁裁决程序；半正式型仲裁与临时仲裁相似，指仲裁程序不拘于特定形式的仲裁；而书面审理型仲裁则指仲裁员仅通过书面审理而做出仲裁裁决的仲裁程序。①

(二) 海事仲裁制度的概念与分类

1. 海事仲裁的概念

海事仲裁，顾名思义，就是指纠纷当事人运用仲裁解决其海事纠纷的争端解决模式。海事仲裁制度的发展与仲裁制度本身的起源和发展进程息息相关。我国学术界目前对于海事仲裁没有统一的定义。《美国仲裁法案》第1条将"海事"定义为"如果发生争执，属于海事法庭管辖权之内的租船合同、海洋运输工具的提单、关于码头设备、供给船只用品或者船只修理的协议、碰撞和其他对外贸易方面的事务"。海商法专家、海事仲裁员杨良宜先生认为海事仲裁的仲裁范围应当涵盖与海事商事活动有关的贸易行为，如提单、信用证等等。② 有学者认为，海事仲裁是指仲裁机构对当事人之间关于海上运输与船舶相关的纠纷所进行的仲裁活动。③ 由于《中华人民共和国仲裁法》(《仲裁法》) 第65条"涉外经济贸易、运输和海事中发生的纠纷的仲裁，适用本章规定。本章没有规定的，适用本法其他有关规定"的规定，海事仲裁制度除存在特殊规定，将适用我国法律关于仲裁制度的一般法律法规。因此，也有学者根据仲裁案件的类型，即认为海事仲裁"是国际商事仲裁在海商海事领域的应用，是双方当事人约定以仲裁方式，处理海事、海商物流争议以及其他契约性或者非契约性争议"。④

2. 海事仲裁的分类

海事仲裁涵盖了海事纠纷的方方面面，但是海事仲裁程序中最常见的海事纠纷有以下几种，分别是与提单相关的海事争议、与保险单相关的海事争议、与海事救助相关的海事争议、与修造船合同相关的海事争议以及与租船合同相关的海事争议。

首先，在与提单相关的海事争议中，最常见的便是提单中仲裁条款在被并入租船合约时是否具有有效性的问题。《纽约公约》第2条第1款规定："当事人以书面协定承允彼此间所发生或可能发生之一切或任何争议，如关涉可以仲裁解决事项之确定法律关系，不论为契约性质与否，应提交仲裁时，各缔约国应承认此项协定。"为符合效率的要求，格式合同在海事运输中广泛存在，而提单作为物权证明很多时候并不需要双方当事人的签字，那么提单上的仲裁条款是否能够满足《纽约公约》第2条第2款中对于"称'书面协定'者，谓当事人所签订或在互换函电中所载明之契约仲裁条款或仲裁协定"的要求具有争议性。依据英国法院的解释，提单上的仲裁条款有效；而香港的法官却认为：提单与租约有很大的不同，不应当予以宽松性的解释。⑤《中华人民共和国海商法》第78条规定："承

---

① 杨良宜. 国际商务与海事仲裁. 大连：大连海运学院出版社，1994年，第49—52页。
② 杨良宜. 国际商务仲裁. 北京：中国政法大学出版社，1997年，第1页。
③ 屈广清. 海事诉讼与海事仲裁法. 北京：法律出版社，2007年，第127页。
④ 韩立新，袁绍春，尹伟民. 海事诉讼与仲裁. 大连：大连海事大学出版社，2007年，第207页。
⑤ 屈广清. 海事诉讼与海事仲裁法. 北京：法律出版社，2007年，第175—176页。

运人同收货人、提单持有人之间的权利、义务关系，根据提单的规定确定。"由此可见，此类的海事仲裁争议由于各国国内法规定的不同在海事仲裁领域依然存在。然而，随着海事仲裁的发展，海事运输行业也在逐渐修改其格式合同以更好地满足海事贸易当事人的权利救济的要求。①

其次，在保险单相关的海事争议中，比较受到实务界和理论研究人员关注的便是保险单中的海事仲裁条款在多轮的买卖转让交易中对于后手的买受人是否具有约束力的问题。一般情况下，海上保险没有专门的保险合同，而是以保单的形式由保险人签发。在保单随着提单的转让而转让之时，其保险合同是否能够约束后来的提单继受人，各国也有不同的规定。

第三，在海事救助的仲裁实践中，仲裁员主要处理牵涉担保、船舶扣押、保险赔偿以及船舶碰撞损失确定等问题，对仲裁员的专业背景的要求非常高。同时，造船合同由于一般会涉及不同国籍的当事人，合同周期较长、造价较高、容易出现违约的问题，也成了海事仲裁比较常见的案件类型之一。

第四，租船合同纠纷是海事仲裁案件的主要案源之一。租船合同包括期租合同和航次租船合同；而在这些租船合同中，一般都有仲裁条款。因此，与租船合同相关的滞期费、租金等商业纠纷是海事仲裁中最常见的案件类型之一。

（三）仲裁以及海事仲裁制度的历史发展

1. 仲裁制度的历史发展

作为一种友好的纠纷解决方式，仲裁制度具有悠久的历史。② 西方关于商事仲裁历史的研究表明，仲裁作为在商事纠纷解决模式的雏形早在古希腊和古罗马时代就已经被文献记载，而且古希腊和古罗马法律制度中关于仲裁制度的终局性等规定也被后世逐渐发展起来的现代商事仲裁制度所承袭。③ 与此同时，仲裁制度的萌芽与早期商业社会的发展息息相关，④ 并逐渐由欧洲普及于世界各国。⑤ 研究表明，西方早期的商业扩张使得商业交易的主体突破了国家和地域的界限，商人法在这个过程中逐渐突破本土的商业法律制度框架，建立起跨地域的商业交易以及贸易规则。在此背景之下，仲裁作为一种具有民间属性的纠纷解决方式，为跨地域以及跨国商业纠纷提供了灵活、便捷以及专业化的权利救济方

---

① 比如说《统一杂货租船合同》(Uniform General Charter)，简称《金康合同》(GENCON) 租船合同已经在其最新版本的格式合同中加入了允许并入包括祖传合同的法律和仲裁条款的规定。

② Derek Roebuck, Best to Reconcile: Mediation and Arbitration in the Ancient Work, 66 *Journal of Institute of Arbitrators* 4 (2000) 275; Derek Roebuck, *Ancient Greek Arbitration* (Oxford, Holo Books, 2001); Dereck Roebuck, *Early English Arbitration* (Oxford, Holo Books, 2008); Dereck, Roebuck, *Dispute and Differences*: Comparisons in Law, Language and History (Oxford, Holo Books, 2010); Dereck Roebuch and Bruno de Loynes de Fumichon, *Roman Arbitration* (Oxford, Holo Books, 2004).

③ George Mousarakis, The Historical and Institutional Context of Roman Law (Surrey, Ashgate Publishing, 2003).

④ Martin Dormke, Domke on Commercial arbitration, Vol 3. (Callaghan, 2003)

⑤ 中国海事仲裁委员会秘书处. 海事仲裁入门. 北京：中国政法大学出版社，2001年，第7页。

式,从而得到了快速的发展。① 与此同时,早期商会制度的建立也推动了仲裁作为纠纷解决方式在行业内的应用。②

2. 海事仲裁制度的缘起与发展

海事仲裁作为国际商事仲裁制度中最早得到发展的专门仲裁制度,成为了商事仲裁的重要组成部分。商业繁荣对于海事仲裁制度的产生和发展同样不可或缺。不过分地说,许多商事仲裁制度中的原则性制度,均是由海商法商事案例根据普通法的案例制度,通过几十甚至于上百年的演化,逐渐建立起来的。13 世纪初到 14 世纪逐渐繁荣的地中海贸易促进了海事仲裁制度的发展。当时所采用的海事法典中已经对于以仲裁方式解决海事争议进行了正式的记录,③而海事仲裁为海事商贸提供的有效的权利救济也保证了航运业的繁荣发展。20 世纪初以来,海事仲裁所受理的纠纷类型从以租约、海上运输合同、保险合同等契约性纠纷为主,逐渐发展扩大到以船舶碰撞、海上救助、油污损害等非契约性救助。④ 在现代,海事仲裁由于具有意思自治、专业性、国际性等一系列优势,逐渐被现代的海运行业所青睐。

(四) 海事仲裁制度的特征

海事仲裁具有国际商事仲裁的特征,也具有海事仲裁制度独特的历史背景。海事仲裁制度作为一种友好的替代性纠纷解决方式,具有诸如自主、灵活、经济、专业、保密、便利许多其他纠纷解决模式不具有的特征以及优势。⑤

1. 意思自治

海事仲裁相对于传统的海事诉讼程序来说最突出的特点即为其意思自治的属性。海事纠纷当事人若选择海事仲裁作为其纠纷解决方式,即可通过自愿协商就纠纷是否提交仲裁,交与谁仲裁,仲裁庭如何组成,由谁组成,以及仲裁的审理方式、开庭形式等进行确定。因此,海事仲裁与其他众多海事纠纷解决模式相比较大程度地实现了当事人意思自治原则。与此同时,正是因为当事人在海事仲裁程序中具有任命仲裁员的自由,使得商事主体之间的纠纷解决可以最大程度上减弱国内法对于纠纷解决的限制,满足纠纷双方当事人的要求,使得纠纷解决的过程具备互利性和非对抗性,从而能够达到息讼、友好纠纷解决的目的。而且,仲裁机构与法院的机构设置不同,具有较高的独立性,不受其他个人、行政、政法机关等的干预。

---

① Avner Greif, Institutions and the Path to the Modern Economy: Lessons from Medieval Trade (Cambridge, Cambridge University Press, 2006); Paul Milgrom, Douglass North and Barry R Weingast, The Role of institutional in the Revival of Trade: The Law Merchant, Private Judges, and the Champagne Fairs (1990) 2 Economics and politics 1.
② 马敏. 中国同业公会史研究中的几个问题. 理论月刊, 2004 年 4 期, 第 5—9 页。
③ 屈广清. 海事诉讼与海事仲裁法. 北京: 法律出版社, 2007 年, 第 127—137 页。
④ 屈广清. 海事诉讼与海事仲裁法. 北京: 法律出版社, 2007 年, 第 128 页。
⑤ 肖健民. 海事仲裁的六大优点. 中国船检, 2002 年第 3 期, 第 49 页。

2. 专业性

相对于传统的海事诉讼程序来说，海事仲裁还具有专业性的优势。根据我国《仲裁法》的相关规定，仲裁员可以由公民、社会团体以及其他组织的非法律专业人士担任。因此，我国的主要仲裁机构以及海事专门仲裁机构都备有仲裁员名册以供纠纷当事人根据自己的意向任命仲裁员。上述仲裁员名册根据不同的专业背景进行罗列，更彰显了海事仲裁制度的专业性。许多海事仲裁的仲裁员具备船运业的背景知识，甚至许多仲裁员本身就是航运界从业多年、年资深厚的专家，因而仲裁在裁决的专业性方面显得更具有专业权威性。就我国而言，中国海事仲裁委员会目前拥有过百名船舶建造、海上运输、保险、轮机、救助、碰撞方面的专家学者，相比于我国海事法院所配备的几十名专职法官来说，确实具有专业方面的优势。另一方面，从海事仲裁与海事纠纷的自身特点来说，专业性也是海事仲裁必须具备的特征之一。许多海事纠纷都涉及船舶碰撞、海岸污染及海上救助等专业领域的知识和能力以及考验仲裁员在航海与贸易方面的专业素养，因此，专业性也成了海事仲裁的内在要求之一。

3. 保密性

仲裁制度具有比较高的保密性，这对于商事海事主体来说尤其重要。在传统的英美法法院，披露义务是非常繁重且耗时的，对于纠纷双方来说，也造成了更大的纠纷解决开支；[1] 此外，由于法院是国家公权力机关审理裁决公民、机构以及其他诉讼主体的权利义务关系的场合，为了防止国家公权力的滥用，证据文件公开、判决程序公开、判决结果公开已经成为了保障诉讼公平公正的监督机制之一。而在仲裁程序中，由于其程序本身没有涉及上述限制国家公权力的考量，因此仲裁程序在具有较高的、非正式性的同时也具有很高的保密性。一般说来，仲裁裁决若非仲裁机构取得当事人同意或者因为仲裁裁决需要经过国内法院的判决才得以承认和执行的情况下，仲裁机构是不会主动将仲裁裁决全文披露的。[2] 当然，处于仲裁研究的需要，仲裁机构也会有选择性地公布一些典型的案例，但这些案例一般都会经过保密性处理，将当事人的姓名、联络方式等关键信息删去。[3] 与此同时，仲裁制度的保密性还能够保障商事海事纠纷主体的商业秘密以及商业信誉。

4. 国际性

由于海事贸易本身具有的国际性以及涉及地域的广泛性，国际性也是海事仲裁与生俱来的特征之一。在中国，1992 年的《中华人民共和国海商法》几乎是以国际公约和国际惯例为蓝本制定的。《海商法》吸收了涵盖 1974 年《海上旅客及其行李运输雅典公约》、1910 年《统一船舶碰撞某些法律规定的国际公约》、1989 年《国际救助公约》、1976 年的《海事索赔责任限制公约》、1967 年《统一海事优先权及抵押权的若干规定的国际公约》

---

[1] 杨良宜. 国际商务与海事仲裁. 大连：大连海运学院出版社，1994 年，第 22 页。
[2] 上述保密性也会根据不同仲裁机构的仲裁规则而有所不同。杨良宜. 国际商务仲裁. 北京：中国政法大学出版社，1997 年，第 15—20 页。
[3] 诸多国际仲裁中心均有此类披露机制，如香港国际仲裁中心会将相关案例披露于其官方网站，伦敦海事仲裁协会会有选择地在其协会刊物《劳合社海事法律通讯》上刊登案情梗概和裁判主旨。

《海牙规则》《维斯比规则》和《汉堡规则》在内的国际公约的实质性条款。① 在众多与仲裁相关的国际公约中,《承认与执行外国仲裁裁决公约》,即《纽约公约》在推动仲裁制度的国际化方面具有里程碑的作用。《纽约公约》不仅在仲裁案件的机构管辖权方面限制了国内法院对于仲裁庭的干涉,而且对仲裁裁决在国内法院的拒绝认可和执行的程序和原则做出了明确的规定,使得国际商事、海事仲裁裁决的可执行性大幅度提升。我国的国内海事仲裁虽仍然与国际海事仲裁存在一定的差别,但随着我国加入《纽约公约》的步伐加快、海事仲裁裁决的异域认可与执行制度的完善以及我国国内海事仲裁国际化的发展越来越深入,我国国内海事仲裁的实践已经与国际海事仲裁的通行做法越来越接近。

5. 高效快捷

海事仲裁具有高效快捷的优势,这能够为纠纷双方当事人提供快捷经济的纠纷解决方式。仲裁实行一裁终局制,因此当事人之间的纠纷能够迅速得以解决。仲裁在时间上的快捷性使得仲裁所需费用相对减少。② 与此同时,仲裁以不公开审理为原则,并在近几年出现书面审理的倾向,使得海事仲裁当事人可以更为经济有效地进行海事仲裁。根据杨良宜先生介绍,英国海事仲裁案件中有 80% 的案件是以书面审理为主,仲裁与诉讼不同,诉讼必须进行口头聆讯。③ 因此,海事仲裁不仅可以极大缓解海事司法审判的压力,而且最大限度地节约当事人在海事纠纷解决中的成本。值得注意的是,近年来包括《国际商会仲裁规则》《斯德哥尔摩商事仲裁院仲裁规则》等世界各大国际仲裁中心都先后引进了紧急仲裁员制度,致力于为当事人在紧急情况下提供紧急的临时仲裁救济,对于证据、财产做出保全措施裁令,以保障当事人的合法财产在仲裁庭组庭之前不受非法侵害。④

因此,国际商事海事仲裁制度随着国际商贸的发展而逐渐完善,相比于传统的诉讼或者其他类别的替代性纠纷解决机制具有高效快捷等其他独特的优越性。

(五)海事仲裁制度的发展现状

1. 国际海事仲裁制度概览

在众多航运发达的国家之中,英国、美国以及新加坡是世界上三大国际海事仲裁中心。波罗的海及国际海事委员会(Baltic and International Maritime Council,简称 BIMCO)是世界上最大的代表船舶所有人利益的国际航运民间组织之一。⑤ 2012 年 BIMCO 将新加坡海事仲裁条款加入其标准争议解决条款中,使新加坡成为亚洲的国际海事仲裁中心,与

---

① 屈广清. 海事诉讼与海事仲裁法. 北京:法律出版社,2007 年,第 140 页。
② 屈广清. 海事诉讼与海事仲裁法. 北京:法律出版社,2007 年,第 138—141 页。
③ 杨良宜. 国际商务与海事仲裁. 大连:大连海运学院出版社,1994 年,第 7 页。
④ 韩斯睿. 国际商事仲裁视角下的紧急仲裁员制度. 北京仲裁,第 90 辑。
⑤ 详见:波罗的海及国际海事委员会官方网站所载协会介绍. https://www.bimco.org/About/About_BIMCO.aspx[2015 年 10 月 8 日]。

英国伦敦以及美国纽约国际海事仲裁中心比肩而立。[①] 与此同时,在亚洲,海事仲裁服务的竞争非常激烈,上海和香港作为这其中的后起之秀,正逐步完善其海事仲裁相关的法律服务体系以及法律法规。[②]

英国凭借其航运发展的悠久历史以及其完善的法律制度,已成为国际上首屈一指的海事仲裁国际中心。[③] 根据相关数据统计,世界上每年发生的海事争议中的绝大部分都是在伦敦进行仲裁的。[④] 英国的海事仲裁案件审理一般都由伦敦海事仲裁员协会的全职会员根据当事人的任命,在遵循1996年《英国仲裁法》的指导精神和相关规定的前提下,依据《伦敦海事仲裁员协会仲裁规则》进行临时仲裁。伦敦海事仲裁员协会现行的仲裁规则是《2012年伦敦海事仲裁员协会仲裁规则》,该会拥有39名全职会员。[⑤]

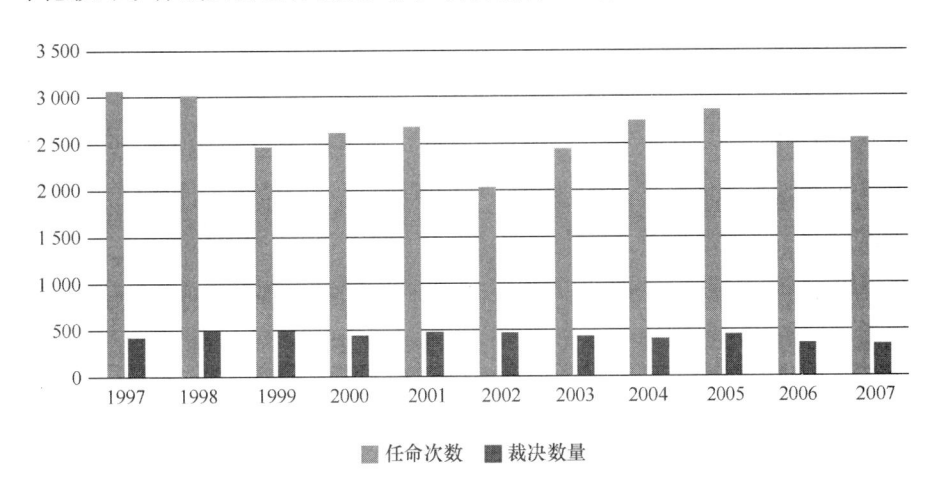

表3.1 伦敦海事仲裁员协会1997—2007年接受任命以及裁决数量[⑥]

与此同时,海事纠纷当事人选择英国法作为其管辖争议的准据法也是国际航运业的通行做法。1996年《英国仲裁法》作为世界上最为完备的海商成文法典之一,为英国成为国际海事仲裁中心提供了有利的制度保障。[⑦] 英国的船东互保协会等海事相关组织在此过程中亦功不可没,且其协会格式合同中一般均含有伦敦海事仲裁条款。[⑧] 因此,伦敦海事

---

① 详见:波罗的海及国际海事委员会官方网站所载协会介绍. https://www.bimco.org/en/News/2012/11/16_Revised_BIMCO_Clause.aspx [2015年10月8日]。
② 张力彪,陈艳艳. 亚洲主要航运中心高端航运服务业发展环境对比分析——完善上海高端航运服务业发展环境的建议. 港口经济,2014年第8期,第13—15页。
③ 郭树理. 西欧国家晚近仲裁制度改革立法评析——以英国、比利时、瑞典为例评. 中国对外贸易商务月刊——中国仲裁,2002年第2期。
④ 牛磊. 中国海事仲裁发展现状分析. 仲裁与法律,2003年第4期,第111页。
⑤ 伦敦海事仲裁员协会官方网站. http://www.lmaa.org.uk/about-us-Introduction.aspx [2015年10月8日]。
⑥ 顾国伟. 中国海事仲裁发展初探. 中国海商法年刊,2009年第20卷第3期,第96页。
⑦ 邓杰. 伦敦海事仲裁制度研究. 北京:法律出版社,2002年,第32页。
⑧ 赵骏. 国际投资仲裁中"投资"定义的张力和影响. 现代法学,2014年第3期,第16页。

仲裁在国际海事仲裁市场无疑具有近于垄断的地位。① 早在2000年前后，伦敦海事仲裁员协会接受指定的仲裁案件就多达3 000件。②

2. 关于海事仲裁的国际公约

从20世纪初开始，面临着不同国家仲裁法律的国内规定的不同的挑战，国际航运业就一直致力于为国际航运提供较为统一的行业标准，其中包括海事仲裁相关的国际统一制度的建立。这一方面的国际努力集中体现在有关仲裁和海事仲裁的国际公约的签订。1923年，16个欧洲国家在日内瓦签订了《关于承认仲裁条款的日内瓦议定书》以及《关于执行外国仲裁裁决的日内瓦公约》。在此基础之上，1958年在纽约召开的联合国国际商事仲裁会议上通过了《承认及执行外国仲裁裁决公约》，也称《纽约公约》，全面覆盖并扩大了前两个国际公约的效力。更为重要的是，《纽约公约》确立了倾向于执行仲裁裁决的国际政策以及承认和执行外国裁决的最低国际标准，并在缔约国之间确立了特殊的权利义务平衡关系。③ 截止2007年10月12日，《纽约公约》共有142个缔约国，已经成为国际商事仲裁领域最具有影响力的国际公约，中国也已经于1987年加入了该公约。④ 在《纽约公约》通过之后，包括《关于国际商事仲裁的欧洲条约》《统一仲裁的欧洲公约》《关于解决各国和其他国家的国民之间的投资正义公约》、1975年《美洲国家间关于国际商事仲裁的公约》在内的许多相关的国际条约先后签订。随后，联合国贸易法委员会也制定了《国际商事仲裁示范法》等国际软法规则。至此，仲裁逐渐成为国际商事领域最受重视的争议解决制度。

（六）中国仲裁制度的发展

杨良宜先生曾在其著述中提到，国际仲裁在今天已经发展成为一个专门的行业，而仲裁协议也在货物贸易、投资、航运等多种商业合约中广泛适用。⑤ 随着商业发展速度的日新月异，商事主体对于更为快捷、高效、低成本的纠纷解决制度的需求也日益增长，法院诉讼在现代的商业纠纷解决中日益扮演着更为辅助性的角色。然而，中国的海事仲裁制度起步于20世纪中后叶，其产生、发展的时间较短，相关法律以及商事制度也存在许多不完善之处。

1. 中国海运贸易与海事仲裁制度概览

在中国，随着航运贸易的蓬勃发展以及跨地域贸易的高速增长，中国的航运贸易业也得到了长足的发展。⑥ 上海港是我国沿海的主要枢纽港以及国际船运物流的主要港口，而

---

① 杨良宜. 国际商务仲裁. 北京：中国政法大学出版社，1997年，第68—72页。
② The number of appointments from 1993 to 2001, in chronological order. Maritime Advocate, 20 May 2002.
③ 详见：《纽约公约》第五条。
④ 最高人民法院关于执行我国加入的《承认及执行外国仲裁裁决公约》的通知，1987年4月10日，法（经）发〔1987〕5号。
⑤ 杨良宜. 国际商务与海事仲裁. 大连：大连海运学院出版社，1994年，第1—3页。
⑥ 安飞. 海事仲裁崭露头角. 中国船检，2002年第9期，第24—27页。

以宁波—舟山—上海三个城市为中心而形成的航运集群效应更是使中国在世界航运领域占据了一席之地。与此同时，中国的造船业也稳居世界前三甲行列。与此同时，**随着全球化以及世界经济一体化进程的发展，亚洲由于拥有众多新兴经济体而逐渐在国际商务中扮演着越来越重要的角色，亚洲的航运行业也在国际物流市场中越来越不可或缺。据统计，亚洲地区的航运公司现今控制了世界上近乎一半的船舶吨位。**① 而且，由于面临着来自于上海、汉堡、新加坡、香港等新兴海事仲裁中心的激烈竞争，伦敦作为传统的世界海事仲裁中心的地位正在被削弱。然而，虽然市场竞争日趋激烈，伦敦作为世界上最重要的国际海事仲裁中心的地位依然难以动摇。

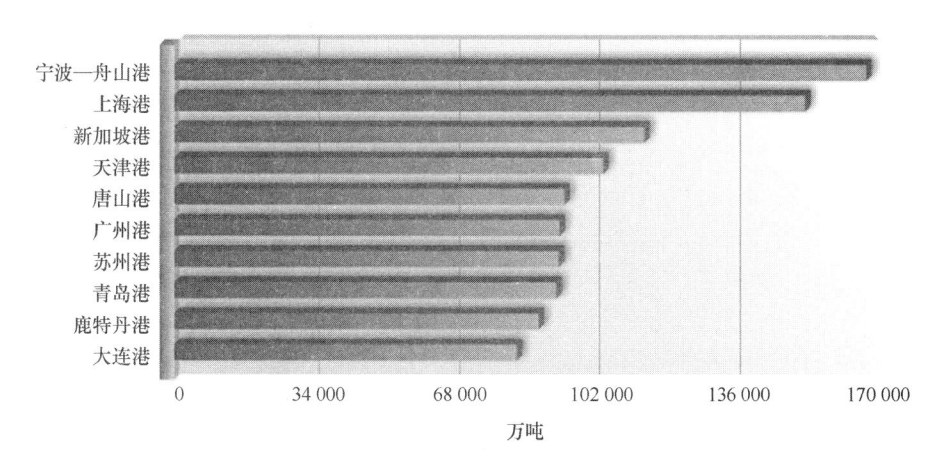

表3.2　全球港口货物吞吐量排名统计②

然而，虽然我国国际航运业的发展已经取得世界领先的成就，但是我国海事仲裁领域的发展却始终无法使我国成为如伦敦、纽约、新加坡③等国际海事仲裁中心。④ 我国海事仲裁法律服务领域的滞后现状值得深思。苛刻僵化的法律规定、针对海事仲裁协议的限制性司法解释、法院对于海事仲裁诸多的司法干预、海事仲裁程序缺乏灵活性、海事仲裁机构专业队伍素质有待提升以及缺乏良好的海事仲裁软环境等因素很大程度上制约着我国建设国际海事仲裁中心的步伐，也限制着我国海事仲裁机构受案量的增长。⑤

2. 我国海事仲裁相关法律体系的完善

随着《中华人民共和国海上交通安全法》《中华人民共和国海事诉讼特别程序法》以及《中华人民共和国仲裁法》的相继颁布，我国海事仲裁制度方面的法律制度也日趋完

---

① 屈广清．海事诉讼与海事仲裁法．北京：法律出版社，2007年。
② 中国航运数据库，http://www.shippingdata.cn［2015年10月8日］。
③ 旭莲．新加坡城国际海事仲裁地——凸显海事仲裁中心全球化趋势．中国远洋航务，2013年第3期，第18—19页。
④ 吴明华．擦肩而过的亚洲海事仲裁地之痒．航海，2013年第2期，第14页。
⑤ 赵昭，杜家明．追问与选择：我国海事仲裁制度的现实困境与完善路径．河北法学，2014年第43卷第12期，第182—187页。

善。1982年3月8日通过的《中华人民共和国民事诉讼法（试行）》对于海事纠纷制定了相关规定，虽然对于海事仲裁甚少提及，但是《中华人民共和国民事诉讼法（试行）》的颁布施行正式确立了仲裁制度作为纠纷解决方式的法律地位。[①] 1983年全国人民代表大会常务委员会通过并颁布了《中华人民共和国海上交通安全法》，该法第46条规定："因海上交通事故引起的民事纠纷，可以由主管机关调解处理，不愿调解或者调解不成的，当事人可以向人民法院起诉；涉外案件当事人还可以根据书面协议提交仲裁机构仲裁。" 1990年国务院批准实施的《中华人民共和国海上交通事故调查处理条例》第20条规定："对船舶、设施发生海上交通事故引起的民事侵权赔偿纠纷，当事人可以申请港务监督调解。" 同时该《条例》第27条也规定："不愿意调解或调解不成的，当事人可以向海事法院起诉或申请海事仲裁机构仲裁。"

全国人民代表大会常务委员会于1994年8月31日通过了《中华人民共和国仲裁法》，该法自1995年9月1日起施行，对于我国仲裁制度提供了全面的法律规定。此后，2000年《中华人民共和国海事诉讼特别程序法》正式开始实施，该法对于海事仲裁协议效力的认定、财产以及证据保全、海事仲裁裁决的认可和执行提供了制度保障。据此，《中华人民共和国民事诉讼法》《中华人民共和国仲裁法》和《中华人民共和国海事诉讼特别程序法》成为海事仲裁相关具体法律制度的主要的成文法律法规。

3. 中国专门海事仲裁机构的设立与发展

与此同时，在我国海事仲裁的机构建设所取得的成就中，中国海事仲裁委员会是其中比较有代表性的。1958年11月，国务院通过了《关于在中国国际贸易促进委员会内设立海事仲裁委员会的决定》，[②] 隔年，中国国际贸易促进委员会海事仲裁委员会成立。[③] 在随后的50多年的发展历程中，中国国际贸易促进委员会海事仲裁委员会以保护当事人的合法权益、促进国际国内经济贸易和物流的发展为宗旨，致力于以仲裁的方式，独立、公正地解决海事、海商、物流争议以及其他契约性或非契约性争议，以保护当事人的合法权益，促进国际国内经济贸易和物流的发展。[④] 中国国际贸易促进委员会海事仲裁委员会于1988年更名为中国海事仲裁委员会（China Maritime Arbitration Commission，简称海仲委），并于同年发布《中国海事仲裁委员会仲裁规则》。[⑤] 海仲委现为中国国际商会（China Chamber of International Commerce，简称CCOIC）下设的常设仲裁机构，其总部设于北京，至今仍然是国内唯一的海事专业仲裁机构。[⑥] 在50多年的发展历程中，海仲委经历了多次

---

① 现已废止。

② 1954年5月6日，中央人民政府政务院第215次会议通过。

③ 蔡鸿达. 中国海事仲裁发展和两岸海事仲裁合作. http://cn.cietac.org/hezuo/4_8.htm［2015年5月24日］。

④ 中国海事仲裁委员会官方网站，http://www.cmac-sh.org/default.htm［2015年5月24日］。

⑤ 1988年6月21日，《国务院关于将海事仲裁委员会改名为中国海事仲裁委员会和修订仲裁规则的批复》。

⑥ 1988年6月，经国务院批准，中国国际商会在北京成立，中国国际商会和中国贸促会是"一个机构，两块牌子"。详见：http://www.ccpit.org/bumenzhandian［2015年5月18日］。

机构改革,现在已成为了亚洲主要的海事仲裁机构之一,与许多国际海事仲裁中心均存在合作交流机制。① 但是,与伦敦海事仲裁员协会等国际海事仲裁中心相比,依然存在很大的差距。

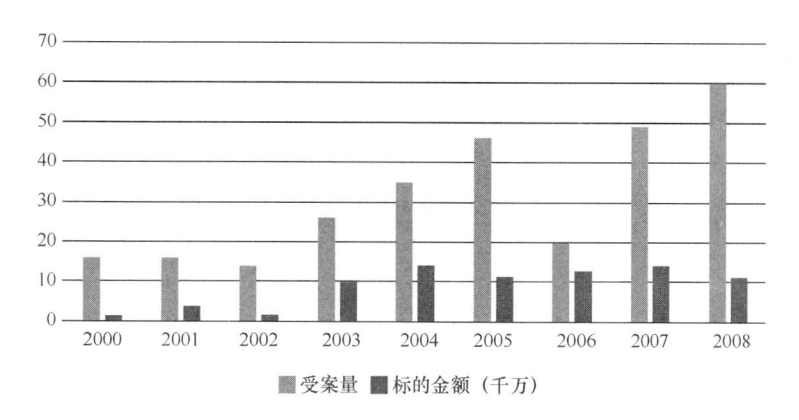

表 3.3　中国海事仲裁委员会 2000—2008 年受案量以及标的额

与此同时,2003 年中国海事仲裁委员会上海分会、中国海事仲裁委员会渔业争议解决中心同时成立。时任中国国际贸易促进委员会副会长、中国海事仲裁委员会副主任刘文杰认为,"海仲委上海分会的成立在中国海事仲裁发展史上具有重要意义,标志着中国海事仲裁进一步与国际接轨,符合与时俱进的时代精神"。② 2004 年,海仲委修改了《中国海事仲裁委员会仲裁规则》以改进我国海事仲裁程序,并在同年设立了中国海事仲裁委员会物流争议解决中心,促进了我国海事仲裁制度专业化、国际化的进程。③ 2004 年 10 月 1 日《中国海事仲裁委员会仲裁规则》实施一年之后,海仲委所受理的海事仲裁案件就已成规模。④ 2009 年,仅海仲委上海分会的受案争议金额就已经达到了人民币 11.1 亿元,⑤ 海仲委上海分会的全年受案量更是在 2013 年突破了 100 件。⑥

在 2014 年之前,海仲委曾对于其仲裁规则进行过五次修订,并先后在广州、天津、大连、青岛等航运集散中心设立办事处,以便利海事纠纷当事人进行仲裁,增强海仲委的辐射效应。蔡鸿达先生曾表示,近年来随着中国(上海)自贸区的成立,中国海事仲裁的发展,特别是中国海事仲裁委员会上海分会将"主动融入、探索建立与国际接轨的高效海事仲裁程序以及管理模式,发挥海事仲裁专家队伍的优势,逐渐推动上海成为中国的海事仲裁中心,并进一步成为亚太地区的海事仲裁中心之一"。⑦

---

① 高菲. 中国海事仲裁的理论与实践. 北京:中国人民大学出版社,1996 年,第 1—20 页。
② 中国海事仲裁委员会登陆上海. 国际融资,2003 年,第 1—2 页,第 118 页。
③ 于健龙. 海仲委仲裁规则修订说明. 中国远洋航务,2014 年,第 12 页。
④ 蔡鸿达. 中国海事仲裁发展有关问题的探讨. 中国仲裁咨询,2005 年第 1 卷第 1 期,第 56 页。
⑤ 王璐. 以上海国际航运中心的建设为视角探析中国海事仲裁. 法制与社会,2013 年。
⑥ 旭莲. 上海海事仲裁推升国际航运中心软实力. 航海,2014 年第 2 期,第 12 页。
⑦ 旭莲. 上海海事仲裁推升国际航运中心软实力. 航海,2014 年第 12 期,第 12—13 页。

由于近十年来国际海事仲裁的理论与实践的发展日新月异，海仲委发布了其2014年版本的《中国海事仲裁委员会仲裁规则》。根据海仲委副主任于健龙的介绍，在之前五次修订仲裁规则的基础之上，此次新修订的《中国海事仲裁委员会仲裁规则》引入了紧急仲裁员等国际海事仲裁的行之有效的规定，在植根于中国本土海事商事仲裁实践的基础之上体现了国际海事仲裁的新近发展，有利于推动我国海事仲裁制度的繁荣发展。[①] 另外，海仲委也根据国际通行的仲裁机构行政架构进行了机构改革，引入了秘书局和仲裁院的行政设置，以更好地履行公共服务以及海事仲裁专业服务。[①] 与此同时，海仲委香港仲裁中心已于2014年11月19日正式成立。海仲委特别在其仲裁规则中增加了关于在香港进行海事仲裁的相关程序和安排，以满足我国日益增长的海事商事主体的需要。由此可见，海仲委基于其丰富的海事仲裁经验，在国内以及国际海事纠纷解决方面发挥着日益重要的作用。

自我国加入世界贸易组织（WTO）以来，我国的对外贸易以及航运物流产业得到了极大的发展。在海洋大国转变为海洋强国的政策环境下，海事仲裁制度在我国的仲裁以及争议纠纷领域得到了快速地发展，但是，我国的海事仲裁制度仍然存在许多不足之处。在我国实施海洋强国战略的当下，优质的国际海事法律服务不可或缺。而且，海事仲裁制度的健全对于海损理算、海事保险等关联海事法律服务领域的发展和完善也具有重要意义。[②] 在海事仲裁的领域内处理好法院审判与仲裁员裁判之间的关系、完善我国海事仲裁机构仲裁规则、深化我国海事仲裁机构内部组织结构改革，使我国的海事仲裁实践能够更好地满足国内外商事还是主体的纠纷解决的需要至关重要。

在此背景之下，运用比较法的视野对中外海事仲裁制度进行分析和比较研究具有理论以及实践的借鉴意义。本章将依次从我国海事仲裁考察、外国海事仲裁评析、海事仲裁机构、海事仲裁范围、海事仲裁规则、海事仲裁协议、海事仲裁裁决的承认和执行等不同的角度来介绍国内外海事仲裁制度，并提出对于我国海事仲裁制度的建设的评价以及展望。

二、我国海事仲裁考察

我国的海上航运以及与海事相关的纠纷解决具有悠久的历史。随着近几年国内建设国际航运中心的相关举措，海事仲裁制度的建立和完善对于航运商事主体的权利保护至关重要，得到了学界的广泛关注。随着《中华人民共和国海上交通安全法》《中华人民共和国海事诉讼特别程序法》以及《中华人民共和国仲裁法》的相继颁布，我国海事仲裁制度方面的法律制度也日趋完善。本部分将从我国海事仲裁制度的历史发展以及现状展现我国海事仲裁制度的历史沿革和特征。

---

① 于健龙. 海仲委仲裁规则修订说明. 中国远洋航务, 2014年第12期。
② 蔡鸿达. 中国海事仲裁的特点（1）. 水运管理, 第33卷第12期, 2011年12月, 第9—10页；蔡鸿达. 中国海事仲裁的特点（2）. 水运管理, 第34卷第1期, 2012年1月, 第3—7页。

第三章 海事仲裁

(一) 我国海事仲裁制度的阶段性历史发展

自新中国成立以来,我国的仲裁制度得到了长足的发展。海事仲裁法律制度因其本身具有专业、快捷、保密性等特质,更有利于海事商事主体维持友好的行业关系,受到了海事商事主体的欢迎。我国海事仲裁制度在其发展初期仍带有较为强烈的行政色彩,海事仲裁制度的行政干预程度较高。改革开放之后,随着国际贸易交易额的逐渐增长以及航运物流行业的繁荣发展,我国海事仲裁制度已经逐渐与国际商事海事仲裁相接轨。现在,绝大多数的海事争议都可以由当事人约定或者合意选择仲裁作为纠纷解决方式。

纵观我国仲裁制度发展的历史,可以将我国海事仲裁制度的发展分为以下几个阶段:①制度缺失阶段(1945—1956年);②制度起步阶段(1958—1988年);③高速扩张阶段(1988—1995年);④正规化、国际化阶段(1995年至今)。我国的海事仲裁制度在其发展的每一个不同的阶段都有其不同的特征。

1. 我国海事仲裁制度缺失阶段(1945—1956年)

新中国成立初期,在国际上面临着第二次世界大战后社会主义阵营和帝国主义阵营相互割裂的局面。早在1946年3月,丘吉尔发表"铁幕演说",正式拉开了冷战的序幕。与此同时,美国"杜鲁门主义"政策的实施,更加激化了社会主义阵营与资本主义阵营在世界范围内形成了的对立局面,而以美国为首的西方列强则对中国实施了一系列经济和军事封锁措施。[①] 我国面临着西方国家对于包括我国在内的社会主义国家进行的"封锁禁运"的政策,我国的对外经济贸易活动在夹缝中求生存,受到了很大的负面影响。在上述国际环境下,我国国内各行各业在经历了战争的洗礼之后仍然百废待兴,经济民生发展任务艰巨,与此同时,商事法律制度在新中国成立初期更是存在许多制度缺失。

1950年2月14日,时任中华人民共和国总理兼外长周恩来和苏联外长安德烈·维辛斯基在莫斯科克里姆林宫签署《中苏友好同盟互助条约》开启了中苏联盟的序幕。[②] 从此之后一直到20世纪60年代中苏关系恶化之前,中国的社会制度、机构组织的设置乃至于社会生活的方方面面都受到苏联的深远影响,其中就包括了中国的仲裁制度体制的设计与规划。1952年,包含中国在内的49个国家在莫斯科会议中通过了《关于消除人为障碍开展国际贸易的决议》。[③] 根据该决议,国际贸易促进会应运成立并成为了国际经济会议的常设机构;该决议还建议各成员国在各国国内建立相应的机构,以贯彻会议决议并加强与

[①] 王永华. 博弈与制衡:香港禁运历史的解读. 二十一世纪(网络版),2006年6月总第51期。

[②] 中华人民共和国与苏联签定的条约,1950年4月11日起生效,有效期为30年。这个条约取消了1945年8月"中华民国"政府代表王世杰和苏联政府在莫斯科签订的不平等的《中苏友好同盟条约》。20世纪60年代起,中苏两国关系恶化,该条约名存实亡,期满后没有再延长。

[③] 详见:时任中国国际经济贸易仲裁委员会副主任兼秘书长于健龙先生的发言。于健龙. 五十年健康发展奠定民间机构的坚实基础. http://cpc.people.com.cn/BIG5/34727/56414/56417/56433/4589082.html [2015年6月23日]。

会各国的相互联系。①

除此之外，中国专门海事仲裁机构的设立也与相关国际条约的签订联系密切。1956年7月3日，中国、朝鲜以及苏联三国签订了《关于在救助海上遇难的人命和救助海上遇难船舶及遇难飞机方面进行合作的协定》，②该《协定》于1957年1月1日正式生效。③《协定》第9条规定："由于救助而引起的有关施救人和被救财产所有人之间的费用问题，根据双方协议解决。……在合同中可注明处理纠纷的机构的名称和地点，必要时由该机构处理有关报酬事项。"④除此之外，根据中国和苏联之间于1958年4月23日在北京签订、7月25日生效的《中苏通商航海条约》第9条和第16条的规定，"缔约双方的法人或机关，所订立的贸易契约或者其他契约发生争执时，如果当事人双方已经通过适当方式，同意由为此目的而专门设立的或常设的仲裁法庭审理该项争执，则该项争执的仲裁裁决，缔约双方应当保证执行"。⑤因此，我国专门海事仲裁机构的设立除了满足我国海事、商事纠纷解决的需要之外，也是履行涉外国际条约义务的表现。

因此，中国国际贸易促进委员会于同年5月4日成立于北京。作为促进国际贸易发展的民间组织，⑥中国国际贸易促进委员会自成立以来就一直致力于为我国与西方以及各亚洲国家之间的经济贸易合作的实现提供良好的沟通平台。在成立初期，中国国际贸易促进委员会在瓦解资本主义阵营对我国实施的"封锁禁运"政策方面做出了许多贡献。与此同时，上述成就的取得也与中国国际贸易促进委员会成立初期的主要任务无法分割。虽然中国国际贸易促进委员会具有民间机构的性质，但是在我国当时经济国有化的时代背景下，其主要任务不可避免地带着较为强烈的政策色彩。在成立之后的第一个十年中，中国国际贸易促进委员会的主要任务是"在毛泽东思想和党的对外政策总路线的指引之下，以阶级斗争为纲，配合我国外交、外贸活动，在世界各国，特别是在新兴的独立国家和未建交的资本主义国家的经济贸易界人士之中，开展反帝国主义国家的统一战线工作，通过各种形式，扩大我国政治影响，增进我国人民同世界各国人民的友谊和相互了解，促进我国同世界各国的经济贸易关系的发展和技术交流"。⑦

在中国国际贸易促进委员会致力于民间的涉外经济往来的过程中，我国与世界各国的正常经济交往也日趋正常化，西方帝国主义国家孤立中国以及相关经济、军事封锁的策略

---

① 高菲．中国海事仲裁的理论与实践．北京：中国人民大学出版社，1998年，第2页。
② 详见：交通运输部上海打捞局官方网站，http：//www.shcoes.com/content/？1699.html［2015年10月8日］。
③ 该《协定》曾于1959年进行修订．详见：《关于修订1956年7月3日签订的〈中朝苏关于在救护海上遇难的人命和救助海上遇难船舶及飞机方面进行合作的协定〉第三条的换文》，http：//www.fsou.com/html/text/eag/1006695/100669544.html［2015年10月8日］。
④ 中华人民共和国外交部条法司．中华人民共和国边界事务条约集：中俄卷（上下）．北京：世界知识出版社，2005年第1版。
⑤ 高菲．中国海事仲裁的理论与实践．北京：中国人民大学出版社，1998年，第6页。
⑥ 详见：时任中国国际经济贸易仲裁委员会主任兼秘书长于健龙先生的发言．于健龙．五十年健康发展奠定民间机构的坚实基础．http：//cpc.people.com.cn/BIG5/34727/56414/56417/56433/4589082.html［2015年10月8日］。
⑦ 高菲．中国海事仲裁的理论与实践．北京：中国人民大学出版社，1998年，第2页。

屏障逐渐被打破。中国国际贸易促进委员会也在这个过程中累积了许多商事交往、谈判的经验，其机构设置逐渐成为体系。随着中国对外贸易在20世纪50年代中后期的重新发展，形式多样的国际贸易以及海事运输纠纷此涨彼伏。当时，我国的司法机关、法院系统的发展程度以及国际化程度较低、涉外审判经验不足，导致了涉外商贸以及涉外海事运输的商事海事主体存在将中国国内发生的商事海事纠纷提交国外的仲裁中心解决的强烈倾向，中国的涉外商事海事的纠纷解决存在由外国仲裁机构垄断的倾向。

在当时，由于我国没有专门的涉外仲裁机构以及专门的海事仲裁机构，在没有海事仲裁机构之前，我国的许多港口涉外纠纷解决的工作由负责港口管理的行政部门进行。[1] 外国的航运商事主体在遇到海事纠纷时，普遍对于中国有具备官方背景的港口海事处理委员会等机构进行纠纷解决表示不满，纷纷寻求外援。[2] 1953年，英国"贝兰普"号船舶在中国海域触礁，虽然大连港在海事救助方面扮演了重要角色，但是在后续的救助报酬索偿时，英国主体坚持将相关纠纷提交伦敦或者莫斯科的海事仲裁中心进行仲裁而拒绝在我国进行纠纷解决。[2]相似的案例还有很多。1954年，同样是来自英国的轮船"查普林"号虽然在我国海域搁浅，情况危急，但也拒绝中国方面提供的海事救助，而坚持需要由香港方面派人员进行海事救助。[2]因此，我国当时没有专门海事仲裁机构的尴尬局面可见一斑。

面临着上述挑战，中国的仲裁制度借鉴了许多苏联发展对外贸易、海事物流以及发展海事仲裁制度的做法。苏联的两大主要海事仲裁机构——苏联全苏商会海事仲裁委员会和对外贸易仲裁委员会分别成立于1930年和1932年，以在苏联对外贸易和海事纠纷中维护苏联成员国公民和组织的正当、合法的商业权益；面临着资本主义国际海事仲裁中心的激烈竞争，上述两个苏联海事仲裁委员会逐渐在国际海事仲裁领域占领了一席之地。[3] 然而，由于社会主义制度在当时涉及经济、政治文化的方方面面，当时苏联的海事仲裁审判方式也带有较为强烈的行政以及政策色彩，这与中国早期的海事仲裁机构的特征相似。[4]

从1945—1956年的十多年中，我国的仲裁制度发展历程面临着严峻的国内外形势，呈现出制度缺失的特征。在此阶段，虽然我国对外商事海事贸易交流有限，涉外商事、海事的相关纠纷也鲜有发生，但是，由于我国不具有专门海事仲裁机构的制度缺陷以及因此产生的涉外经济交往的不便已经得到了我国相关部门的重视。从1956年开始到1988年，我国进入了涉外商事、海事仲裁制度发展的起步阶段。

2. 我国海事仲裁制度起步阶段（1956—1988年）

为了在我国建立涉外商事海事的仲裁中心，"以仲裁方式解决对外贸易中可能发生的

---

[1] 比如：1950年4月20日，上海区航务管理局成立海事仲裁委员会，局航政处设海务科处理海事日常业务工作。详见：海事处理. 上海港志，http://www.shtong.gov.cn/node2/node2245/node4526/node57708/node57761/node57769/userobject1ai44911.html [2015年10月8日]。
[2] 高菲. 中国海事仲裁的理论与实践. 北京：中国人民大学出版社，1998年，第5页。
[3] 高菲. 中国海事仲裁的理论与实践. 北京：中国人民大学出版社，1998年，第3页。
[4] 高菲. 中国海事仲裁的理论与实践. 北京：中国人民大学出版社，1998年，第4页。

争议",① 在借鉴苏联经验的基础之上，中华人民共和国政务院（即现在的中华人民共和国国务院）于 1954 年 5 月通过了《中央人民政府政务院关于在中国国际贸易促进委员会内设立对外贸易仲裁委员会的决定》，以解决对外贸易契约及交易中可能发生的争议，特别是外国商号、公司或其他经济组织与中国商号、公司或其他经济组织间的争议。①1956 年 3 月 31 日，《中国国际贸易促进委员会对外贸易仲裁委员会仲裁程序暂行规则》通过，对外贸易仲裁委员会随后在 1956 年 4 月 2 日正式设立于北京。对外贸易仲裁委员会是现在的中国国际贸易仲裁委员会的前身。

《中央人民政府政务院关于在中国国际贸易促进委员会内设立对外贸易仲裁委员会的决定》明确规定："仲裁依双方当事人的协议进行；仲裁员由当事人选定；当事人可以委派中国或者外国公民（律师）作为其仲裁代理人；仲裁委员会可以做出对当事人资产、产权等临时保全措施的决定；仲裁委员会的裁决是终局的，中国人民法院根据当事人的申请依法执行仲裁裁决。"② 当时的政务院对于对外贸易仲裁委员会的规定虽然简短，但是对于我国仲裁制度的基本原则做出了正式的确认，对于我国仲裁制度的发展具有深远的影响和时代意义。与此同时，与国际通行的仲裁机构具备民间属性的惯例相同，我国的对外商事海事的国际仲裁机构也具备民间属性，"是由中国国际贸易促进委员会组建而非由中央政府组建，从成立时起便独立于中央政府等行政机构"。③

1958 年 11 月，国务院通过了《中华人民共和国国务院关于在中国国际贸易促进委员会内设立海事仲裁委员会的决定》，海事仲裁委员会因此于 1959 年 1 月 22 日正式设立于北京。中国国际贸易促进委员会海事仲裁委员会是中国海事仲裁委员会的前身。

《中华人民共和国国务院关于在中国国际贸易促进委员会内设立海事仲裁委员会的决定》（以下简称《决定》）对于我国海事仲裁制度做出了原则性规定。④ 1959 年 1 月 8 日，中国国际贸易促进委员会根据《决定》的精神制定发布了《中国国际贸易促进委员会海事仲裁委员会仲裁程序暂行规则》（以下简称《暂行规则》）。上述《决定》与《暂行规则》一并成为构建我国海事仲裁制度最早的"纲领性文件"。

首先，由于该《决定》将海事仲裁委员会定义于中国国际贸易促进委员会的内设机构，因此我国海事仲裁委员会自成立之日起就带有民间机构的属性，其海事仲裁的相关制度与 1956 年成立的对外贸易仲裁委员会所适用的相关制度的相异性不大。《决定》还规定了海事仲裁制度的受案范围分为船舶救助、船舶碰撞以及海上船舶租赁、代理、运输业务和根据运输合同、提单或者其他运输文件而办理的海上运输业务，以及海上保险业务等发生的民事争议。《决定》并未规定海事仲裁委员会只受理涉外的海事仲裁案件而不受理国

---

① 《中央人民政府政务院关于在中国国际贸易促进委员会内设立对外贸易仲裁委员会的决定》。
② 佚名. 与国际接轨的中国贸促会涉外商事海事仲裁. www.cietal.org.cn ［2015 年 10 月 8 日］。
③ 详见：时任中国国际经济贸易仲裁委员会副主任兼秘书长于健龙先生的发言。于健龙. 五十年健康发展奠定民间机构的坚实基础. http://cpc.people.com.cn/BIG5/34727/56414/56417/56433/4589082.html ［2015 年 10 月 8 日］。
④ 《中华人民共和国国务院关于在中国国际贸易促进委员会内设立海事仲裁委员会的决定》的具体条文内容，请参见：《中华人民共和国国务院公报》1958 年第 37 号（总第 164 号），第 787 页，http://www.gov.cn/gongbao/shuju/1958/gwyb195837.pdf ［2015 年 5 月 25 日］。

内的海事仲裁案件,但是,由于当时的国内海事仲裁纠纷大部分由交通部所属的各地港务局的海事处理委员会行使争议纠纷解决、调解的功能。① 因此可知,1956年《决定》的管辖范围在当时只局限为我国的涉外海事仲裁案件。

1982年,国务院办公厅发布《关于海事仲裁委员会扩大受理案件的范围和增加委员人数的通知》,规定"为了适应对外经济贸易关系和海上航运事业不断发展的需要,国务院同意中国国际贸易促进委员会海事仲裁委员会受理案件的范围,由原规定扩大到双方当事人协议要求仲裁的其他海事案件,委员人数可根据工作需要适当增加"。② 至此,我国海事仲裁制度的受案范围得到了极大的延伸,且原来国内海事仲裁制度与涉外海事仲裁制度的历史分类也被取消。在新的海事仲裁受案范围制度之下,只要海事纠纷的当事人之间存在有效的海事仲裁协议,无论该争议是否具有涉外因素,海事纠纷当事人均可以将其之间的争议提交海事仲裁委员会。

其次,《决定》第2条第1款规定,"海事仲裁委员会根据双方当事人在争议发生前或者争议发生后所签订的契约,协议等受理海事争议案件"。该条规定对于海事仲裁程序的受理依据必须为当事人之间合意达成的、有效的海事仲裁协议。③《暂行规则》第3条规定:"海事仲裁委员会对于……争议根据双方当事人在争议发生前或者发生后所签订的提请海事仲裁委员会仲裁的书面协议,并依一方当事人的书面申请予以受理。"与此同时,《暂行规则》第3条第2款规定:"前项协议是指在争议所由发生的契约内规定的仲裁条款或者以其他形式(例如,特别协议、往来函件、其他有关文件内的特别约定)规定的仲裁协议。"在海事仲裁委员会的机构组织方面,《决定》第3条规定,"海事仲裁委员会由中国国际贸易促进委员会在对于航海、海上运输、对外贸易、保险和法律等方面具有专门知识的人士中选任委员21人至31人组成。任期两年";与此同时,《决定》第4条规定,"海事仲裁委员会就委员中推选主席一人、副主席一人至三人"。据此,我国海事仲裁机构的管辖权的来源自机构设立初期开始即定位为协议管辖,而非行政或者是强制管辖,③协议管辖的规定也为后期我国海事仲裁制度的国际化发展奠定了良好的基础。

第三,《决定》对于海事仲裁庭的组庭程序也做出了相关规定。在《决定》的框架内,双方当事人在就其之间的海事纠纷申请仲裁程序的时候,可以就各海事仲裁委员会委员中选定仲裁员一人,并且由双方选定的仲裁员就海事仲裁委员会委员中推选首席仲裁员一人,组成仲裁庭以合议的方式进行审理;双方当事人也可以就海事仲裁委员会委员中共同选定独任仲裁员一人,单独成立仲裁庭进行审理。④ 但是,双方当事人选任仲裁员的权利必须在海事仲裁委员会规定的期限之内,或者是在双方协议规定的期限内行使,且被选

---

① 详见:交通运输部上海打捞局官方网站,http://www.shcoes.com/content/?1699.html [2015年10月8日]。
② 详见:http://www.yfzs.gov.cn/gb/info/LawData/gjf2001q/gwyfg/2003-06/25/1706315759.html [2015年10月7日]。
③ 高菲. 中国海事仲裁的理论与实践. 北京:中国人民大学出版社,1998年,第12页。
④ 《中华人民共和国国务院关于在中国国际贸易促进委员会内设立海事仲裁委员会的决定》第5条第1款。

定的仲裁员也应当在海事仲裁委员会规定的期限内推选首席仲裁员。如果当事人的一方或者多方不能在规定的期限内任命仲裁员，海事仲裁委员会主席依照另一方当事人的申请可代为指定仲裁员；若是在双方选任的仲裁员无法就首席仲裁员的选任名单达成合意的情况下，海事仲裁委员会主席将代为选任首席仲裁员。①

《暂行规定》在上述《决定》的基础之上对选任仲裁员以及选任替代仲裁员的程序和期限做出了更为明确的规定。首先，海事仲裁委员会收到仲裁申请书后，应当立即通知被诉人，并且附送仲裁申请书和一切附件的副本；被诉人应当在收到通知之日起 15 日内，就海事仲裁委员会委员中选定仲裁员一人，通知海事仲裁委员会，或者委托海事仲裁委员会主席代为指定；但是，如果双方当事人对期限另有约定或者依据被诉人的请求，上述 15 日的期限也可以予以变更；如果被诉人在前条规定期限内不选定仲裁员，海事仲裁委员会主席依申诉人的申请代为指定仲裁员。② 海事仲裁委员会应当通知被选定或者指定的仲裁员，在收到通知之日起 15 日内，就海事仲裁委员会委员中共同推选首席仲裁员；如果被选定或者指定的仲裁员在前项规定期限内对首席仲裁员的推选不能达成协议，就由海事仲裁委员会主席代为选任首席仲裁员。③

除此之外，双方当事人可以就海事仲裁委员会委员中共同选定一人或者共同委托海事仲裁委员会主席代为指定一人为独任仲裁员；如果双方当事人分别委托海事仲裁委员会主席代为指定仲裁员，海事仲裁委员会主席也可以在征取双方同意后就海事仲裁委员会委员中指定一人为独任仲裁员。④ 如果仲裁员或者首席仲裁员不能参加审理，海事仲裁委员会应当立即通知有关当事人或者双方当事人，并且请他在收到通知之日起 15 日内，就海事仲裁委员会委员中另行选定仲裁员或者推选首席仲裁员；如果当事人或者双方当事人在前项规定期限内不选定仲裁员，就由海事仲裁委员会主席代为指定仲裁员或者首席仲裁员。⑤

第四，《暂行规则》第 23 条同时规定："仲裁庭应当公开进行审理，如果有当事人双方或者一方的申请，也可以不公开进行。"这项规定与现代海事仲裁制度的保密性原则背道而驰，但是，考虑到当时中国海事仲裁制度尚位于起步阶段，商事、海事主体对于此种纠纷解决方式比较陌生，鉴于海事仲裁制度的舆论宣传的社会背景，《暂行规则》做出上述公开审理的原则性规定也是无可厚非的。

同时，《决定》还对仲裁员做出财产保全的权力和程序做出了原则性规定。海事仲裁委员会的委员会主席可以在海事仲裁委员会有权受理的案件中做出实施保全措施的决定；⑥ 而且，委员会主席还有权对于保全要求的金额和行使方式进行规定。但是，上述

---

① 《中华人民共和国国务院关于在中国国际贸易促进委员会内设立海事仲裁委员会的决定》第 5 条第 2 款。
② 《中国国际贸易促进委员会海事仲裁委员会仲裁程序暂行规则》第 8—10 条。
③ 《中国国际贸易促进委员会海事仲裁委员会仲裁程序暂行规则》第 13—14 条。
④ 《中国国际贸易促进委员会海事仲裁委员会仲裁程序暂行规则》第 12 条。
⑤ 《中国国际贸易促进委员会海事仲裁委员会仲裁程序暂行规则》第 11 条。
⑥ 《中华人民共和国国务院关于在中国国际贸易促进委员会内设立海事仲裁委员会的决定》第 8 条。

保全措施的执行必须由有管辖权的中华人民共和国人民法院依照一方当事人的申请依法进行。① 与《决定》的规定不同，《暂行规则》对于仲裁程序中的财产保全申请措施的程序规定更加灵活。《暂行规则》第十五条规定："海事仲裁委员会主席对于有权受理的案件，可以根据一方当事人的申请做出保全措施的决定，并且规定保全要求的数额和方式。如果双方当事人对所要保全的数额和方式已有约定，依照约定的数额和方式。"

最后，《决定》确认了海事仲裁程序的终局性和强制执行程序。《决定》第 10 条规定："海事仲裁委员会的裁决是终局裁决，双方当事人都不可以向法院或者其他机关提出变更的要求。"与此同时，《决定》第 11 条规定："海事仲裁委员会的裁决，当事人应当依照裁决所规定的期限自动执行。如果逾期不执行，中华人民共和国人民法院依一方当事人的申请依法执行。"除此之外，海事仲裁委员会还借鉴国际海事仲裁机构的做法，制定发布了《中国国际贸易促进委员会救助契约标准格式》和《中国国际贸易促进委员会船舶碰撞仲裁协议标准格式》以供相应的商事、海事主体参考并选择适用。

值得注意的是，该条第 2 款规定，"海事仲裁委员会对于受理的案件，可以进行调解"。因此，根据该条规定，我国海事仲裁制度中仲裁与调解相结合的做法有了法律法规依据。《暂行规则》第 37 条规定，海事仲裁委员会已受理的争议案件，如果双方当事人成立和解，案件应当撤销。在仲裁庭组成前，由海事仲裁委员会主席决定撤销，在仲裁庭组成后，由仲裁庭决定撤销。与此同时，海事仲裁案件中当事人成立和解的，海事仲裁委员会也可以酌量征收手续费。② 但是，若海事仲裁程序过程中的调解程序失败，海事仲裁程序将立即恢复，仲裁员也可以在仲裁程序中促使当事人进行和解，若当事人依旧不能达成和解协议，则仲裁员将依据仲裁规则做出判决。③ 从上述规定可以看出，在此阶段，海事仲裁程序中仲裁与调解相结合的纠纷解决机制并不重视当事人是否同意仲裁员在其纠纷解决过程中扮演调解员的角色，在海事仲裁程序中进行调解的制度安排带有鲜明的时代政策背景。④ 据数字统计，自中国国际贸易促进委员会对外贸易仲裁委员会以及海事仲裁委员会成立后至 1965 年底，上述两个专门受理涉外商事海事仲裁案件的仲裁机构所受理的全部案件数量大约在 380 件左右，其中绝大多数的案件均由调解结案。⑤

但是，仲裁与调解相结合的纠纷解决机制在学界争议颇丰。⑥ 一方面，仲裁与调解相

---

① 《中华人民共和国国务院关于在中国国际贸易促进委员会内设立海事仲裁委员会的决定》第 8 条第 2 款。
② 《中国国际贸易促进委员会海事仲裁委员会仲裁程序暂行规则》第 35 条。
③ 高菲. 中国海事仲裁的理论与实践. 北京：中国人民大学出版社，1998 年，第 12 页。
④ 安文婧，赵丽娜. 国际海事仲裁对我国建立多元化纠纷解决机制的启示. 黑龙江对外经贸，2009 年第 9 期，第 73—74 页，第 84 页。
⑤ 高菲. 中国海事仲裁的理论与实践. 北京：中国人民大学出版社，1998 年，第 26 页。
⑥ Kaufman - Kohler, When Arbitrators Facilitate Settlement: Towards a Transnational Standard, 187.

结合的做法确实能够很大程度地促进纠纷当事人之间纠纷友好解决协议的达成,① 而考虑到仲裁本身作为一种具备民间属性的法律服务的本质,只要当事人之间存在认可仲裁员进行调解的协议,似乎也无可厚非。除此之外,仲裁与调解相结合的做法还能够为当事人提供高效、低成本的友好纠纷解决方式。② 另一方面,也有不少学者担心仲裁与调解相结合的仲裁实践的方法将会使仲裁员的公正性受到减损。③ 与此同时,同一纠纷案件中作为裁判者的中立第三方既担任仲裁员又扮演居中调解的角色,可能会导致当事人的合法权益受到侵害。④ 也有学者担心,仲裁员的任务是做出具有终局性的仲裁裁决,因此扮演居中调解的角色有悖于仲裁员的任务。⑤

1956—1988 年的 30 多年间是我国海事仲裁制度从无到有、"摸着石头过河"的重要阶段。在此阶段之中,我国海事仲裁制度的基本原则和制度框架得到了法律法规的确认,我国海事仲裁机构的机构组织建设也初见成效。当然,在此阶段中,我国海事仲裁制度带有重视仲裁与调节相结合、仲裁委员会主席决定是否实施保全措施以及公开进行海事仲裁聆讯程序的突出特点。其中,有些在此历史阶段的海事仲裁制度中存在的突出特征并不为现代国际海事仲裁的制度惯例所接受,但是,考虑到我国当时特殊的社会、经济以及文化背景,此阶段的仲裁制度建构的实践经验以及理论探讨为了下一阶段我国海事仲裁制度的繁荣发展打下了坚实的根基。

3. 我国海事仲裁高速扩张阶段(1988—1995 年)

1971 年 10 月 25 日,第 26 届联合国大会通过了恢复新中国在联大的合法席位的提案,中国重返联合国。在此之后,我国踏上了与世界上各国邦交逐渐正常化的过程。在外交关系缓和的大背景下,跨国的商事贸易交流以及海事航运交往日益密切。随着改革开放的浪潮,我国的对外经贸以及经济发展进入了崭新的时代。

1986 年 12 月 2 日,全国人民代表大会常务委员会通过了《关于我国加入〈承认及执行外国仲裁裁决公约〉的决定》。从此之后,我国的涉外海事仲裁裁决得到了进一步的国际化,其在境外申请外国国内法院的承认与执行程序能够根据《承认及执行外国仲裁裁决公约》(下文简称《纽约公约》)而顺利进行,我国海事仲裁制度的发展进程与国际范围内的国际海事仲裁的理论研究以及仲裁实践的联系逐渐紧密起来。

为了迎接新时期的挑战、满足国际商务主体对完善国际海事仲裁制度的需求,国务院于 1988 年 6 月 21 日发布《关于将海事仲裁委员会改名为中国海事仲裁委员会和修订仲裁

---

① Berger. Integration of Mediation Elements into Arbitration: Hybrid Procedures and Intuitive Mediation by International Arbitrators, 403; 唐厚志. 正在扩展着的文化:仲裁与调节相结合或与解决争议替代方法 (ADR) 相结合. 第 113 页。

② Michael Kerr. Reflections on 50 years' Involvement in Dispute Resolution (1998) 64 Arbitration, 175.

③ Hunter, et al. Redfern and Hunter on International Arbitration, 48.

④ Kaufman - Kohler. When Arbitrators Facilitate Settlement: Towards a Transnational Standard, 197 页; Emilia Onyema, The Use of Med - Arb in International Commercial Dispute Resolution (2001) 12 American Review of Itnernational Arbitration 3 - 4, 415.

⑤ Collins. Do International Arbitral Tribunals Have Any Obligations to Encourage Settlement of the Disputes Before Them, 333 - 343.

规则的批复》，据此，中国国际贸易促进委员会海事仲裁委员会正式更名为中国海事仲裁委员会。中国国际商会也于同年6月经国务院批准在北京成立。① 中国国际贸易促进委员会同时启用中国国际商会的名称，中国国际商会和中国贸促会是"一个机构，两块牌子"。②

与此同时，在1988年之后，中国海事仲裁委员会从此开始能够自行修订其仲裁规则，这极大地增强了中国海事仲裁委员会的自主性和独立性。根据1958年11月21日的《中华人民共和国国务院关于在中国国际贸易促进委员会内设海事仲裁委员会的决定》第12条的相关规定，海事仲裁委员会的仲裁规则的制定和修订主体是中国国际贸易促进委员会。但是，根据1988年6月21日发布的《关于将海事仲裁委员会改名为中国海事仲裁委员会和修订仲裁规则的批复》中"中国海事仲裁委员会的仲裁规则，由你会根据我国法律和我国缔结或者参加的国际条约，并参照国际惯例，对现行海事仲裁规则进行修订，经你会委员会会议通过后发布施行。今后海事仲裁规则由你会自行修订"的相关规定，中国国际贸易促进委员会自1988年起获得了对其仲裁规则进行修订的自主权。

在此阶段，中国海事委员会已经累积了30多年的海事仲裁经验。在这30多年的发展历程中，我国的社会政治以及人文文化环境已经发生了巨大的改变，《中国国际贸易促进委员会海事仲裁委员会仲裁程序暂行规则》已经渐渐无法适应新时期海事仲裁的发展和要求。在1988—1995年不到十年的时间内，中国海事仲裁委员会对于《中国海事仲裁委员会仲裁规则》进行了三次主要的修订工作，即1989年《中国海事仲裁委员会仲裁规则》、1994年《中国海事仲裁委员会仲裁规则》和1995年《中国海事仲裁委员会仲裁规则》。

其中，1989年《中国海事仲裁委员会仲裁规则》于1988年9月12日由中国国际贸易促进委员会第一届委员会第三次会议通过，并已于1989年1月1日开始施行。但是，随着我国对外经济贸易发展的日新月异，1989年《中国海事仲裁委员会仲裁规则》在20世纪90年代初期以后的仲裁实践中体现出无法满足中国海事仲裁实践中逐渐体现出的国际化趋势。③ 与此同时，随着《中华人民共和国民事诉讼法》的修订，1989年《中国海事仲裁委员会仲裁规则》中也存在于新修订的《中华人民共和国民事诉讼法》相关规定不尽吻合之处。

在1989年《中国海事仲裁委员会仲裁规则》的基础之上，为了满足我国不断发展的海事仲裁事业的需要，中国海事仲裁委员会于1994年对于其仲裁规则进行了细微的调整，

---

① 经国务院批准，2005年8月，中国国际商会在民政部办理了注册登记手续，成为社团法人。中国国际商会的英文名称是：China Chamber of International Commerce，英文缩写是：CCOIC。中国国际商会同时也是国际商会中国国家委员会，在开展与国际商会（ICC）有关的业务时使用国际商会中国国家委员会（ICC China）的名称。详见中国国际商会官方网站：http：//www.ccpit.org/bumenzhandian/icc/Channel_245.htm？ChannelID=245［2015年10月8日］。

② 中国国际商会简介，载中国国际商会官方网站。详见：http：//www.ccpit.org/bumenzhandian/icc/Channel_245.htm？ChannelID=245［2015年10月8日］。

③ 高菲．中国海事仲裁的理论与实践．北京：中国人民大学出版社，1998年，第30页。

该次的修改主要集中于我国海事仲裁的受案范围的修改。然而,在1994年《中国海事仲裁委员会仲裁规则》尚未颁布之前,1995年《中华人民共和国仲裁法》即已经宣告颁布,对于我国当时现存的仲裁制度进行了一定程度的改革。因此,为了修改1994年《中国海事仲裁委员会仲裁规则》中与《中华人民共和国仲裁法》的相抵触之处,中国海事仲裁委员会很快对1994年仲裁规则进行了重新修改,形成了1995年《中国海事仲裁委员会仲裁规则》,该仲裁规则已于1995年10月1日起正式实施。

在1988—1995年的不到十年实践中,我国的涉外商事海事仲裁制度得到了长足的发展。在此阶段中,涉外经贸仲裁案件受案量不断增加,包括美国、英国、法国、日本、韩国、新加坡、香港等几十个国家和地区的当事人成为我国海事仲裁案件的当事人。[①] 与此同时,更多不同国籍的商事海事主体参与到我国的海事仲裁实践中,我国海事仲裁的国际性不断增强。

4. 我国海事仲裁日趋正规化、国际化阶段(1995年至今)

1994年8月31日,中华人民共和国第八届全国人民代表大会常务委员会第九次会议通过并公布了《中华人民共和国仲裁法》,该法于1995年9月1日起施行。至此我国海事仲裁制度及其实践正式开始走上日趋正规化的阶段。[②] 1995年7月11日,世界贸易组织总理事会会议决定接纳中国为该组织的观察员;2001年12月11日,中国正式加入世界贸易组织,成为其第143个成员。加入世界贸易组织之后,我国的涉外经济交往以及贸易往来得到了极大的繁荣和发展,我国市场各方面的经济文化交流逐步深入。与此同时,中国海事仲裁委员会的业务量在2012年已经在世界仲裁机构中跻身前列。据数据统计,中国海事仲裁委员会及其上海分会、天津分会和西南分会2012年受理各类海事案件总共82件,全年结案57件,争议金额共计人民币14亿元;中国海事仲裁委员会还积极与伦敦、新加坡、澳大利亚、日本等国家以及地区的国际海事仲裁机构签订合作协议。[③] 随着我国经济交往与国际贸易相结合的程度不断深化,我国的涉外商事海事纠纷解决制度也随之更为开放和国际化。

在1995至今20年的海事仲裁制度正规化、国际化的过程中,中国海事仲裁委员会曾在2000年、2004年以及2014年修改其仲裁规则,以根据国际海事贸易的发展改革更新其海事仲裁服务,更好地适应海事纠纷当事人的需要。根据蔡鸿达先生介绍,修订2000年《中国海事仲裁委员会仲裁规则》的主要思路与框架主要在明确受案范围、在仲裁管辖权异议的处理更加考虑到海事仲裁的特殊性、根据《中华人民共和国海事诉讼特别程序法》的相关规定调整海事仲裁中的临时保护措施、对于第三人参加仲裁以及合并审理做出制度规定、完善简易程序以及加快仲裁程序的保证措施等方面;[④] 而在2004年再次修改《中国海事仲裁委员会仲裁规则》之时,仲裁委主要关注了仲裁规则对于的物流中心和渔业中

---

① 高菲. 中国海事仲裁的理论与实践. 北京:中国人民大学出版社,1998年,第30页.
② 详见:http://www.npc.gov.cn/wxzl/wxzl/2000-12/05/content_4624.htm [2015年10月8日].
③ 沈燕云. 贸仲委/海仲委业务量在世界仲裁机构中位居前列. 中国远洋航务,2013年第2期,第18页.
④ 蔡鸿达. 2000年海仲规则修改的思路与框架. 中国远洋航务公告,2000年,第10页.

心受案的兼容、上海分会地位的确定、进一步尊重当事人意思自治、加快仲裁程序效率、提升仲裁员的独立公正性以及妥善解决国内与涉外案件的体系、改革收费标准等方面。[1] 在中国海事仲裁委员会 2014 年的仲裁规则修订之中，海事仲裁委员会坚持走专业化道路、保持海事专业特色的路径，对于受案范围、保全措施进行了修订，增设了"香港仲裁的特别规定"并规定了国际仲裁和国内仲裁并轨制的做法，体现了国际商事海事仲裁的最新发展，在尊重当事人意思自治的前提下赋予了仲裁庭更多的自主权，体现了国际海事仲裁高效、灵活、平等的优势。[2]

经历了近 60 年的发展历程，我国海事仲裁制度的发展已经初见成效。至今，《中国海事仲裁委员会仲裁规则》已经与《国际商会仲裁规则》《美国仲裁协会国际仲裁规则》《伦敦仲裁员协会仲裁规则》等许多国际知名的仲裁院的仲裁规则，以及《纽约公约》《联合国国际贸易法委员会国际商事仲裁示范法》等重要的国际公约和国际软法规则的精神相一致，而其所进行的国际海事仲裁也逐渐具有较为先进的水平。[3] 但是，当下的海事仲裁制度依然存在许多不足。[4] 我国不少仲裁相关的法律法规规定缺乏灵活性，对于海事仲裁的相关规定过于僵化、陈旧；对于海事仲裁协议采取限缩性解释方法，致使许多形式上不符合法律法规规定但是实质上能够体现当事人海事仲裁合意的海事仲裁协议归于无效；司法系统对于仲裁实践干预过多，海事仲裁制度发展的社会经济、文化软环境仍未形成，等等都制约着我国海事仲裁制度的发展。[5]

（二）我国海事仲裁立法与海事司法的历史发展

1. 我国海事仲裁立法的历史发展

中国现行海事仲裁相关的法律主要有 1995 年的《中华人民共和国仲裁法》、1991 年的《中华人民共和国民事诉讼法》[6]、1999 年《中华人民共和国合同法》以及 1999 年的《中华人民共和国海事诉讼特别程序法》。其他散见于单行立法中关于仲裁的规定也适用于海事仲裁。例如，《中华人民共和国海上交通安全法》规定："因海上交通事故引起的民事纠纷，可以由主管机关调解处理，不愿调解或者调解不成的，当事人可以向人民法院起诉；涉外案件当事人还可以根据书面协议提交仲裁机构仲裁"；《中华人民共和国海上交通事故调查处理条例》规定："不愿意调解或调解不成的，当事人可以向海事法院起诉或申请海事仲裁机构仲裁。"与此同时，最高人民法院对于仲裁相关的法律解释也是海事仲裁

---

[1] 蔡鸿达．中国海事仲裁委员会第五次仲裁规则修改构思——公正、高效、适应市场经济．中国远洋航务公告，2004 年，第 75 页。

[2] 于健龙．海仲委仲裁规则修订说明．中国远洋航务．2014 年，第 12 页。

[3] 高菲．中国国际经济贸易、中国海事仲裁述评．中国对外贸易，2001 年第 2 期，第 19 页。

[4] 沈益平．完善我国海事仲裁制度的若干问题．行政与法，2002 年第 12 期，第 45—47 页。

[5] 赵昭，杜家明．追问与选择：我国海事仲裁制度的现实困境与完善路径．河北法学，2014 年第 32 卷第 12 期。

[6] 曾于 2007 年和 2012 年修正。

领域非常重要的法律渊源。①

《中华人民共和国仲裁法》是我国海事仲裁领域最为重要的国内立法，也是中国仲裁发展过程中的里程碑之一。该法规定了我国仲裁的四大基本原则：当事人意思自治原则、或裁或审原则、独立仲裁原则、一裁终局原则。② 上述四大原则贯穿于我国海事仲裁机构的仲裁规则之中，指导着我国的仲裁实践。

除此之外，我国海事仲裁的法律渊源还来自于我国参加的《承认及执行外国仲裁裁决公约》（也称《纽约公约》）、《关于解决国家与他国国民之间投资争议公约》（也称《华盛顿公约》）等仲裁领域的国际公约、国家间双边投资条约以及我国海事仲裁委员会发布的海事仲裁规则也都属于我国海事仲裁程序适用的规则。

2. 我国海事司法的历史发展——海事法院

我国海事司法——海事法院制度的建立始于1984年，在此之前，我国没有海事方面的专门审判组织。1984年11月11日全国人民代表大会常务委员会发布《关于在沿海港口城市设立海事法院的决定》（简称《决定》）。根据该《决定》的安排，我国第一批海事法院在广州、上海、天津、青岛、大连和武汉相继设立。随后，最高人民法院于1989年发布《关于海事法院受案范围的规定》（简称《规定》），该《规定》正式确定了我国海事法院的受案范围为我国法人、公民之间，我国法人、公民同外国或地区法人、公民之间，外国或地区法人、公民之间的海事侵权纠纷、海上合同纠纷以及其他类型的海事海商案件。

根据《中华人民共和国宪法》和《中华人民共和国法院组织法》的相关规定，我国人民法院作为审判机构实行四级两审制。③ 但是，根据1984年《全国人民代表大会常务委员会关于在沿海港口城市设立海事法院的决定》，④ 海事法院管辖第一审海事案件和海商案件，不受理刑事案件和其他民事案件；各海事法院管辖区域的划分，由最高人民法院规定；对海事法院的判决和裁定的上诉案件由海事法院所在地的高级人民法院管辖。因此，与一般类型的案件不同，我国海事审判的审级制度为"三级两审制"。⑤

值得注意的是，我国海事仲裁立法在对海事仲裁制度提供相关制度与法律监督方面扮演了非常重要的作用。虽然海事仲裁制度是具有独立性的、具备民间属性的纠纷解决方式，但是，海事仲裁制度中证据、财产保全规则，承认与执行仲裁裁决规则等许多方面仍然需要国内立法提供法律规则以及法律救济途径。⑥ 因此，仲裁制度并非产生、发展于没

---

① 详见：1981年6月10日第五届全国人民代表大会常务委员会第十九次会议通过的《全国人民代表大会常务委员会关于加强法律解释工作的决议》。

② 详见：《中华人民共和国仲裁法》第4、5、6、9、14、31条。

③ 详见：《中华人民共和国法院组织法》第11条。

④ 详见：http://www.npc.gov.cn/wxzl/gongbao/2000-12/06/content_5004453.htm[2015年10月8日]。

⑤ 曲波、苏晓鸿. 试评〈中华人民共和国海事诉讼特别程序法〉（送审稿）. 世界海运，1999年第1期，第30—32页。

⑥ 蔡鸿达. 中国司法对海事仲裁的支持与监督. 中国远洋航务公告，2001年第1期，第70—72页。

有国内司法法律制度的真空中,而是与司法相辅相成、和谐共处。

三、外国海事仲裁评析

他山之石,可以攻玉。海事仲裁制度在我国近代法律制度发展历史中更多地以"舶来"的形式出现。随着跨国贸易的发展,国内的商事主体逐渐开始接受此种纠纷解决方式,与此同时,我国的国内立法也逐渐以更加开放的态度借鉴国际海事仲裁。在经济全球化的背景之下,了解、借鉴外国海事仲裁制度对我国海事仲裁制度的发展进程至关重要。

（一）国际海事仲裁国内立法先驱——英国

1. 英国海事仲裁制度综述

英国第一部成文的仲裁法律制度颁布于1698年,随后,英国国会逐步制定了三个仲裁法案,分别是1924年《仲裁条款（议定书）法》、1930年《仲裁（外国仲裁）法》和1996年《英国仲裁法》。在1996年《英国仲裁法》颁布之前,仲裁员的权利与法官的权利存在着不可调和的冲突。一方面,法院存在对于仲裁程序过多干预的倾向;另一方面,1996年之前英国仲裁法律规定保险、海事与货物合同争端的国内或者国际仲裁均不具有终局性,当事人可以向英国高等法院上诉。除此之外,1996年之前的英国仲裁法律规定当事人若选择顺延仲裁程序的,需要支付额外的费用,这项制度变相增加了争议双方当事人中处于弱势一方当事人的经济压力,从而不得不寻求和解。[①]

在此背景之下,1989年英国贸易工业部公布了一项报告[②],在公众征询以及专家咨询的基础上形成了一项新的仲裁法草案。1996年该项新法草案最终通过了英国国会的审批,并于1997年1月31日付诸实施。1996年《英国仲裁法》对于英国当时的仲裁制度在许多方面做出了改革。首先,1996年《英国仲裁法》对于法院干预仲裁程序的行为进行了严格的限制;与此同时,1996年《英国仲裁法》还规定法院必须尊重当事人之间合法有效的仲裁条款,只有在当事人之间的意思自治不明确、当事人合意确定的仲裁机构或者仲裁员无法履行职责时,法院才能介入仲裁程序;更重要的是,1996年《英国仲裁法》对于仲裁裁决的终局性给予了肯定,规定了当事人可以在所有类型的仲裁程序中事先约定放弃上诉的权利。[③]

因此,有学者认为,1996年《英国仲裁法》在《联合国国际商事仲裁示范法》的基本规定的基础之上,进一步对于法院和仲裁两种纠纷解决机制之间的关系进行了规定,更

---

① 郭树理. 西欧国家晚近仲裁制度改革立法评析——以英国、比利时、瑞典为例评. 中国对外贸易商务月刊——中国仲裁,2002年第2期;邓杰. 伦敦海事仲裁制度研究. 北京:法律出版社,2002年版,第32页。

② 1989 Report of the Department of Trade and Industry's Advisory Committee on Arbitration Law (the DAC Report)。

③ 详见:1996年《英国仲裁法》第5—8条、第32条。

加贴近国际仲裁的理论和现实实践。① 本章将以 1996 年《英国仲裁法》为例,主要介绍海事仲裁领域比较完善的国内立法。

2. 1996 年《英国仲裁法》

1996 年《英国仲裁法》与其他国家的仲裁国内立法相比,存在强调仲裁协议的书面形式、赋予仲裁庭自主权以及限制法院对于仲裁程序的干涉的特征。

首先,1996 年《英国仲裁法》较为强调仲裁协议的书面形式,但是对于该书面形式的具体定义的范围却比较宽泛,且随着仲裁实践的发展不断更新。1996 年《英国仲裁法》第 5 条规定,"本编之规定仅适用于仲裁协议为书面形式的情形;本编之规定也仅对当事人之间就任何事项达成的书面协议有效"。② 1996 年《英国仲裁法》第 5 条第 6 款对于书面形式的定义进行了说明,即"本编所指之书面或书写形式包括其得以记录之任何方式";具体而言,当事人之间的仲裁协议只要满足了协议以书面形式达成(无论当事人签署与否)、协议以交换书面通讯达成,或协议有书面证据证实三个条件中的一个,即可被视为是"书面协议"。③ 而且,若当事人非以书面形式同意援引某书面条款,而非以书面达成之协议由协议当事人授权的一方当事人或第三方予以记录,或者一方当事人宣称存在非书面形式的协议,且对方当事人在其答复中不做反对,则均可视为当事人之间存在书面的仲裁协议。④

与此同时,1996 年《英国仲裁法》对于仲裁协议及其独立性做出了非常清晰的规定。在 1996 年《英国仲裁法》的制度框架下,"仲裁协议"指将现在或将来之争议(无论其为契约性与否)提交仲裁的协议;且在协议中援引书面形式的仲裁条款或包含仲裁条款的文件也可以构成仲裁协议,只要当事人的上述援引包含了旨在使上述条款成为协议的意思自治。⑤ 与此同时,1996 年《英国仲裁法》规定,除非当事人另有约定,构成或旨在构成其他协议(无论是否为书面)一部分的仲裁协议不得因其他协议无效、不存在或失效而相应无效、不存在或失效。为此目的,仲裁协议应视为不同的协议。⑥ 除此之外,1996 年《英国仲裁法》还规定了仲裁协议不应以当事人一方的死亡而解除,除非当事人另有约定或者该实体权利或者义务的灭失是因为法律或法律规则死亡所导致的,上述仲裁协议仍可由或向该当事人的个人代表执行。⑦

在赋予仲裁庭更多的自主权以及方面,1996 年《英国仲裁法》为当事人和仲裁员提供了许多制度保障、致力于更好地平衡仲裁员与法官在仲裁程序中所扮演的角色。例如,在仲裁管辖权的异议程序方面,1996 年《英国仲裁法》确定的自裁原则,⑧ 且对于法院干

---

① 屈广清. 海事诉讼与海事仲裁法. 北京:法律出版社,2007 年,第 142—146 页。
② 1996 年《英国仲裁法》第 5 条第 1 款。
③ 1996 年《英国仲裁法》第 5 条第 2 款。
④ 1996 年《英国仲裁法》第 5 条第 3—5 款。
⑤ 1996 年《英国仲裁法》第 6 条。
⑥ 1996 年《英国仲裁法》第 7 条。
⑦ 1996 年《英国仲裁法》第 8 条。
⑧ 1996 年《英国仲裁法》第 32 条。

预仲裁管辖权的权力进行了限制性规定。1996年《英国仲裁法》就已经规定,"应仲裁程序一方当事人的申请(经通知对方当事人),法院可决定有关仲裁庭实体管辖权的任何问题……本条所指的一项申请不应考虑,除非(a)经程序的其他当事人一致书面同意提出,或(b)经仲裁庭许可提出";与此同时,该申请"除非程序的其他当事人一致同意其提出,应申明事项应由法院决定的理由"。[1]

(二)美国海事仲裁制度

1. 美国海事仲裁制度综述

美国纽约作为世界上第二大国际海事仲裁中心,其海事仲裁领域的法律法规自20世纪20年代初见雏形之后,经过了一个多世纪的发展历程至今已经比较完善。1920年,美国第一部成文仲裁法案由纽约州颁布,对于仲裁条款的效力以及仲裁庭和法庭之间的权利义务进行了首次的规定。5年之后,美国国会于1925年颁布了《美国联邦仲裁法》,对于仲裁制度给予了全面的法律地位,美国至此从立法上确定了全面支持仲裁的联邦政策。该政策不仅促进了仲裁制度在美国的蓬勃发展,也大幅度地减少了美国法院的积案现象,很大程度上消除了当事人的讼累。[2]

2. 《美国联邦仲裁法》

《美国联邦仲裁法》含有两章共21个法律条文。与其他国家的仲裁立法相比,该法存在以下特殊之处。

首先,《美国联邦仲裁法》对于海事仲裁做出了较为具体的定义。该法第1条规定,"海事"是指如果发生争执,属于海事法庭管辖权之内的租船契约、海洋运输工具的提单、关于码头设备、供给船只用品或者船只修理的协议、碰撞和其他对外贸易方面的事务。但是,与此同时该法对于仲裁范围却没有做出具体的规定,因此除了特别说明不适用于仲裁的案件类型之外,[3] 几乎所有民事纠纷均属于仲裁主题范围。

在仲裁管辖权方面,《美国联邦仲裁法》第3条规定,如果已经存在合法、有效、可履行的仲裁的书面协议而向美国法院提出诉讼的任何争执,法院根据一方当事人的请求,在不违反仲裁程序的前提下,应当停止诉讼审理到依照协议规定完成仲裁的时候为止。与此同时,该法第4条规定,如果双方当事人签订了书面仲裁协议,对于对方不履行、拖延或者拒绝仲裁而受侵害的一方可以请求依照法律、衡平法或者海事法庭的法典的规定对争执引起的诉讼有管辖权的任何美国法院,命令依照协议规定进行仲裁。因此,根据《美国联邦仲裁法》的规定,对仲裁持异议的一方可在仲裁开始前可以以仲裁协议缺乏效力为由向法院申请中止仲裁程序,而决定仲裁协议是否合法有效的决定权在法院而非仲裁员。

在仲裁员传唤证人、调查取证的相关权力方面,《美国联邦仲裁法》第7条规定,不

---

[1] 1996年《英国仲裁法》第32条。
[2] 刘书剑. 美国的海事仲裁制度评介. 中国海商法年刊, 1991年第2卷, 第306页。
[3] 比如说《美国联邦仲裁法》并不适用于海员、铁路员工和服务于对外贸易或者各州间贸易的各种工人的雇佣契约。详见:《美国联邦仲裁法》第1条。

论是否依照本法案所指定的仲裁员全体或者过半数,都可以用书面传唤任何人出席作证,并且可以命令提出被认为是案件实质证据的簿册、记录、证件或者文件。值得注意的是,《美国联邦仲裁法》制度之下的仲裁案件证人出席制度与法院证人出席制度基本一致。首先,证人的出席费用同美国法院证人的费用一样。传票应当用仲裁员全体或者过半数的名义签发,并且应当送达被传唤人,传票的送达方法同法院传票一样。其次,如果被传唤作证的人拒绝或者拖延出席,仲裁员全体或者过半数所在地区的美国法院,根据请求可以强迫他出席,或者按照美国法院关于保证证人出席或者处罚拖延、拒绝出席的规定,给予处罚。

在临时措施方面,《美国联邦仲裁法》规定了做出仲裁程序中临时措施的权利应当由海事法院行使。该法第8条规定,在海事法院由原告提出诉状开始的程序及扣留船只或财产。如果管辖权的基础成为诉讼的原因,而诉讼本来是可以由海事法庭审判的,那么,不论本法案有何相反规定,自以为受侵害的一方可以依照海事法庭的一般诉讼程序用诉状提出诉讼,并且扣留对方的船只或者其他财产,法院以后有权命令当事人进行仲裁,并保留对仲裁裁决发出命令的权力。

与此同时,在仲裁裁决的撤销理由方面,《美国联邦仲裁法》规定了五种可以对仲裁裁决做出撤销裁定的情形,即裁决以贿赂欺诈或者其他不正当方法取得、仲裁员全体或者任何一人显然有偏袒或者贪污情形、仲裁员有拒绝合理的展期审问的请求的错误行为、有拒绝审问适当和实质的证据的错误行为或者有损害当事人的权利的其他错误行为、仲裁员超越权力或者没有充分运用权力以致对仲裁事件没有做成共同的、终局的、确定的裁决。[①] 在上述情形发生时,仲裁裁决地所属区内的美国法院根据任何当事人的请求,可以用命令将仲裁裁决撤销。[②]

除此之外,《美国联邦仲裁法》第2章专章对于承认及执行外国仲裁裁决公约的相关程序进行了规定。在承认以及执行外国仲裁裁决方面,《美国联邦仲裁法》引入了《纽约公约》的相关规定。[③] 首先,"无论契约或非契约,凡是产生于法律关系的仲裁协议或仲裁裁决,并被视为包括本法案所述的交易,契约或协议在内的商事性质者,均属于公约管辖范围"。[④] 属于公约管辖范围内的诉讼或程序,应视为根据美国法律和条约产生的。对于这种诉讼或程序,无论其争议金额多少,任何一个美国地区法院均应有原始管辖权,因此,当事人可以根据其自身的具体情况向便利的美国地区法院提请承认和执行仲裁裁决的司法程序。[⑤] 但是,当事人应当在属于公约管辖范围内的一项仲裁裁决做出后3年之内请求法院确认仲裁裁决。若当事人在上述期间内提出有效的申请,则除非法院发现有《纽约公约》中列举的拒绝或延缓承认或执行裁决的理由之一,均应确认裁决。[⑥]《美国联邦仲裁法》规定美国公民之间的仲裁协议若非涉及国外财产、仲裁裁决的异域认可和执行或者

---

① 《美国联邦仲裁法》第10条第1—4款。
② 《美国联邦仲裁法》第10条第5款。
③ 《美国联邦仲裁法》第201条。
④ 《美国联邦仲裁法》第202条。
⑤ 《美国联邦仲裁法》第203—204条。
⑥ 《美国联邦仲裁法》第207条。

具备其他涉外因素,将排除《纽约公约》的适用。与此同时,对于公司法人国籍的判断,采取主要营业地标准。①

四、海事仲裁机构

海事仲裁机构是指通过仲裁方式独立公正地解决双方当事人在海事关系中发生的争议的民间机构。② 与传统的纠纷解决方式——法院诉讼不同,仲裁制度不以法院、检察院、公安机关等国家公权力机关为其制度基础,而是以基于当事人意思自治的仲裁合同为其制度基石。在此合意基础之上,选择适用仲裁的纠纷双方当事人可以选择设立临时仲裁庭或者机构仲裁作为仲裁程序中裁决当事人纠纷事项的中立的第三方。

(一)仲裁机构的分类

根据《纽约公约》的规定,海事仲裁机构分为两种,即临时海事仲裁机构和常设海事仲裁机构。《纽约公约》第1条第2款规定:"'仲裁裁决'一词不仅指专案选派之仲裁员所做裁决,亦指当事人提请仲裁之常设仲裁机关所做裁决。"据此,临时仲裁是指由纠纷双方当事人合意选择并任命仲裁员直接进行仲裁的仲裁机制,而常设机构仲裁,顾名思义,一般指的是当事人将其纠纷提交到仲裁机构,根据仲裁机构的仲裁规则和程序进行仲裁的纠纷解决模式。

1. 临时仲裁机构

临时仲裁机构是指根据双方当事人关于某一特定的纠纷的仲裁而成立的仲裁组织,仲裁程序结束即行解散的仲裁机构的特点在于其仲裁规则的意思自治的程度较高,当事人不需要依赖仲裁机构的相关程序和规则进行仲裁。临时仲裁的仲裁条款一般会规定"争议由双方当事人各自指定一名仲裁员和这两名仲裁员共同制定的第三名仲裁员组成的三人仲裁庭在巴黎进行仲裁"。③临时仲裁具有程序灵活、仲裁效率较高、费用较低等优点,但也具有仲裁程序的进行依赖于当事人的合作程度以及仲裁裁决的做出、认可和执行依赖于国内法法律体系支撑的内在缺陷。④

《中华人民共和国仲裁法》第16条规定:"仲裁协议包括合同中订立的仲裁条款和以其他书面方式在纠纷发生前或者纠纷发生后达成的请求仲裁的协议。仲裁协议应当具有下列内容:(一)请求仲裁的意思表示;(二)仲裁事项;(三)选定的仲裁委员会。"与此同时,《仲裁法》第18条规定:"仲裁协议对仲裁事项或者仲裁委员会没有约定或者约定不明确的,当事人可以补充协议;达不成补充协议的,仲裁协议无效。"因此,我国的海

---

① 如果一个公司设在或其主要营业地在美国,则该公司法人系美国公民。详见:《美国联邦仲裁法》第202条。
② 屈广清. 海事诉讼与海事仲裁法. 北京:法律出版社,2007年,第142页。
③ Alan Redfern, Martin Hunter. Law and Practice of International Commercial Arbitration, Sweet & Maxwell, 1991, 56.
④ 屈广清. 海事诉讼与海事仲裁法. 北京:法律出版社,2007年,第142—150页。

事仲裁实践目前只承认机构仲裁作为合法的仲裁方式。

但是，虽然临时仲裁在我国仍未被相关立法承认，但是由于中国是《纽约公约》的缔约国，根据《纽约公约》第5条第1款的规定，接受认可以及执行外国仲裁裁决申请的国内法院只有在存在"协定之当事人依对其适用之法律有某种无行为能力情形者，或该项协定依当事人作为协定准据之法律系属无效，或未指明以何法律为准时，依裁决地所在国法律系属无效者"的情况下，才能在当事人之间存在有效的仲裁条款时拒不认可或承认外国仲裁庭做出的仲裁裁决。因此，如果海事纠纷的当事人在中国签订了临时仲裁的仲裁条款，且仲裁员根据任命也做出了海事仲裁裁决；但是，如果当事人在这种情况下拒不履行海事临时仲裁裁决，另一方当事人则无法向中国法院申请认可以及强制执行仲裁裁决。然而，如果上述相同的当事人在中国法域外有合法有效的临时海事仲裁裁决，则上述海事纠纷的申请人则可以根据《纽约公约》的相关规定向中国国内法院申请认可以及强制执行该海事临时仲裁裁决。值得注意的是，由于中国内地和香港、澳门以及台湾存在不同的法律制度，因此，如果当事人之间有在香港、澳门以及台湾做出的临时仲裁裁决，上述裁决也可以根据《纽约公约》的规定在中国内地法院得到认可和强制执行。然而，也有学者认为临时仲裁裁决在上述情况中所适用的不同的法律规定在当事人之间造成了权利和义务的不对等。[1] 因此，也有学者以及法律实务人员认为应当在我国海事仲裁制度中引入临时仲裁制度。[2]

目前，我国学术界对于临时仲裁实务的发展趋势褒贬不一。临时仲裁制度在包括加拿大、德国、美国、日本、英国在内的许多国家的海事仲裁实践中得到了广泛的适用，且许多国家的国内立法也对其进行了正式的承认。[3] 与此同时，除了《纽约公约》之外，1961年的《欧洲国际商事仲裁公约》以及1976年的《联合国国际贸易法委员会国际商事仲裁示范法》均对与临时仲裁的地位予以肯定。一方面，有学者认为，我国海事仲裁委员会的受案率持续低迷与我国法律对于临时仲裁不予许可的态度有关，[4] 也不符合国际海事仲裁的通行做法。[5] 确实，包括伦敦、纽约、香港、新加坡以及其他许多国际海事仲裁中心均以临时仲裁为主，以机构仲裁为主的国际仲裁中心在世界范围内数量比较少，中国海事仲裁委员会以及日本东京海事仲裁委员会就属于此类机构。[6] 考虑到海事仲裁标的较小、结案时间紧等特殊性，适用机构仲裁的制度进行海事纠纷案件的仲裁也可能会存在结案时间拖延、仲裁程序缺乏灵活性的不足。[7] 同时，在海事仲裁制度中引入临时仲裁机制有利于提升我国航运产业的整体实力，促进我国海事仲裁实践进一步与国际接轨，并推动我国海

---

[1] 韩健. 现代国际商事仲裁法的理论与实践. 北京：法律出版社，2000年，第33页。
[2] 马林江，赵建英. 临时仲裁在我国海事仲裁中先行. 中国律师，2008年第5期，第48页。
[3] 赵丽丽. 临时仲裁应引入海事仲裁规则. 知识经济，2007年第11期，第25—26页。
[4] 蔡鸿达. 中国海事仲裁的发展、现状以及有关问题的思考. 中国国际私法与比较法年刊2000（第三卷）. 北京：法律出版社，2000年，第146—148页。
[5] 刘俊. 临时仲裁应引入海事仲裁规则——从我国海仲受案量谈起. 中国对外贸易，2002年第2期，第47—49页。
[6] 杨良宜. 国际商务仲裁. 北京：中国政法大学出版社，1997年。
[7] Sr. Michael J. Mustill, Stewart C. Boyd. What Matters may be Arbitrated, Commercial Arbitration, 2nd Edn, Butterworths, 149–150.

事仲裁业务以及理论研究的发展。① 另一方面，也有学者认为我国引进临时仲裁制度所需要私法自治的社会、经济乃至于法治文化的软环境缺失，从对于仲裁裁决质量监管的角度考虑，中国现在仍不适宜引进海事临时仲裁制度。②

值得注意的是，虽然我国现行的仲裁法律制度并未承认临时仲裁制度的合法性，但是，随着我国航运地位的不断提升、国际航运商贸的持续发展以及我国自贸区等对外开放政策的实施，临时仲裁制度亦有可能在以后的仲裁实务中得到我国国内法律制度的认可和承认。近两年，随着将上海建设为国际航运中心的制度支持、上海自由贸易试验区的建立以及我国经济对外开放的进一步加深，有不少学者认为将临时仲裁制度引入我国现行的海事仲裁制度已经具备了合适的制度、体制土壤。③

2. 常设机构仲裁

常设机构仲裁（Permanent Arbitration Institution），顾名思义，一般指的是当事人将其纠纷提交到仲裁机构，根据仲裁机构的仲裁规则和程序进行仲裁的纠纷解决模式。海事常设机构仲裁在商事海事纠纷解决中占有主导地位，与常设仲裁机构本身具备的仲裁程序的正式性、便利性以及仲裁机构所能的专业性以及裁决质量的保证等特征和优势密不可分。

首先，大部分海事常设仲裁机构都设有秘书处、管理处等行政职能机构，负责处理与仲裁程序的流程相关的行政操作。秘书处除了负责接收与仲裁案件相关的文件材料、负责日程通知等行政事宜之外，还会根据当事人合意达成的仲裁条款以及该机构的仲裁规则安排适宜的仲裁员组成仲裁庭，并监督仲裁庭进行仲裁的实际情况，及时处理仲裁过程中可能遇到的僵局，从而推动仲裁程序顺利进行。与此同时，对于海事争议双方当事人来说，如果当事人之间存在合法有效的海事机构仲裁协议，则只需要将相关争议提交给合意确定的仲裁机构即可，这有效地减少了海事争议双方当事人纠纷解决所必须支出的时间成本和人力资源成本，对于海事商事主体来说无疑具有很大的裨益。

另外，海事常设仲裁机构所做出的裁决无疑在国内法院认可与执行方面具有临时仲裁不具有的优势。常设机构仲裁所具有的此种优势一方面体现在其规范的仲裁操作程序。海事常设机构仲裁为了使其仲裁裁决能够顺利得到国内法或者外国法院的认可和承认，其仲裁规则一般都致力于符合海事仲裁的国际通行做法，也将会最大限度地符合仲裁地国内法对于仲裁程序的相关法律法规。相比之下，临时仲裁虽然具备灵活性、专业性的特点，但是海事争议的专家作为仲裁员不一定具备相关的法律知识，因此海事常设机构仲裁无疑在

---

① 李晓郛. 我国海事仲裁应引入临时仲裁制度——以上海国际航运中心的建设为视角. 河北科技大学学报（社会科学版），2011年第11卷第1期，第46—51页.

② 于秀. 我国设立海事临时仲裁制度研究. 大连：大连海事大学，2013年；康明. 临时仲裁及其在我国的现状和发展. 仲裁与法律，2000年；康明. 临时仲裁的成功实践及其思考. 仲裁与法律，2001年第3期.

③ 详见：刘晓红，周祺. 我国建立临时仲裁制度的利弊分析和时机选择. 南京社会科学，2012年第9期，第95页；赖震平. 我国海事仲裁引入临时仲裁初探——以中国（上海）自由贸易试验区为视角. 中国海商法研究，2014年第25卷第3期，第84—90页；李晓郛. 我国海事仲裁应引入临时仲裁制度——以上海国际航运中心的建设为视角. 河北科技大学学报（社会科学版），2011年第11卷第1期，第46—51页.

仲裁裁决的认可和执行方面具有很大的优势。

最后，由于专门的海事常设仲裁机构有专门的人员进行仲裁员的筛选以及管理工作，从另一方面也提供了仲裁员资质方面的专业性的保证，这一方面有利于当事人更加高效地进行海事仲裁程序，另一方面也保证了海事仲裁裁决的质量。然而，应当指出的是，正是因为海事常设机构仲裁具有上述优势，也导致了其存在费用高昂、仲裁周期普遍较长、程序繁琐等劣势。

（二）海事仲裁机构

海事仲裁制度在现代商业纠纷解决领域中的繁荣发展与国际海事仲裁机构息息相关。国际海事仲裁机构的发展促进了现代国际海事仲裁制度的逐步完善，与此同时，现代国际海事商业交往中对于更为便捷、高效、灵活、专业化的纠纷解决制度的需要也推动了现代海事仲裁机构在国际范围内的扩张。世界上的海事仲裁机构数量繁多，根据不同国家的海事仲裁机构的机构性质、成立背景以及发展历程的不同，大致可以分为由商业仲裁机构发展而来、由海事专业人员设立的、由国家行政权力设立的以及由特定海事社团设立的几种类型。

总部设立于巴黎的国际商会仲裁中心（International Chamber of Commerce，简称 ICC）以及由国际海事委员会仲裁组织（Committee Maritime International，简称 CMI）共同设立的海事仲裁常务委员会（Standing Committee on Maritime Arbitration）即属于由商业仲裁机构发展而来的国际海事仲裁机构；而俄罗斯海事仲裁委员会、中国海事仲裁委员会则是由政府主导设立的海事仲裁机构中比较典型的案例，带有较强的政策性色彩。但是，中国海事仲裁委员会随着近年海事仲裁制度的改革，其仲裁规则以及海事仲裁服务日趋符合国际化标准，而存在于早期的行政干预以及政策性特征也得到大幅度降低。同时，德国海事仲裁协会（German Maritime Arbitration Association，简称 GMAA）以及日本东京海事仲裁委员会（TOMAC）则是由海事相关人士筹建而成的，或者是由特定社团成立组成的海事仲裁机构中的代表案例。

1. 国际海事仲裁机构

（1）国际商会仲裁中心/国际海事委员会海事仲裁委员会

国际商会（International Chamber of Commerce，简称 ICC）成立于 1919 年，发展至今已拥有来自 130 多个国家的成员公司和协会，是全球唯一的代表所有企业的权威代言机构。中国也是国际商会的成员之一。国际商会下设国际商会仲裁院作为其常设仲裁机构，以完成保证国际商会仲裁院制定的仲裁规则和调解规则的适用、指定仲裁员或者确认当事人制定的仲裁员、决定对仲裁员的异议是否成立以及批准仲裁裁决的形式等程序性事务，以保证国际商会仲裁院受理的仲裁案件的审理顺利进行。根据《国际商会仲裁院仲裁规则》，国际商会仲裁院的受案范围非常广泛，涵盖了所有的契约性和非契约性纠纷，其中也包括海事纠纷案件的仲裁。[1]

---

[1] 详见：http://www.iccwbo.org/products-and-services/arbitration-and-adr/arbitration/icc-rules-of-arbitration/［2015 年 5 月 20 日］。

第三章 海事仲裁

国际海事委员会（International Maritime Committee，简称 IMC），是 1897 年创立于比利时安特卫普的促进海商法统一的非政府间国际组织。国际海事委员会的宗旨是通过各种适当的方式和活动促进国际间海商法、海事惯例和实践做法的统一。《约克·安特卫普规则》《海上避碰规则》《船舶碰撞中民事管辖权方面若干规定的国际公约》《维斯比规则》等海商法领域的国际海事公约均是由国际海事委员会草拟的。[①]

国际商会仲裁中心/国际海事委员会海事仲裁委员会由国际商会和国际海事委员会共同设立，致力于处理海事仲裁案件。该海事仲裁委员会适用的仲裁规则是由国际海事仲裁组织（IMAO）制定，并于 1978 年生效的《国际商会/国际海事委员会国际海事仲裁组织规则》，全文共 17 个条款，精要地规定了海事仲裁程序的开始、海事仲裁庭的组成、海事仲裁协议的效力、海事仲裁费用的组成和分担、海事仲裁地和法律适用、仲裁程序等方面的程序。[②] 根据该《海事仲裁组织规则》规定，将由国际商会仲裁中心和国际海事委员会共同建立海事仲裁常务委员会，以负责《海事仲裁组织规则》的适用和实施。根据《海事仲裁组织规则》，海事仲裁常务委员会由 12 位委员组成，国际商会以及国际海事委员会分别有权指定、任免其中的 6 位委员，每届任期 3 年；常务委员会的主席由两个机构共同指定。

与此同时，国际商会仲裁中心作为世界上最具盛名的国际商事仲裁中心之一，其与国际海事委员会共同设立的下设海事仲裁委员会的建立，及其《海事仲裁组织规则》的发布也在国际范围内对海事仲裁的理论研究和实践具有深远的影响。国际商会仲裁中心海事仲裁委员会成立至今已有近百年的悠久历史。

（2）伦敦海事仲裁员协会

伦敦海事仲裁员协会（London Maritime Arbitrators Association，简称 LMAA）成立于 20 世纪 60 年代初，旨在通过提供建议和忠告促进和提高伦敦海事仲裁员的专业知识，以协助海事争议快速解决。[③] 通过伦敦海事仲裁员协会进行仲裁的海事仲裁案件一般适用临时仲裁制度进行仲裁审理，仲裁员对其审理的海事仲裁案件享有充分的自由裁量权。

英国伦敦海事仲裁员协会每年受理的海事仲裁案件超过 2 000 件。我国著名海商法学者杨良宜先生曾经介绍，国际海事仲裁的案件每年有 90% 的比例都是在伦敦进行仲裁的。[④] 的确，根据伦敦海事仲裁员协会季度通讯公布的统计资料，早在十年前，即 2004 年，伦敦海事仲裁员协会的全职仲裁员被任命、指定的次数就已经超过了 2 700 次，发布的裁决书数量超过 400 个，其中还不包括海事仲裁程序中大量的以和解结案、撤销仲裁案件的情况，是全世界范围内其他海事仲裁机构被指定仲裁员次数和做出裁决书数量的两倍之多。[⑤] 依托于英国发达的海事贸易以及健全的海事法律法规，伦敦海事仲裁员协会自建立起，便跻身于世界上最具盛名的国际海事仲裁机构之一。

[①] 详见：http://www.comitemaritime.org/About-Us/0,272,1232,00.html［2015 年 5 月 20 日］。
[②] 详见：http://www.intracen.org/ICCCMI-International-Maritime-Arbitration-Organisation-Rules-1978/［2015 年 5 月 20 日］。
[③] 屈广清. 海事诉讼与海事仲裁法. 法律出版社，2007 年，第 147 页。
[④] 杨良宜. 国际商务仲裁. 北京：中国政法大学出版社，1997 年，第 1—12 页。
[⑤] 屈广清. 海事诉讼与海事仲裁法. 北京：法律出版社，2007 年，第 147 页。

英国是世界上历史最久远的航运大国之一，其航运相关的海商法、合同法、仲裁法制度起步比较早，依托于英国普通法遵循先例的司法制度，上述航运相关的规则在航运商贸实务的纠纷解决中积累了丰富的经验，经过了多年的发展，形成了现代英国完善的海事仲裁司法制度。适用于临时仲裁制度进行海事仲裁审理，赋予了英国伦敦海事仲裁员协会在仲裁程序设计方面的灵活性，也极大地提升了伦敦海事仲裁员协会的仲裁程序流程效率。与此同时，英国的海商法领域以及航运贸易领域的繁荣发展，也培养了许多在该领域具备丰富经验的专业人士。早在前波罗的海交易所时期，英国就已经出现了一大批优秀的海事仲裁员，之后，随着海商航运经纪人这一职业的兴起，伦敦海事仲裁专业从业人员的队伍不断得到发展、壮大，为租船合同、提单、海事救助、船舶碰撞、理赔、保险等海事相关争议的仲裁服务提供了专业化的团队。[1] 这一方面保障了英国的海事仲裁案件的审理具备较高的专业性；另一方面也保障了海事仲裁程序以及海事仲裁裁决的公平性。[2] 因此，英国伦敦海事仲裁员协会在国际海事仲裁领域一直备受海事商事当事人的青睐。

在伦敦进行的海事仲裁，除了依据《劳合社海事救助标准格式合同》进行的海难救助仲裁之外，通常都依据《伦敦海事仲裁员协会仲裁规则》进行仲裁。实际上，当事人纠纷当事人指定由伦敦海事仲裁员协会的全职会员进行仲裁时，该海事仲裁案件将自动适用《伦敦海事仲裁员协会仲裁规则》进行仲裁。伦敦海事仲裁员协会采取会员制，会员主要分为两种：全职会员（Full Members）和支持会员（Supporting Members）。[3] 在伦敦海事仲裁员协会设立的初期，只存在全职会员，要成为伦敦海事仲裁员协会的全职会员必须具备英国特许仲裁员的资质，而支持会员制度于1972年引入，此类会员一般不接受协会的任命或者当事人的指定，但他们热心于支持伦敦海事仲裁员协会的相关工作，并推动协会目标的顺利实现。[4]

伦敦海事仲裁员协会的现行仲裁规则包含三个规则文件，即《2012年伦敦海事仲裁员协会仲裁规则》《2012年伦敦海事仲裁员协会小额索赔程序规则》以及《伦敦海事仲裁员协会快速与低收费规则》。除此之外，伦敦海事仲裁员协会还有《伦敦海事仲裁员协会调解规则》《波罗的海国际航运理事会/伦敦海事仲裁员协会仲裁条款》等纠纷解决规则。

（3）纽约海事仲裁员协会

1963年，一个由纽约海事仲裁领域的专业人士创建的专业性非营利性组织——纽约海事仲裁协会在美国纽约成立。该协会致力于为航运商贸提供可以信赖的海事仲裁服务，并为当事人提供海事仲裁员名单以便海事纠纷当事人指定任命。因此，美国纽约海事仲裁协会（Society of Maritime Arbitrators Inc.，简称SMA）是一个致力于在航运界对海商法进行宣传并推广替代性争议解决方式的非营利性组织。虽然该协会本身并不对海事仲裁该案件进行管理，但是，该协会制定了海事仲裁程序，且该协会会员来源于包括船舶管理、海商

---

[1] 屈广清. 海事诉讼与海事仲裁法. 北京：法律出版社，2007年，第147页。
[2] 顾国伟. 中国海事仲裁发展初探. 中国海商法年刊，第20卷第3期，第96—101页。
[3] 详见：http://www.lmaa.org.uk/default.aspx [2015年5月22日]。
[4] 屈广清. 海事诉讼与海事仲裁法. 北京：法律出版社，2007年，第148页。

经纪、保险等海事运输的各个领域,为当事人指定仲裁员提供了便利。① 因此,美国纽约海事仲裁协会已经与英国伦敦海事仲裁员协会并立为世界范围内海事仲裁领域的机构。自1963年成立以来,美国海事仲裁协会历经了半个多世纪的发展,其年受案量长期居于世界第二位。②

美国海事仲裁协会仲裁员审理的海事仲裁案件绝大多数为临时仲裁案件,只有少数转交美国仲裁协会(The American Arbitration Association,简称AAA)管理的海事仲裁案件适用机构仲裁的程序进行海事纠纷的仲裁审理。美国纽约海事仲裁协会现行有效的纠纷解决规则包含了《2013年美国纽约海事仲裁协会仲裁规则》《2010年美国纽约海事仲裁协会简短仲裁规则》《1999年美国纽约海事仲裁协会调解规则》《1988年美国纽约海事仲裁协会和解规则》以及《2010年美国纽约海事仲裁协会海事救助规则》。与此同时,美国纽约海事仲裁协会还备有《美国纽约海事仲裁协会海事救助合同》以供商事海事当事人选择适用。③

(4) 斯德哥尔摩商会仲裁院

瑞典斯德哥尔摩商会仲裁院(Arbitration Institute of the Stockholm Chamber of Commerce,简称SCC)成立于1917年,是位于瑞典的常设国际商事仲裁机构。瑞典斯德哥尔摩商会仲裁院的受案范围比较宽泛,包含了工商以及航运中发生的商事争议。④ 由于瑞典属于中立国,其独立的国际政治地位也使得斯德哥尔摩仲裁院的商事仲裁法律服务备受国际商事、海事主体的信任,在解决东、西方国际之间的贸易纠纷的过程中扮演了重要的角色。②

斯德哥尔摩商会仲裁院的商事仲裁法律服务给予了选择其仲裁服务的商事、海事主体非常大的意思自治的空间。《斯德哥尔摩商会仲裁院仲裁规则》规定,当事人可以约定仲裁员人数。如果当事人未约定仲裁员人数,仲裁庭应当由三名仲裁员组成,除非理事会考虑到案件的复杂性、争议金额或者其他情形决定争议由一名独任仲裁员审理;⑤ 与之类似的,当事人可以约定不同于本规则所规定的仲裁庭的指定程序。在这种情况下,如果在当事人约定的时限内,或者当事人没有约定而在理事会设定的时限内,仲裁庭未能指定,仲裁庭才会依据商会仲裁院的默认规则进行。⑥

2. 欧美地区的其他海事仲裁机构

(1) 德国海事仲裁协会

德国海事仲裁协会成立于1983年,是由德国汉堡以及不莱梅两个城市的海运专业从

---

① 赵昭,杜家明. 追问与选择:我国海事仲裁制度的现实困境与完善路径. 河北法学,2014年第32卷第12期,第182—187页。
② 韩立新,袁绍春,尹伟民. 海事诉讼与仲裁. 大连:大连海事大学出版社,2007年,第231页。
③ 详见:美国纽约海事仲裁协会官方网站:http://www.smany.org.rules.html[2015年6月3日]。
④ 详见:《斯德哥尔摩商会仲裁院仲裁规则》,http://www.sccinstitute.com/media/40131/skilje-domsregler – kina – tryck – ny – 2. pdf[2015年6月3日]。
⑤ 《斯德哥尔摩商会仲裁院仲裁规则》第12条。
⑥ 《斯德哥尔摩商会仲裁院仲裁规则》第13条。

业人员以及海事律师共同组成。德国海事仲裁协会的仲裁程序为临时仲裁程序，选择在德国海事仲裁协会对其海事争议进行仲裁的当事人可以选任德国海事仲裁协会的会员，或者对其所选定的其他人士进行仲裁。作为知名的国际海事仲裁机构，德国海事仲裁协会成立的时间较晚，但是经过了几十年的迅速发展，其仲裁裁决的质量已经获得了国际商事以及航运社会的承认。

德国海事仲裁协会适用的仲裁相关的规则包括《德国海事仲裁协会仲裁规则》[1]《2001年德国海事仲裁协会规则关于仲裁庭报酬的规定》等。

（2）休斯敦海事仲裁员协会

休斯敦海事仲裁员协会（Houston Maritime Arbitrators Association，简称HMAA）是位于美国德州的专门海事仲裁委员会，成立于1990年。凭借休斯敦港作为美国第二大港、世界第七大港的地理优势，休斯敦海事仲裁员协会自成立以来就迅速发展。目前，休斯敦海事仲裁员协会拥有仲裁员100余人，并在持续高速发展。

（3）迈阿密海事仲裁委员会

迈阿密海事仲裁委员会（Miami Maritime Arbitration Council，简称MMAC）是位于佛罗里达州的专门海事仲裁委员会，成立于1996年，其海事仲裁裁决的效力已被美国法院承认。[2] 迈阿密海事仲裁委员会现行适用的规则包括《迈阿密海事仲裁委员会仲裁规则》以及《迈阿密海事仲裁委员会调解规则》。[3]

（4）温哥华海事仲裁员协会

温哥华海事仲裁员协会（Vancouver Maritime Arbitrators Association，简称VMAA）是加拿大最重要的海事仲裁机构之一，在北美有很大的影响力。温哥华海事仲裁员协会现行有效的仲裁规则为《2013年温哥华海事仲裁员协会仲裁规则》。[4]

3. 亚洲—环太平洋地区主要海事仲裁机构

（1）香港国际仲裁中心

香港作为亚洲中西方文化的交汇、融合之地，也是历史悠久的航运港口。香港位于南中国海的重要水道，在中国大陆以及东南亚都具有非常重要的航运辐射效应。近几年来，香港也一直致力于建设国际商务仲裁中心。

香港国际仲裁中心（Hong Kong International Arbitration Center，简称HKIAC）于1985年成立，属于民间的非营利性组织。依托于香港优越的地理优势，一直在国际商事以及海事仲裁领域具有重要的地位。1977年在港英政府的决定下，香港加入《纽约公约》；1997年香港回归之后，由于中国也是《纽约公约》的缔约国，因此《纽约公约》继续适用于

---

[1] 详见：《德国海事仲裁协会仲裁规则》，http://cn.cietac.org/magzine/90-13.shtml［2015年5月23日］。

[2] 详见：http://www.miamimarinecouncil.com/content.aspx?page_id=22&club_id=522344&module_id=26843［2015年5月23日］。

[3] 详见：http://www.hmaatexas.org/mediation［2015年5月23日］。

[4] 详见：http://vmaa.org/wp-content/uploads/2014/04/Arbitration-Rules-Feb-1-2013.pdf［2015年5月23日］。

香港。因此，在香港做出的商事以及海事仲裁裁决可以根据《纽约公约》的相关规定在该《公约》的缔约国由当事人提起法院认可以及强制执行的申请程序。在香港做出的商事、海事仲裁裁决可以在全球超过140个国家和地区得到认可，并能在上述国家和地区的国内法院申请执行。除此之外，《香港仲裁条例（香港法律第341章）》还为香港商事海事仲裁的发展提供了制度保障，使香港的国际商事海事仲裁实践始终紧跟国际商事海事仲裁的脚步，成为世界上发展最快的仲裁中心之一。[①]

（2）新加坡海事仲裁协会

成立于2004年的新加坡海事仲裁协会（Singapore Chamber of Maritime Arbitration，简称SCMA）凭借新加坡航运要塞的地理位置的优势以及其本国完善的法律系统，致力于为海事仲裁当事人提供优质、高效的海事仲裁服务。

位于马六甲海峡的航运要塞，新加坡港是世界上航运最为繁忙的集装箱港口之一。面临着来自于香港和上海等新兴国际港口的竞争，为了巩固新加坡在亚洲航运市场上的领先地位，新加坡政府颁布了一系列措施以促进航运物流业以及相关的航运服务业的发展，其中就包括海事仲裁机构的设立与发展。[②]

新加坡海事仲裁院于2004年，当时是新加坡国际仲裁中心下设的海事仲裁院。新加坡的海事仲裁一般也是以临时仲裁制度进行的。2009年5月，新加坡海事仲裁院独立并重组为一家担保有限公司，从此之后不再管理仲裁案件，也不再收取仲裁费用；但是，新加坡海事仲裁院依旧维持了在当事人需要的时候提供海事仲裁员名单以供当事人进行选用、任命的服务；与此同时，海事仲裁当事人也可以根据其意思自治在该名单之外任命仲裁员。[③] 上述制度安排对于新加坡海事仲裁服务业的发展清除了制度壁垒，奠定了坚实的基础。

2012年，全球最大的航运组织波罗的海国际航运理事会（简称BIMCO）正式在其争议解决条款中增加了《新加坡仲裁条款》以供亚洲的航运主体选择适用。至此，新加坡成为全球第三大国际海事仲裁中心。

（3）中国海事仲裁委员会

中国海事仲裁委员会（China Maritime Arbitration Commission，简称CMAC）成立于1959年，是专门受理海事仲裁案件的专门仲裁机构。1988年的名称为中国国际贸易促进委员会海事仲裁委员会，后于1988年6月正式更名为中国海事仲裁委员会。至今为止，中国海事仲裁委员会为了为海事纠纷当事人提供优质的海事仲裁服务，曾经六次修订其《中国海事仲裁委员会仲裁规则》。中国海事仲裁委员会的现行规则为2014年修订的《中国海事仲裁委员会仲裁规则》。

中国海事仲裁委员会现在共有中外海事仲裁员100名左右，其中包括来自于美国、英

[①] 详见：http://www.wipo.int/wipolex/en/text.jsp?file_id=187184［2015年5月26日］。

[②] 赵昭，杜家明．追问与选择：我国海事仲裁制度的现实困境与完善路径．河北法学，第32卷第12期，第182—187页；张立彪、陈艳艳．亚洲主要航运中心高端航运服务业发展环境对比分析——完善上海高端航运服务业发展环境的建议．港口经济，2014年第8期，第13—16页。

[③] 赵昭，杜家明．追问与选择：我国海事仲裁制度的现实困境与完善路径．河北法学，2014年第32卷第12期，第182—187页。

国、日本、新加坡、加拿大等国的外籍海事仲裁员。上述仲裁员均是中国海事仲裁委员会从对海上运输、贸易、保险和法律方面具备专业知识和实务经验的专家中选聘的。目前，中国海事仲裁委员会适用《中国海事仲裁委员会章程》《中国海事仲裁委员会仲裁规则》《中国海事仲裁委员会仲裁员名册》以及《中国海事仲裁委员会仲裁员守则》几份官方文件。与此同时，中国海事仲裁委员会还制定有供当事人选择适用的《中国海事仲裁委员会船舶救助合同标准格式》《中国海事仲裁委员会船舶碰撞仲裁协议标准格式》等格式合同文件。

（4）东京海事仲裁委员会

东京海事仲裁委员会（Tokyo Maritime Arbitration Commission of the Japan Shipping Exchange，简称 TOMAC）自 1923 年设立，是日本航运交易所（The Japan Shipping Exchange Inc.，简称 JSE）下设的专门处理海事领域的争端解决工作的仲裁委员会，也是日本目前唯一的专门仲裁机构。日本航运交易所虽然并非属于政府行政机关，但是也不具有商业盈利机构的性质。在东京海事仲裁委员会成立之前，日本航运交易所已经于 1921 年开始处理海事仲裁案件，并曾于 1962 年制定《日本航运交易所海事仲裁规则》。

现在，东京海事仲裁委员会现有《东京海事仲裁委员会仲裁规则》《东京海事仲裁委员会小额争议仲裁规则》和《东京海事仲裁委员会简易仲裁规则》。与其他国际海事仲裁机构相同，该机构也提供包括调解在内的替代性纠纷解决法律服务，并定期发布其仲裁员名册，但是，当事人可以在该机构发布的仲裁员名册之外自行任命仲裁员。

（5）悉尼海事仲裁委员会

悉尼海事仲裁委员会（Sydney Maritime Arbitration Committee，SMAC）1991 年 3 月成立，由悉尼海事律师委员会（Committee of Sydney Maritime Lawyers）所促成。海事仲裁委员会有自己的海事仲裁规则（Sydney Maritime Arbitration Rules And Terms，简称 SMART）。若规则未进行明确规定，则可依据《1984 年商务仲裁法》进行海事仲裁。

（6）俄罗斯海事仲裁委员会

俄罗斯海事仲裁委员会（The Maritime Arbitration Commission，简称 MAC）是俄罗斯商会内设的专门海事仲裁委员会，其前身为苏联商会海事仲裁该委员会。俄罗斯海事仲裁委员会成立于 1930 年，具有悠久的历史。值得注意的是，俄罗斯的海事仲裁制度依据《俄罗斯联邦宪法》第 127 条规定，仲裁法院曾经属于属于司法制度的一部分，而与国际通行的将海事仲裁委员会视为具备民间性质的纠纷解决机构不同。但是，这一规定已经由《俄罗斯联邦宪法》2014 年 2 月 5 日修正案删除。[1]

值得注意的是，上述国际海事仲裁机构一般均位于国际贸易以及海运发达的国家或者地区，而海事仲裁服务是否完善和国际化也对于一国海运贸易总体实力的强弱具有深远的影响力。因此，海洋航运相关产业是否完善和繁荣，从很多方面也决定了该国海事仲裁机构而发展的进程。我国海事仲裁制度盛兴于 20 世纪 90 年代前后，在这个阶段，各种不同的国际海事仲裁机构得以建立，国际海事仲裁领域的竞争日趋激烈。为了建立具有国际影响力的国际海事仲裁机构，在国际海事纠纷解决领域取得话语权，许多国家都致力于并积极推进本国海事仲裁制度以及海事仲裁机构的建立和完善。与此同时，满足商事海事主体

---

[1] 详见：http://www.poccuu.org/xianfa0.htm［2015 年 5 月 26 日］。

对于快速、经济、便利、高效等海事纠纷解决制度的要求已经成为了上述国际海事仲裁机构的发展目标,而在这个过程中,海事仲裁制度涉及以及相关的理论也就在国际范围内得到了极大的发展。

五、海事仲裁管辖权、范围和法律适用

海事仲裁的范围是指何种主体之间的何种类型的纠纷可以适用海事仲裁的仲裁规则和程序进行仲裁,也即是海事仲裁争议的可仲裁性、仲裁庭的管辖权和海事仲裁的受案范围的问题。此部分将结合各国仲裁立法和不同的国际海事仲裁机构仲裁规则对于仲裁管辖权、范围和法律适用的不同规定。

(一)海事仲裁的管辖权

狭义的管辖权的概念范畴在于立法和执行法律,但是,由于上述行为一般由以法院为代表机构的司法部门行使,因此,管辖权的法律定义在很多情况下与司法管辖权的概念范畴相同。[①] 但是,随着近几个世纪船运国际商贸的发展,仲裁作为纠纷解决制度的一种逐渐被各国以及国际立法所确认,仲裁管辖权制度的产生和发展也丰富了管辖权作为司法概念的内涵和外延。

仲裁管辖权是指在法律允许的条件下,由于满足了当事人之间约定的条件,仲裁员或者仲裁庭获得的对某一特定法律争议的是非曲直进行审理并做出有约束力的裁决或者其他决定的权力。[②] "无论是法院诉讼案件还是仲裁案件,管辖权都是打开解决案件之门的金钥匙。没有管辖权,就无从下手解决案件纠纷"。[②] 海事仲裁管辖权对海事纠纷案件的解决非常重要。

1. 仲裁管辖权与法院管辖权的异同

仲裁作为一种具备民间属性的商事纠纷解决机制,其管辖权制度与传统的法院管辖权存在很大的区别。仲裁管辖权是一种基于契约的管辖权。仲裁管辖权的首要前提条件就是当事人之间协议订立的仲裁条款赋予仲裁员或者仲裁庭的对仲裁案件进行审理的权力的授权。[③] 但是,当事人之间的上述契约性授权不得违反仲裁地国以及仲裁裁决执行地国的公共政策与该国的强行法规则。因此,正是由于仲裁管辖权具有此种契约性性质,当事人可以对仲裁程序的具体设计、仲裁员的数量、仲裁裁决的形式等仲裁程序的各个方面进行约定,仲裁程序具备较强的当事人自主性。

与此不同,法院管辖权是一种基于国家公权力的法定授权。一个国家的国内法院对于其审理的诉讼案件的管辖权并非来自于当事人之间的意思自治,而是来自于该国法律的强制性。当事人在诉讼程序中除了依据相关法律法规的规定诉请特定法官进行回避之外,不得对于法官的任职人员进行自主选择。除此之外,当事人在诉讼程序中必须遵循一国诉讼

---

① 王铁崖. 中华法学大词典(国际法学卷). 北京:中国检察出版社,1996年,第170页。
② 高菲. 中国海事仲裁的理论与实践. 北京:中国人民大学出版社,1997年,第191页。
③ 高菲. 中国海事仲裁的理论与实践. 北京:中国人民大学出版社,1997年,第191页。

程序法的相关法律法规规定,对于诉讼程序中特定环节程序的设计没有依据意思自治进行变更的权利。

2. 仲裁管辖权的法律性质

关于仲裁管辖权的法律性质,国内外研究学界认为基本存在管辖权理论、契约理论、混合理论和自治理论四种学说,[①] 本文将对于上述四种不同的仲裁管辖权学说进行介绍。

(1) 管辖权理论

管辖权理论是指"承认国家有权控制或者调整发生在其管辖权之下的所有仲裁……一方面承认仲裁根源于当事人之间的协议,另一方面又坚持仲裁员的裁判行为、仲裁协议的有效性、仲裁员的权利以及仲裁裁决的执行……无一不依赖于执行地国家的法律"的仲裁管辖权理论。[②] 该理论认为审判权能属于也仅能由国家法院代以行使,当事人之间的仲裁协议对于仲裁员裁判权能的授权最终需要依靠国家法律对该授权进行确认,当事人的仲裁授权才具有法律效力。在仲裁裁决的效力方面,管辖权理论认为仲裁裁决若非当事人自行通过自愿履行或者法院通过强制执行则不具有法律效力,而且,只有在经过上述执行过程之后,仲裁裁决才具有终局性。[③]

但是,上述管辖权理论虽然处理了仲裁庭与法院之间的关系,从海事仲裁产生与发展的历史分析角度来看却并不适用于海事仲裁制度。一方面,海事仲裁制度最初起源于海事商人自发形成的民间组织或者商会内部友好解决商事纠纷的实践,该实践随着海事商贸的发展和扩张而在海事商事纠纷解决过程中逐渐发展成为了当代的国际商事仲裁制度。因此,海事仲裁制度的产生并非来自于一国法院的司法主权授权。另一方面,现代商事海事仲裁理论一般认为商事仲裁裁决自做出之日起便具有终局性,该终局性来自于商事主体之间"一裁终局"的约定以及现代商事海事仲裁制度对于高效纠纷解决方式的需要。

(2) 契约理论

契约理论认为,仲裁管辖权基于当事人之间的契约,而非来自于法律。因此,仲裁管辖权的契约理论认为仲裁程序、裁决等各个环节都不应受到来自国家或者法院的过多干涉。仲裁本身具有民间属性,当事人之间就仅存于他们之间的争议同意由居中的第三人做出仅对上述当事人具有约束力的裁决,而当事人之间的仲裁协议是否具有意思自治的属性则成为决定仲裁庭或者仲裁员管辖权的本质要素。与此同时,支持契约理论的仲裁学者还认为,由于仲裁裁决是仲裁协议的产物,因此仲裁裁决的履行在其本质上是当事人诚实守信地履行契约义务的表现,仲裁裁决的履行无需国家的强制授权;与此同时,国家法律在

[①] 对于上述不同学说的界定,详见:高菲. 中国海事仲裁的理论与实践. 北京:中国人民大学出版社,1997年,第192页。

[②] Julian D. M. Lew. Application Law in International Commercial Arbitration – A Study in Commercial Arbitration Awards,1st Edition,52–61,Oceana Publications,Inc. 转引自高菲. 中国海事仲裁的理论与实践. 北京:中国人民大学出版社,1997年,第192页。

[③] 高菲. 中国海事仲裁的理论与实践. 北京:中国人民大学出版社,1997年,第193页。

仲裁程序中仅扮演辅助性的角色。① 但是，仲裁管辖权契约理论的学者过度割裂了仲裁与法院两种纠纷解决制度之间的联系，虽然该学说强调了仲裁制度本身的民间属性和仲裁协议作为当事人之间的意思自治所形成的仲裁协议的契约的本质，但是，该理论也有过于绝对和片面之虞。

（3）混合理论

混合理论结合了上述两种学说的观点，认为虽然仲裁员或者仲裁庭的管辖权源于当事人之间的意思自治所形成的仲裁协议，但是，该管辖权效力的来源确实来自于一国国内法律体系中与民事相关的法律法规制度。该理论认为，虽然仲裁制度基于当事人之间意思自治的协议且当事人在仲裁程序的大部分环节中可以根据仲裁协议的约定具有支配性的权力，但是，仲裁不能逾越国内法律制度体系的范畴，因为仲裁裁决地或者仲裁执行地的国内法律制度将会对于仲裁程序以及仲裁裁决的承认和强制执行程序产生实质及深远的影响。与此同时，支持混合理论的仲裁学者认为仲裁制度同时具备了公法和私法的特征，即虽然仲裁的程序可能受制于一国国内法的相关制度，但是仲裁协议的有效性和效力均是依照私法规则进行确定的。②

除此之外，混合理论的理论意义还在于承认了仲裁制度与仲裁地法之间的密切联系。在仲裁管辖权的混合理论的框架下，一国国内法律制度和仲裁协议的契约性质得以同时被承认。因此，仲裁程序除了应当尊重当事人之间的意思自治而形成的合意之外，还应当尊重仲裁地适用的法律法规；当事人之间有关仲裁的约定不得违反仲裁地的强行法规则的规定。当当事人对于仲裁案件的实质内容所适用的准据法没有约定或者约定不明时，仲裁员可以根据仲裁规则适用仲裁地的国际私法规则或者冲突法规则确定该仲裁案件应当适用的法律。与此同时，许多国家的仲裁国内立法还对法院对于仲裁程序进行司法监督的权力的界限做出了明确的规定，其中，1996年《英国仲裁法》就已经规定，"应仲裁程序一方当事人的申请（经通知对方当事人），法院可决定有关仲裁庭实体管辖权的任何问题……本条所指的一项申请不应考虑，除非（a）经程序的其他当事人一致书面同意提出，或（b）经仲裁庭许可提出"；与此同时，该申请"除非程序的其他当事人一致同意其提出，应申明事项应由法院决定的理由"。③

（4）自治理论

自治理论认为仲裁管辖权来自于仲裁作为一种从商业社会实践发展而出的、"超然于法律之外"的商事自治制度的本质属性。仲裁管辖权的自治理论认为仲裁案件的当事人应当具有绝对的意思自治，当事人对于仲裁制度的实体法律适用和程序事项的法律选择具有绝对的话语权，仲裁制度脱离特定法域的国内法律制度的约束而成为一种具备"超国家"

---

① Julian D. M. Lew. Application Law in International Commercial Arbitration – A Study in Commercial Arbitration Awards, 1st Edition, 55, Oceana Publications, Inc. 转引自高菲. 中国海事仲裁的理论与实践. 北京：中国人民大学出版社，1997年，第196页。

② Julian D. M. Lew. Application Law in International Commercial Arbitration – A Study in Commercial Arbitration Awards, 1st Edition, 57, Oceana Publications, Inc. 转引自高菲. 中国海事仲裁的理论与实践. 北京：中国人民大学出版社，1997年，第199页。

③ 1996年《英国仲裁法》第32条。

特征的"国际商事仲裁法"。① 但是,此种学说忽略了当事人进行仲裁的目的不是为了仲裁本身,而是为了通过仲裁此种高效、中立的商事海事纠纷解决机制更好地解决当事人之间纠纷、调整当事人之间的权利义务关系,而此种权利义务关系的调整最终很可能需要通过仲裁裁决的承认和认可程序在特定国家的国内法院进行实现;因此,从这个角度讲,仲裁制度将很难被定义为一种具备"超国家"性质的纠纷解决制度;而且,如果当事人之间的意思自治违反了仲裁地国的强行法规定,该仲裁案件的裁决就面临被撤销的风险。

综上所述,上述几种学说分别从不同的方面解释仲裁管辖权的本质,但却都存在其自身的不足。现阶段,学界通说认为,虽然仲裁管辖权确实来源于当事人之间的仲裁协议,但是,此基于当事人之间的意思自治形成的管辖权必须符合仲裁地法相关法律制度,拥有该管辖权的仲裁员或者仲裁庭才有资格做出合法有效的仲裁裁决;否则,该仲裁员或者仲裁庭做出的仲裁裁决可能会被法院判令撤销或者不予执行。

3. 我国仲裁管辖权的概述

在我国海事仲裁学界,不少学者认为我国海事仲裁的管辖权主要来自于当事人之间通过意思自治达成的海事仲裁协议;② 但是,也有学者认为应当从更为广义的角度看待海事仲裁的管辖权。③ 在仲裁案件审理实践中,仲裁庭或者是法官一般会考虑仲裁协议中对于仲裁管辖权的约定、法律规定的可仲裁事项、仲裁机构受案范围以及公共政策等因素决定特定仲裁庭是否对于该仲裁案件具有管辖权。④

一方面,当事人对于仲裁协议中的仲裁事项的约定构成了当事人在多大范围内对于仲裁庭审理其之间的争议,并做出有约束力的仲裁裁决进行授权的初步证据。另一方面,若仲裁庭位于我国国内,则我国相关法律法规作为仲裁地法律制度对于该仲裁庭的仲裁活动具有管辖权。因此,当事人之间对于仲裁事项的约定必须尊重仲裁地法可仲裁事项的规定。若被视为不可仲裁事项的争议类型被规定在当事人之间的仲裁合同中,则该仲裁庭则对于该不可仲裁的事项不具有管辖权,根据该仲裁协议做出的仲裁裁决也无法被承认与执行。与此同时,由于我国海事仲裁案件均由海事仲裁机构受理,因此,我国海事仲裁机构的受案范围对于海事仲裁庭的管辖权也具有实质性的影响。除此之外,一国的公共政策、区际跨国公约等国际法规则会对仲裁庭的管辖权产生深远影响。⑤

---

① Julian D. M. Lew. Application Law in International Commercial Arbitration – A Study in Commercial Arbitration Awards, 1st Edition, 57, Oceana Publications, Inc. 转引自高菲. 中国海事仲裁的理论与实践. 北京:中国人民大学出版社,1997年,第200页。

② 杨良宜. 国际商务仲裁. 北京:中国政法大学出版社,1997年,第70—71页;宋连斌. 国际商事仲裁管辖权研究. 北京:法律出版社,2000年,第61页;李双元、谢石松. 国际民事诉讼法概论. 武汉:武汉大学出版社,2001年,第531页。

③ 刘晓红. 国际商事仲裁协议的法理与实证. 北京:商务印书馆,2005年,第94—95页;李圣敬. 国际经贸仲裁法实务. 吉林:吉林人民出版社,2003年,第166—172页。

④ 屈广清. 海事诉讼与海事仲裁法. 北京:法律出版社,2007年,第191页。

⑤ 其中比较典型的有《纽约公约》和欧盟有关仲裁的区际立法。

4. 仲裁管辖权的自裁原则和异议程序

（1）仲裁管辖权的自裁原则

在当事人对于仲裁庭或者仲裁庭与法院之间关于仲裁案件的管辖权产生争议之时，何种机构具有对于仲裁管辖权的最终决定权存在较大的理论争议。对于这一问题的不同观点主要有三种：法院决定论、仲裁庭自裁原则以及并行控制说。

首先，支持法院决定论的学者认为，仲裁案件的管辖权争议应当由法院决定，而不能由仲裁庭直接决定。[1] 在英国的1996年的新仲裁法案颁布之前，英国当时的仲裁实践以及法院判例即体现了此种决定仲裁庭管辖权的司法实践。与此同时，此学说也属于较为传统的流派。此种仲裁庭管辖权的司法实践虽然确保了司法裁判的一致性，但是，由于法院过多地干预了仲裁程序的过程，因此很容易导致法院侵害当事人之间将其争议提交仲裁的意思自治。[2] 与此同时，英国的 Harbour Assurance Co. v. Kansa General International Insurance Co. 等案例在当时也确定了仲裁员缺乏对仲裁管辖权做出决定的权力的判决。[3]

第二，实施仲裁庭自裁原则的国家或者地区认为，应当由仲裁庭本身对于仲裁管辖权进行自我裁决。仲裁的自裁原则是指仲裁庭自身具有对于仲裁管辖权相关事宜进行决定的权利而无需拒绝或者终止仲裁程序以等待法院对于仲裁案件管辖权做出裁定原则。[4] 由于仲裁管辖权来自于当事人之间的意思自治，因此，仲裁庭对于仲裁管辖权具有决定权便成为了当事人在委任仲裁员就其之间的争议进行仲裁的应有之义，而不应当由法院代行。[5]

自20世纪80年代该原则萌芽于欧洲大陆以来，仲裁的自裁原则得到了包括英国、德国、美国、法国、瑞士等国国内法的承认，并得到了包括国际商会仲裁庭等国际商事仲裁机构的认可。[6] 仲裁的自裁管辖原则不仅有利于确保仲裁庭的独立性，防止法院对于仲裁程序的过度干预，保障海事仲裁程序高效、持续地推进，也大幅度地减少了法院的积案现象，很大程度上消除了当事人的讼累。目前，仲裁的自裁原则已经成为现在国际商事仲裁法律制度中一项重要的原则。[7]

第三，也有国家对于仲裁管辖权的争议实施法院以及仲裁庭双重控制机制，即并行控制说。关于仲裁管辖权的并行控制学说认为，仲裁庭和法院对于海事仲裁争议案件的管辖权问题均有决定的权利，但是，法院对于该问题的认定具有终局性的效力。

仲裁管辖权的并行控制学说的引入为仲裁管辖权的实践带来了许多的便利。一方面，仲裁庭对于争议的海事仲裁案件的管辖权具有决定权，这不仅减少了法院对于仲裁程序的干预，还赋予了仲裁庭更多的自主权。另一方面，此种做法较好地维持了仲裁庭与法院之

---

[1] 谢石松. 商事仲裁法学. 北京：高等教育出版社，2003年，第204页；赵秀文. 国际商事仲裁法. 北京：中国人民大学出版社，2004年，第175—181页。
[2] 1989 Report of the Department of Trade and Industry's Advisory Committee on Arbitration Law.
[3] 案号：1 Lloyd's Law Rep. 455 (1993).
[4] 屈广清. 海事诉讼与海事仲裁法. 北京：法律出版社，2007年，第192页。
[5] 屈广清. 海事诉讼与海事仲裁法. 北京：法律出版社，2007年，第179页。
[6] 汪祖兴. 国际商会仲裁研究. 北京：法律出版社，2005年，第242—244页。
[7] 屈广清. 海事诉讼与海事仲裁法. 北京：法律出版社，2007年，第179页。

间私法权力和司法权力的平衡，在保障当事人意思自治的基础上，保障了仲裁程序中的司法监督，在必要的时候也能够为当事人提供法律救济。[①] 因此，法院对于商事仲裁庭的管辖争议决定权与仲裁庭管辖权自裁机制一起成为了并行控制原则制约下的仲裁庭自裁管辖原则的有机组成部分。[②] 现在，包括英国在内的世界上许多国家均采用的是此种仲裁管辖权的并行控制学说。[①]

（2）仲裁管辖权的异议程序

各国不同的仲裁立法和不同的国际海事仲裁机构的仲裁规则对于仲裁管辖权的异议程序的规定也不尽相同，本文将简要介绍英国、美国、法国、日本以及中国在这方面的仲裁规则以及仲裁实践。

①美国纽约海事仲裁员协会

《美国联邦仲裁法》第3条规定，任何争执，如果已经有提交仲裁的书面协议，而向美国法院提出诉讼，法院根据一方当事人的请求，并且查明争执可以依照仲裁协议提交仲裁后，如果请求人不违反仲裁程序，应当停止诉讼审理，到依照协议规定完成仲裁的时候为止。

与此同时，该法进一步规定，双方当事人签订了书面仲裁协议，对于对方不履行、拖延或者拒绝仲裁而受侵害的一方可以请求依照法律、衡平法或者海事法庭的法典的规定对争执引起的诉讼有管辖权的任何美国法院，命令依照协议规定进行仲裁。法院应当审问双方当事人，如果关于仲裁协议的签订或者违背一点没有异议，法院应当命令双方当事人依照协议规定进行仲裁，但是审问和其他程序必须在提出请求的地区进行。如果关于仲裁协议的签订或者违背一点有异议，法院应当进行审判。[③]

②法国巴黎海事仲裁院

《法国新民事诉讼法典》对于仲裁的管辖自裁原则做出了明确的规定。首先，该《法典》规定，当仲裁协议项下须交付仲裁的争议诉至法院，该法院应不予受理；若仲裁庭尚未受理该争议，法院同样应当拒绝管辖，除非仲裁协议显然属于无效；若当事人的一方或者多方向仲裁员质疑其总体管辖权限或者具体管辖范围，该仲裁员必须对其权限的有效性与范围做出决定。与此同时，2007年《法国巴黎海事仲裁院仲裁规则》规定，仲裁员有权判定海事仲裁员是否有权及有效受理某项争议，尤其是在仲裁协议或者包含该协议的合同的有效性以及仲裁管辖权等方面。[④]

③伦敦海事仲裁员协会

2012年《伦敦海事仲裁员协会仲裁规则》对于仲裁管辖异议的程序没有进行确切的规定，相关程序直接适用1996年《英国仲裁法》的相关规定。1996年《英国仲裁法》规

---

① 屈广清. 海事诉讼与海事仲裁法. 北京：法律出版社，2007年，第192页。
② 谢石松. 商事仲裁法学. 北京：高等教育出版社，2003年，第206页。
③ 《美国联邦仲裁法》第4条。
④ 2007年《法国巴黎海事仲裁院仲裁规则》第10条。该条文原文为：The arbitrator or arbitrators shall be judges of the competence of the Chambre Arbitrale Maritime and of whether it is validly seized of a matter; they are in particular entitled to adjudicate on the existence or the nature of the arbitration agreement or of the contract in which it may be included as well as on the limits of their jurisdiction.

定，除非当事人另有约定，仲裁庭和法院可决定有关仲裁庭实体管辖权的任何问题，即包括当事人之间是否存在有效的仲裁协议、仲裁庭是否适当组成以及按照仲裁协议等事项已提交仲裁。① 但是，法院对于有关仲裁庭实体管辖权的决定权不应考虑适用，除非经程序的其他当事人一致书面同意提出或经仲裁庭许可提出，且法院认为对问题的决定很可能实际上节省费用、申请未经迟延地提出，且该事项由法院决定具有合适的理由。②

与此同时，1996 年《英国仲裁法》规定，对于上述裁定，当事人可向法院就仲裁庭的实体管辖权对裁决提出异议任何有效的仲裁上诉或复审程序提出异议。③ 但是，根据该法第 70 条的规定，申请人必须首先用尽任何可资利用的仲裁上诉、追诉或复审程序、自仲裁裁决做出之日起或上诉人接到该程序结果的通知之日起 28 日内提出该异议申请，并根据法院的要求为申请或上诉费用提供担保。④

④东京海事仲裁委员会

2014 年《东京海事仲裁委员会仲裁规则》虽然对于仲裁管辖权的相关制度规定较少，但是《日本国仲裁法》对于仲裁的自裁原则做出了较为详细的规定。

《日本国仲裁法》规定，关于仲裁程序，法院仅在本法有规定的情况下，可以行使其权限；⑤ 就仲裁协议对象之民事上的争议提起诉讼时，受诉法院应根据被告的申请驳回起诉。⑥ 与此同时，仲裁庭可以对有关仲裁协议的存在和效力的主张或其自身的管辖权做出裁定；⑦ 仲裁程序中主张仲裁庭没有仲裁权限的，其原因事由是在仲裁程序进行过程中发生的应在其后立即提出，在其他情况下发生的，应在提出就本案的最初的书面主张时为止提出，但是，仲裁庭认为没有仲裁权限的主张的延迟有正当理由的，不在此限。⑧

仲裁庭收到上述申请的，应在仲裁庭认为自己具有管辖权的情况下，做出初步的独立的决定或裁决；或者在仲裁庭认为自己不具有管辖权的情况下，做出终止仲裁程序的决定。⑨ 仲裁庭做出了其具有管辖权的初步的独立的决定后，任何一方当事人均可在收到该决定之日起 30 日内向法院申请对仲裁庭的管辖权问题做出裁定。在该情况下，即使在该申请所涉及的案件正由法院审理的情况下，该仲裁庭仍可以继续进行仲裁程序，并且做出仲裁裁决。⑩

⑤中国海事仲裁委员会

《中华人民共和国仲裁法》第 20 条规定，当事人对仲裁协议的效力有异议的，可以请求仲裁委员会做出决定或者请求人民法院做出裁定；一方请求仲裁委员会做出决定，另一

---

① 1996 年《英国仲裁法》第 30 条，第 32 条第 1 款。
② 1996 年《英国仲裁法》第 32 条。
③ 1996 年《英国仲裁法》第 30 条第 2 款、第 67 条第 1 款。
④ 1996 年《英国仲裁法》第 70 条。
⑤ 《日本国仲裁法》第 4 条。
⑥ 《日本国仲裁法》第 4、8、14 条。
⑦ 《日本国仲裁法》第 23 条第 1 款。
⑧ 《日本国仲裁法》第 23 条第 2 款。
⑨ 《日本国仲裁法》第 23 条第 4 款。
⑩ 《日本国仲裁法》第 23 条第 5 款。

方请求人民法院做出裁定的，由人民法院裁定；当事人对仲裁协议的效力有异议，应当在仲裁庭首次开庭前提出。因此，根据我国现行国内仲裁立法的规定，我国对于仲裁管辖权做出决定的有权机关为人民法院和仲裁委员会，而非人民法院和仲裁庭。而且，在上述仲裁管辖权异议规则中，人民法院的决定权往往优于仲裁庭的决定权。[①] 我国《仲裁法》的上述规定体现了我国仲裁国内立法在现阶段仍未正式承认仲裁的自裁原则。我国《仲裁法》对于仲裁的自裁原则的态度引起了国内外法学界和仲裁实务界的广泛讨论。[②] 与此同时，将仲裁管辖权的决定权赋予履行仲裁案件管理的行政职能的仲裁机构而非进行仲裁案件审理的仲裁庭也不符合国际商事海事仲裁的实践惯例。[③]

但是，值得注意的是，2014年《中国海事仲裁委员会仲裁规则》规定，"仲裁委员会有权对仲裁协议的存在、效力以及仲裁案件的管辖权做出决定。如有必要，仲裁委员会也可以授权仲裁庭做出管辖权决定；仲裁委员会依表面证据认为存在有效仲裁协议的，可根据表面证据做出仲裁委员会有管辖权的决定，仲裁程序继续进行。仲裁委员会依表面证据做出的管辖权决定并不妨碍其根据仲裁庭在审理过程中发现的与表面证据不一致的事实及/或证据重新做出管辖权决定"。[④] 可以看出，新近修订的《中国海事仲裁委员会仲裁规则》更为全面地采用了国际上通行的仲裁自裁原则的相关做法与规定。虽然我国《仲裁法》的相关制度仍未放开，但是我国海事仲裁实践中在管辖权相关的仲裁实践已经逐渐借鉴国际商事海事仲裁实践标准并与之接轨。

（二）海事仲裁的可仲裁性以及受案范围

1. 可仲裁性的概念和立法例

可仲裁性是指仲裁协议中约定的仲裁事项能够以仲裁作为其纠纷解决方式以解决纠纷的性质。纵观各国际海事仲裁机构的相关规定，各大国际海事仲裁机构对于海事仲裁的可仲裁性和受案范围均进行了规定，其规则风格主要可以分为详尽列举、原则性规定以及参照仲裁立法几种类型。

（1）详尽列举型

部分国际海事仲裁机构将其受理的海事仲裁争议类型进行了详细的列举，其中比较有代表性的有法国巴黎海事仲裁员和中国海事仲裁委员会。法国巴黎海事仲裁院（Chambre Arbitrale Maritime de Paris，简称 CAMP）作为世界上最有影响力和国际知名度的仲裁机构之一，其《2007年法国巴黎海事仲裁院仲裁规则》[⑤] 规定，法国巴黎海事仲裁院的海事仲裁受案范围为：与海洋开发、航海、海上运输领域相关的争议；与商船、渔船、游船、海

---

① 详见《最高人民法院关于确认仲裁协议效力几个问题的批复》，1998年10月21日。
② 韩健．轮国际商事仲裁协议的管辖权异议提出的时限和对该异议做出决定的权力归属问题——兼评我国〈仲裁法〉中的有关规定．仲裁与法律通讯，2000年第1期；屈广清．海事诉讼与海事仲裁法．北京：法律出版社，2007年，第192页。
③ 赵健．国际商事仲裁的司法监督．北京：法律出版社，2000年，第102页。
④ 2014年《中国海事仲裁委员会仲裁规则》第6条。
⑤ 详见：http://www.simic.net.cn/upload/2007-11/20071127095446082.pdf ［2015年5月15日］。

上离岸平台及其设施与器具以及船上设备的租赁、修造、销售相关的争议；海上保险争议；船舶经营争议；海上货运与多式联运经营争议；海上伤亡事故以及与前述各项直接或者间接相关的活动引发的争议。① 与此同时，中国海事仲裁委员会修订的 2014 年《中国海事仲裁委员会仲裁规则》对于其受理的案件类型进行了概括与详尽的列举，彰显了其海事仲裁的专业优势。

（2）原则性规定型

除了详尽列举的做法之外，一些国际海事仲裁机构选择对于其所受理的海事仲裁该案件争议类型做原则性规定的做法。伦敦海事仲裁员协会即采用了此种做法。

2012 年《伦敦海事仲裁员协会仲裁规则》（简称《仲裁规则》）第 3 条规定，依据本规则进行仲裁的目的是使海事争议和其他能通过一个公正的仲裁庭在避免不必要的延误和费用的前提下得到公平解决。与此同时，该《仲裁规则》第 10 条规定，除非当事人另有约定，仲裁庭对在作为仲裁事项的交易下所引起的或与作为仲裁事项的交易相关的所有争议具有管辖权，且每一方当事人在仲裁庭做出裁决书之前，仍可以将仲裁程序开始之后产生的进一步争议提交仲裁庭裁判。

因此，从上述规定可以看出，伦敦海事仲裁员协会的受案范围非常广泛，既没有规定相关海事争议合同的类型，也没有规定对于相应争议标的种类和金额的要求。但是，上述伦敦海事仲裁员协会的原则性规定使其海事仲裁受案范围非常开放，包含了海事争议的方方面面。但是，值得注意的是，并非所有的海事争议都含有仲裁条款且适用海事仲裁制度解决。例如，在船舶买卖融资安排以及海上保险单等争议发生时，多适用法院诉讼而非海事仲裁进行裁决。②

（3）依据仲裁立法型

还有一些国际海事仲裁机构本身对于自己受理的海事仲裁争议类型没有规定，而直接依据仲裁地相关法律规定适用本国仲裁法，其中比较有代表性的是日本东京海事仲裁委员会。

日本海运集会所是日本唯一专门处理国际海事争议仲裁案件的常设机构，其海事仲裁案件一般由其下设的东京海事仲裁委员会代为审理。《2014 年东京海事仲裁委员会仲裁规则》③ 则另辟蹊径，简单规定在日本海运集会所进行的所有仲裁均可适用其《仲裁规则》。根据《日本国仲裁法》④，当事人之间除了"可以进行和解的民事上的争议（消费者与企业之间的争议、涉及个体劳动者的劳动争议以及离婚或分居争议除外）"均可进行仲裁。⑤

与此同时，2003 年《美国纽约海事仲裁员协会仲裁规则》虽然没有对其受案范围做

---

① 《2007 年法国巴黎海事仲裁院仲裁规则》第 1 条。

② Hill Taylor Dickinson. Maritime Arbitration in London. The International Comparative Legal Guide (ICLG) to International Arbitration 2005, Chapter 6, 30 – 31. 转引自：屈广清. 海事诉讼与海事仲裁法. 北京：法律出版社, 2007 年, 第 195 页。

③ 详见: http://www.jseinc.org/en/tomac/arbitration/ordinary_rules.html [2015 年 10 月 7 日]。

④ 平成十五年八月一日法律第 138 号。详见：http://www.cietac.org.cn/magzine/95 – 12.shtml [2015 年 10 月 8 日]。

⑤ 《日本国仲裁法》第 13 条、附则第 3—4 条。

出规定，但该海事仲裁机构受理的海事仲裁案件适用《美国联邦仲裁法》的相关规定。根据《美国联邦仲裁法》，本法案所谓"海事"是指如果发生争执，属于海事法庭管辖权之内的租船契约、海洋运输工具的提单、关于码头设备、供给船只用品或者船只修理的协议、碰撞和其他对外贸易方面的事务；但是本法案对海员、铁路员工和服务于对外贸易或者各州间贸易的各种工人的雇佣契约都不适用。[①]

2. 我国国内立法关于海事仲裁范围的规定

《中华人民共和国仲裁法》的第 2 条规定："平等主体的公民、法人和其他组织之间发生的合同纠纷和其他财产权益纠纷，可以仲裁。"因此，海事仲裁必须发生在平等主体、法人和其他组织之间，并且，海事仲裁的范围不能够超越合同纠纷以及财产权益纠纷的范围。与此同时，《仲裁法》第 3 条规定："婚姻、收养、监护、扶养、继承纠纷以及依法应当由行政机关处理的行政争议"不能仲裁。除此之外，《仲裁法》第 77 条还规定："劳动争议和农业集体经济组织内部的农业承包合同纠纷的仲裁，另行规定。"因此，可以认为我国海事仲裁的范围为平等主体的公民、法人和其他组织之间发生的与海事运输关系相关的合同纠纷以及其他财产权益纠纷。

根据《中国海事仲裁委员会仲裁规则》相关规定，我国海事仲裁委员会受理的海事争议除了仅由海事法院受理的财产保全及证据保全案件及执行裁决和判决等专属管辖案件之外，[②] 基本与我国海事法院的海事争议受理范围一致。[③]

与此同时，由于我国海事仲裁案件的受理机构仅有中国海事仲裁委员会，且海事临时仲裁制度尚未得到立法确认，因此，除了我国当事人到国外进行审理的海事仲裁案件，中国海事仲裁委员会的受案范围即是我国海事仲裁该案件可仲裁的范围。在我国，中国国际经济贸易仲裁委员会和中国海事仲裁委员会是中国国际商会下设的两个仲裁中心，各有分工。一般而言，中国国际经济贸易仲裁委员会负责受理国际经济贸易案件，中国海事仲裁委员会受理有关海事争议案件。因此，中国海事仲裁委员会一般不受理经济贸易相关的案件，除非该案件的主要争议为海事争议。

（三）海事仲裁的法律适用

海事仲裁的法律适用的问题实际上就是适用哪国法律审理海事仲裁案件、处理海事争议的问题。一般认为，海事仲裁协议适用的法律和海事仲裁事项适用的法律应当区别看待。[④] 海事仲裁协议的法律适用遵循当事人意思自治为主、最密切联系原则为辅的判定标准。[⑤] 因此，若当事人之间对于仲裁协议的法律适用存在事先约定，则判断海事仲裁该协议的有效性优先适用当事人约定的准据法；但是，如果当事人未就海事仲裁协议的法律适用做出约定或者约定不明，则应适用与仲裁协议具有最密切联系的国家的法律。

---

① 《美国联邦仲裁法》第 1 条。
② 《中华人民共和国海事诉讼特别程序法》第 4 条、第 7 条。
③ 高菲. 中国海事仲裁的理论与实践. 北京：中国人民大学出版社，1997 年，第 202 页。
④ 谢石松. 商事仲裁法学. 北京：高等教育出版社，2003 年，第 160 页。
⑤ 屈广清. 海事诉讼与海事仲裁法. 北京：法律出版社，2007 年，第 187 页。

与此同时,在海事仲裁可仲裁性,即仲裁事项的法律适用方面,我国海事仲裁的仲裁员将适用当事人意思自治原则,即在不违反仲裁地和仲裁裁决执行地的强行法和公共政策的前提下最大限度地尊重当事人自行确定的法律适用选择。除此之外,在国际海事仲裁当事人的行为能力方面,其法律适用规则与上述法律规则不同,应当依据国际民事诉讼法的相关规定进行确认。因此,当事人若为自然人的,其行为能力应当适用属人法或者仲裁协议缔结地法;当事人若为法人的,其行为能力应适用该法人成立时所依据的法律进行判定。①

六、海事仲裁规则

(一) 海事仲裁的基本原则和基本程序

1. 海事仲裁的基本原则

海事仲裁制度起源于商业社会的纠纷解决实践,历经上百年的制度演化和完善,逐渐形成了几项基本原则,其中包括当事人意思自治原则,或裁或审原则、一裁终局原则。

(1) 当事人意思自治原则

当事人意思自治原则是指仲裁协议的签订必须是当事人的自由意志的产物,若当事人之间的仲裁协议不是当事人自身真实的意思表示,则该仲裁协议将会归于无效。

(2) 或裁或审原则

或裁或审原则是指如果当事人之间存在合法有效的海事仲裁协议,那么当海事纠纷当事人中的一方违反仲裁协议的规定,向法院提出诉讼请求时,法院在尊重当事人之间合法有效的海事仲裁协议的基础之上驳回当事人的起诉,并让当事人通过仲裁解决其海事纠纷。《中华人民共和国民事诉讼法》第257条规定:"经中华人民共和国涉外仲裁机构裁决的,当事人不得向人民法院起诉。一方当事人不履行仲裁裁决的,对方当事人可以向被申请人住所地或者财产所在地的中级人民法院申请执行。"

(3) 一裁终局原则

一裁终局原则是指合法有效的海事仲裁裁决对于海事仲裁的当事人具有终局性的约束效力,若仲裁协议以及仲裁程序不存在瑕疵,则当事人不得再就同一争议向法院起诉寻求救济。《中华人民共和国仲裁法》第9条规定:"仲裁实行一裁终局的制度,裁决做出后,当事人就同一纠纷再申请仲裁或者向人民法院起诉的,仲裁委员会不予受理。"《最高人民法院关于西恩服务公司请求法院确认其与沧州干成钢管股份有限公司签订的ZX090201—08〈购销合同〉中仲裁协议效力无效一案的请示的复函》②指出,该案中仲裁条款关于"争议……提交中国国际贸易促进委员会对外贸易仲裁委员会,根据该会仲裁程序暂行规定进行仲裁。若一方不服裁决,则再由新加坡国际仲裁法(应为仲裁协会,原条款有误)

---

① 屈广清. 海事诉讼与海事仲裁法. 北京:法律出版社,2007年,第187页。
② 最高人民法院关于西恩服务公司(Yxen Service Inc.)请求法院确认其与沧州干成钢管股份有限公司签订的ZX090201—08《购销合同》中仲裁协议效力无效一案的请示的复函,2012年8月16日,〔2012〕民四他字第39号。

按照该会仲裁程序的有关规定进行仲裁"的约定方式既没有约定仲裁协议适用的法律，也没有约定仲裁地……违反了……'一裁终局'的原则……仲裁协议无效"。与此同时，在扬州芯际半导体有限公司与南京凯盛建设集团有限公司申请确认仲裁协议效力纠纷申请案①中，江苏省扬州市中级人民法院认为，"双方未将仲裁作为解决其相互间争议的唯一方式和最终方式，实际上是将仲裁约定为诉讼的前提条件……仲裁协议应属无效"。然而，此类案件也存在不同的判决结果。浙江绿野汽车有限公司等诉上海慧谷多高资讯工程有限公司建设工程施工合同纠纷案②中，虽然当事人约定了"先仲裁，'如仲裁不成'可以向人民法院申请上诉"的二层机制③，但浙江省绍兴市中级人民法院却认为："该约定明确表明，双方如果发生争议，首选协商，协商不成，提交仲裁，仲裁不成，再提起诉讼，即上述约定具有递进关系，并非'或裁或审'，因此不属于上述法条规定的无效情形。"

2. 海事仲裁的基本程序

虽然各个国家的国内海事仲裁立法各有不同，但是由于海事仲裁制度具有较高的国际性，国际海事仲裁程序主要包含四个不同的阶段，即受理、组庭、开庭审理和裁决阶段。与此同时，由于临时仲裁的仲裁程序的不确定性较高，且尚未被我国法律所承认，因此本部分主要将对海事机构仲裁的基本程序进行分析。

（1）海事仲裁案件的受理

海事机构仲裁程序的启动是以当事人向海事仲裁机构提交仲裁申请书以及案件相关材料为标志的。若接受海事纠纷案件材料的仲裁委员会或者仲裁院认为当事人提交的案件材料齐备、当事人之间的海事争议符合该仲裁机构仲裁规则以及法律法规的要求，即可受理该仲裁案件；随后进行的相关行政程序依据不同海事仲裁机构的相关规定而会有所不同。《中华人民共和国仲裁法》（简称《仲裁法》）规定：仲裁委员会收到仲裁申请书之日起5日内，认为符合受理条件的，应当受理，并通知当事人；认为不符合受理条件的，应当书面通知当事人不予受理，并说明理由。仲裁委员会受理仲裁申请后，应当在仲裁规则规定的期限内将仲裁规则和仲裁员名册送达申请人，并将仲裁申请书副本和仲裁规则、仲裁员名册送达被申请人。被申请人收到仲裁申请书副本后，应当在仲裁规则规定的期限内向仲裁委员会提交答辩书。仲裁委员会收到答辩书后，应当在仲裁规则规定的期限内将答辩书副本送达申请人。被申请人未提交答辩书的，不影响仲裁程序的进行。④ 除此之外，当事人还应当按照仲裁机构的要求履行按时缴交仲裁费用等义务；若当事人需要提出财产保全

---

① 2012年3月15日，(2012)扬民仲审字第32号。该案的仲裁条款为："争议解决方法：因执行本合同所发生的或者与本合同有关的一切争执，双方先进行协商解决，协商不成的情况下，可向项目工程所在地仲裁委员会申请仲裁。如不服仲裁结果，应在15日内向工程所在地法院起诉。"

② 2014年3月25日，(2014)浙绍民终字第373号。

③ 该案仲裁条款为："本合同在履行过程中发生争议，由双方当事人协商解决或邀请第三方调解。协商或调解不成，双方约定：（一）向上虞仲裁委员会或绍兴仲裁委员会申请仲裁；（二）其他解决方式：如仲裁不成，可向上虞市人民法院申请上诉。"

④ 《中华人民共和国仲裁法》第24条、第25条。

的以及委托律师的，也应当在这个环节开始进行。①

（2）海事仲裁庭的组成

在仲裁庭组庭阶段，海事纠纷的双方当事人均应在仲裁机构指定的期限内确定其任命的仲裁员人选。《仲裁法》规定："仲裁庭可以由三名仲裁员或者一名仲裁员组成。由三名仲裁员组成的，设首席仲裁员。当事人约定由三名仲裁员组成仲裁庭的，应当各自选定或者各自委托仲裁委员会主任指定一名仲裁员，第三名仲裁员由当事人共同选定或者共同委托仲裁委员会主任指定。第三名仲裁员是首席仲裁员。"② 但是，《仲裁法》第31条第2款规定，若"当事人约定由一名仲裁员成立仲裁庭的，应当由当事人共同选定或者共同委托仲裁委员会主任指定仲裁员"。③与此同时，若"当事人没有在仲裁规则规定的期限内约定仲裁庭的组成方式或者选定仲裁员的，由仲裁委员会主任指定"。④ 此外，仲裁庭组成后，仲裁委员会应当将仲裁庭的组成情况书面通知当事人。⑤

申请仲裁员回避是当事人在仲裁庭组庭阶段的一项重要权利。《仲裁法》第34条规定，若仲裁员存在私自会见当事人、代理人，接受当事人、代理人的请客送礼，与本案当事人或者当事人、代理人存在近亲属关系或利害关系，或者存在可能影响公正仲裁的情形时，当事人有权提出回避申请；且情形严重的仲裁员应当承当相应的法律责任⑥。但是，当事人提出回避申请，应当说明理由，在首次开庭前提出。回避事由在首次开庭后知道的，可以在最后一次开庭终结前提出。⑦ 但是，被申请回避的仲裁员是否应当回避的决定并非由当事人做出。《仲裁法》规定："仲裁员是否回避，由仲裁委员会主任决定；仲裁委员会主任担任仲裁员时，由仲裁委员会集体决定。与此同时，仲裁员因回避或者其他原因不能履行职责的，应当依照本法规定重新选定或者指定仲裁员。因回避而重新选定或者指定仲裁员后，当事人可以请求已进行的仲裁程序重新进行，是否准许，由仲裁庭决定；仲裁庭也可以自行决定已进行的仲裁程序是否重新进行。"⑧

（3）海事仲裁案件的开庭审理

仲裁委员会应当在仲裁规则规定的期限内将开庭日期通知双方当事人。但是，当事人若确有困难，不能在所定的开庭日期到庭，则可以在仲裁规则规定的期限内向仲裁庭提出延期开庭请求，是否准许，由仲裁庭决定。申请人经书面通知，无正当理由不到庭或未经仲裁庭许可中途退庭的，视为撤回仲裁申请。被申请人经书面通知，无正当理由不到庭或者未经仲裁庭许可中途退庭的，仲裁庭可以缺席裁决。在庭审过程中，当事人在仲裁过程

---

① 《中华人民共和国仲裁法》第26—29条。
② 《中华人民共和国仲裁法》第30条、第31条。
③ 《中华人民共和国仲裁法》第31条。
④ 《中华人民共和国仲裁法》第32条。
⑤ 《中华人民共和国仲裁法》第33条。
⑥ 《中华人民共和国仲裁法》第38条。
⑦ 《中华人民共和国仲裁法》第35条。
⑧ 《中华人民共和国仲裁法》第36条、第37条。

中有权进行辩论、要求进行鉴定、申请证据以及财产保全。辩论终结时,首席仲裁员或者独任仲裁员应当征询当事人的最后意见。①

当事人申请仲裁后,有自行和解的权利。达成和解协议的,可以请求仲裁庭根据和解协议做出裁决书,也可撤回仲裁申请。在庭审过程中,若双方当事人自愿调解的,可在仲裁庭主持下先行调解。调解成功的,仲裁庭依据已达成的调解协议书制作调解书,当事人可以要求仲裁庭根据调解协议制作裁决书。调解不成的,则由仲裁庭及时做出裁决。仲裁庭对专门性问题认为需要鉴定的,可以交由当事人共同约定的鉴定部门鉴定,也可以由仲裁庭指定的鉴定部门鉴定,鉴定费用由当事人预交。②

(4) 海事仲裁裁决

在仲裁程序的开庭审理阶段告一段落之后,仲裁员应当就海事仲裁案件中的争议事项做出海事仲裁裁决。根据我国《仲裁法》规定,海事仲裁裁决应当按照多数仲裁员的意见做出,少数仲裁员的不同意见可以记入笔录。仲裁庭不能形成多数意见时,裁决应当按照首席仲裁员的意见做出。③ 当事人协议不愿仲裁员在裁决书写明争议事实和裁决理由的,可以不写。裁决书由仲裁员签名,加盖仲裁委员会印章。对裁决持不同意见的仲裁员,可以签名,也可以不签名。④ 与此同时,仲裁庭仲裁纠纷时,其中一部分事实已经清楚,可以就该部分先行裁决;且裁决书自做出之日起发生法律效力。⑤ 在收到裁决书后的30日内,当事人有权对裁决书中的文字、计算错误或者遗漏的事项申请仲裁庭补正。⑥

(二) 国际海事仲裁中心规则——以伦敦海事仲裁员协会为例

根据相关数据统计,世界上每年发生的海事争议当中的绝大部分都是在伦敦进行仲裁程序。2000年前后,伦敦海事仲裁员协会(LMAA)接受指定的仲裁案件就多达3 000件。⑦ 在伦敦进行的海事仲裁,除了依据《劳合社海事救助标准格式合同》进行的海难救助仲裁之外,通常都依据《伦敦海事仲裁协会仲裁规则》进行仲裁。实际上,当海事纠纷当事人指定由伦敦海事仲裁员协会的全职会员进行仲裁时,该海事仲裁案件将自动适用《伦敦海事仲裁协会仲裁规则》进行仲裁。

伦敦海事仲裁员协会的现行仲裁规则包含三个规则文件,即《2012年伦敦海事仲裁协会仲裁规则》《2012年伦敦海事仲裁员协会小额索赔程序规则》以及《伦敦海事仲裁员协会快速与低收费规则》。除此之外,伦敦海事仲裁员协会还有《伦敦海事仲裁员协会调解规则》《波罗的海国际航运理事会/伦敦海事仲裁员协会仲裁条款》等纠纷解决规则。

---

① 《中华人民共和国仲裁法》第39—47条。
② 《中华人民共和国仲裁法》第49—52条。
③ 《中华人民共和国仲裁法》第53条。
④ 《中华人民共和国仲裁法》第54条。
⑤ 《中华人民共和国仲裁法》第55条、第57条。
⑥ 《中华人民共和国仲裁法》第56条。
⑦ The number of appointments from 1993 to 2001, in chronological order. Maritime Advocate, 20 May 2002.

本文将以《2012年伦敦海事仲裁协会仲裁规则》①为蓝本阐述伦敦海事仲裁规则的原则和制度。

1. 仲裁规则的适用

在当事人同意适用本规则的情况下，本规则适用于仲裁协议。特别是在当事人将争议提交给由协会全职会员担任的独任仲裁员，或者由当事人指定的两名原始仲裁员都是协会全职会员，除非双方当事人已经或将另有约定；和独任仲裁员或两名原始仲裁员的指定均基于《伦敦海事仲裁员协会仲裁规则》适用于该仲裁员的指定的两种情况中，当事人应被视为已经同意适用《伦敦海事仲裁员协会仲裁规则》。与此同时，除非当事人另有约定，所有适用该规则的仲裁程序的当事人都视为同意适用于他们之间的仲裁协议的准据法为英国法以及仲裁地在英格兰。如果仲裁地不在英格兰和威尔士，该规则的条款仍适用于仲裁程序，除非适用于仲裁协议的法律另有强制性规定。②

2. 仲裁庭

根据《伦敦海事仲裁员协会仲裁规则》，海事仲裁庭默认为由三名仲裁员组成；各方当事人各指定一名仲裁员，上述两名仲裁员可以在任何实质开庭程序之前的任何时间指定第三名仲裁员，或者在他们不能就任何仲裁事项达成一致时立刻指定第三名仲裁员；如果这两名仲裁员在不能达成一致意见，根据任何一名仲裁员或一方当事人的请求，由主席指定第三名仲裁员；除非当事人另有约定，第三名仲裁员应担任首席仲裁员；第三名仲裁员被指定后，决定、命令和裁决应依全体或多数仲裁员的意见做出；如果仲裁庭不能达成全体一致的意见或多数意见，则仲裁程序中的相关决定、命令或裁决地做出以第三名仲裁员的意见为准；在第三名仲裁员被指定之前或者第三名仲裁员的席位出现空缺时，如果两名原始仲裁员就任何仲裁事项达成一致，则他们有权就该仲裁事项做出决定、命令和裁决。与此同时，伦敦海事仲裁庭还可以由两名仲裁员和一名公断人组成。在此种情况下，决定、命令和裁决应由两名原始仲裁员做出，除非并直至他们不能就某一仲裁事项达成一致。在这种情况下，他们应立即书面通知当事人和公断人，由公断人代替两名原始仲裁员行使仲裁庭权力，如同独任仲裁员一样做出决定、命令和裁决。③

《伦敦海事仲裁员协会仲裁规则》还对仲裁庭的权力做出了详细的规定。仲裁庭可以指令当事人未经仲裁庭同意不得在任何争议事项上聘请专家或者提交、限制当事人聘请专家证人的人数或专家证人提交报告的篇幅；与此同时，如果在两个或两个以上的仲裁案件中涉及共同的事实或法律问题，仲裁庭可以指令对这两个或两个以上的仲裁案件合并处理，如仲裁庭指令开庭的，则可以合并开庭审理。仲裁庭做出这类命令后，为实现仲裁的公平、经济和快捷，还可以做出文件披露、就证据进行发表和辩论以及在其认为合适的

---

① 则适用于自2012年1月1日或之后开始的仲裁程序。就仲裁程序何时被提起的认定应适用1996年仲裁法第14条的规定。
② 《伦敦海事仲裁员协会仲裁规则》第5条、第6条。
③ 《伦敦海事仲裁员协会仲裁规则》第8条、第9条。

情况下中止该当事人的仲裁请求事项审理或中止其中一部分的请求事项审理的指令。①

仲裁庭可以根据案件的实际情况在任何阶段决定召开预备会议，以使当事人和仲裁庭有机会共同审查案件的进展，并就下一步开庭准备及开庭方式尽可能达成协议；并且，如果协议不能达成，仲裁庭可以做出其认为适当的指令。在复杂案件中，一般是需要举行5日以上庭审的案件，应召开预备会议。在特殊情况下，可以召开一次以上的预备会议。在所有预备会议（无论是仲裁庭要求召开还是当事人申请召开的）召开前，都应先由当事人的代理人进行讨论，以明确需要与仲裁庭进行商议的有关事项，并就可能要求仲裁庭做出的指令尽可能达成协议，以及拟定将提交给仲裁庭批准或决定的事项议程。②

与此同时，在仲裁庭的管辖权方面，《伦敦海事仲裁员协会仲裁规则》规定，无论仲裁协议如何约定仲裁员的指定，仲裁庭对在作为仲裁事项的交易下所引起的或与作为仲裁事项的交易相关的所有争议具有管辖权，且每一方当事人在仲裁庭做出裁决书（或最后一个裁决书，如果一个仲裁中存在几个裁决书）之前，仍有权将仲裁程序开始之后产生的进一步争议提交仲裁庭裁判，除非当事人另有约定。该争议在仲裁中何时处理及如何处理应由仲裁庭自由裁量。③

在海事仲裁的费用负担方面，如果仲裁庭认为在仲裁任何阶段发生了不必要的费用，仲裁庭可以根据一方当事人的申请或在给予双方当事人合理的陈述机会后自行对相关的各项费用的承担责任做出决定。不必要的费用可能在这些情况下产生，比如，不恰当地向仲裁庭申请，或对一方的恰当申请做出的不恰当的反对或不必要的交流，过量的复印或重复交流。仲裁庭可以命令立即评定这些费用的数额并命令当事人立即支付。④

根据《2012年伦敦海事仲裁协会仲裁规则》的相关规定，一般情况下，伦敦海事仲裁的费用包括仲裁员的指定费、中期费用、预约费、为裁决费用的担保费用、食宿费等费用。⑤ 有关应支付给仲裁庭的费用及其他相关事项的条款规定在《2012年伦敦海事仲裁协会仲裁规则》附件一之中。除非附件一或本规则另有规定，当事人负有支付仲裁庭费用和开支的连带责任。仲裁员或公断人有权在附件一第（C）条规定的情形下辞职。⑥ 如果案件在仲裁过程中因故中止审理，仲裁庭有权获得中间支付，就其已发生的费用和开支适当扣除已支付的预约费用后要求当事人平均分摊或根据仲裁庭的指令支付。⑦

3. 仲裁程序

（1）证据

仲裁庭有权决定所有程序问题和证据问题，但仲裁庭可以在合适的情况下，考虑当事人对此类事项已达成的协议。如当事人之间未达成协议，仲裁庭将决定是否以及在多大程

---

① 《伦敦海事仲裁员协会仲裁规则》第14条。
② 《2012年伦敦海事仲裁协会仲裁规则》第15条。
③ 《2012年伦敦海事仲裁协会仲裁规则》第10条。
④ 《2012年伦敦海事仲裁协会仲裁规则》附件二第18条。
⑤ 《2012年伦敦海事仲裁协会仲裁规则》附件一。
⑥ 《2012年伦敦海事仲裁协会仲裁规则》第11条。
⑦ 《2012年伦敦海事仲裁协会仲裁规则》第18条。

度上应提交口头的或书面的证据或陈述。但当事人应尽可能在仲裁初期达成是否仅进行书面审理（即不开庭审理）或进行开庭审理的协议。①

（2）披露

除非当事人之间有任何具体约定或由仲裁庭做出的决定，当事人在任何阶段都有权要求对方披露他们认为有关的但先前未披露的文件。如果当事人希望向仲裁庭提交证明文件，该当事人必须与仲裁庭确认仲裁庭是否在该阶段愿意接受所有或部分证明文件。如果一方当事人要求在陈述送达前获得某些文件的披露，则必须经另外一方当事人的同意，如果双方未达成一致，该当事人应向仲裁庭提交书面申请，说明双方对有关问题的不同立场。② 通常情况下，一方当事人仅需披露该方所依赖的，或不利于该方主张的文件，以及或支持或影响对方当事人主张的文件，且该披露的范围不会比法庭要求的更广泛。③

（3）裁决

做出裁决的准备时间的长短取决于案件具体情况。裁决一般应在程序结束之日起6周内做出。在开庭审理或书面审理结束时，在收到当事人提交的最后陈述后，如当事人询问，仲裁庭应尽量告知裁决书的做出时间。仲裁裁决应附具体理由，除非当事人另有约定。④

裁决一经做出后，仲裁庭应尽快书面通知当事人裁决已做出。⑤ 一方当事人在仲裁程序中是由律师或其他代理人代理时，则将所有通知或为仲裁程序之目的提交或送达的其他文件，以及仲裁庭做出或签署的决定、命令和裁决书送达给该律师或代理人应被视为有效送达当事人。⑥

在这之后，仲裁庭还享有主动或应当事人的申请纠正裁决书中的笔误、遗漏或计算的错误、依当事人的申请对裁决书中的某一特别问题或某一部分做出解释等纠正裁决错误或做出补充裁决的权力。⑦

如果仲裁庭认为有必要公布裁决书，并将其公布裁决书的意图通知了当事人，则除非一方或双方当事人在该通知送达之日起21日内向仲裁庭表示反对，裁决书可以根据协会不定期实施的安排予以公布。裁决书公布时应隐去当事人及其法定或其他代理人以及仲裁庭成员的身份。⑧

（4）和解

当事人有义务（a）在仲裁案件和解或以其他方式终止时立即通知仲裁庭；（b）在和解协议中对仲裁庭费用和开支的支付做出约定；（c）将当事人之间就如何支付仲裁庭尚未得到支付的费用和开支（例如，不包括在已付的预约费用之内的阶段性工作费用等）的

---

① 《2012年伦敦海事仲裁协会仲裁规则》第12条。
② 《2012年伦敦海事仲裁协会仲裁规则》附件二第8条。
③ 《2012年伦敦海事仲裁协会仲裁规则》附件二第9条。
④ 《2012年伦敦海事仲裁协会仲裁规则》第20条、第22条。
⑤ 《2012年伦敦海事仲裁协会仲裁规则》第23条。
⑥ 《2012年伦敦海事仲裁协会仲裁规则》第27条。
⑦ 《2012年伦敦海事仲裁协会仲裁规则》第25条。
⑧ 《2012年伦敦海事仲裁协会仲裁规则》第26条。

方式达成的协议通知仲裁庭。如果当事人在中间裁决做出之后达成了和解,亦负有以上相同的义务。仲裁庭得到当事人达成和解或任何事项终结的通知后,可以处置相关的文件。①

(三) 我国海事仲裁机构仲裁规则

1. 仲裁申请

仲裁程序自仲裁委员会仲裁院收到仲裁申请书之日起开始。② 当事人申请仲裁时应提交由申请人或申请人授权的代理人签名及/或盖章的仲裁申请书、相关证据材料以及证明文件,并按照仲裁委员会制定的仲裁费用表的规定预缴仲裁费。③ 仲裁委员会根据当事人在争议发生之前或在争议发生之后达成的将争议提交仲裁委员会仲裁的仲裁协议和一方当事人的书面申请,受理案件。④ 仲裁委员会受理案件后,仲裁委员会仲裁院应指定一名案件秘书协助仲裁案件的程序管理。

仲裁委员会仲裁院收到申请人的仲裁申请书及其附件后,经审查认为申请仲裁的手续完备的,应将仲裁通知、仲裁委员会仲裁规则和仲裁员名册、仲裁申请书及其附件各一份发送给双方当事人。仲裁委员会仲裁院经审查认为申请仲裁的手续不完备的,可以要求申请人在一定的期限内予以完备;否则视同申请人未提出仲裁申请。④被申请人应自收到仲裁通知后,根据仲裁通知中规定的期限提交答辩书。被申请人确有正当理由请求延长提交答辩期限的,由仲裁庭决定是否延长答辩期限;仲裁庭尚未组成的,由仲裁委员会仲裁院做出决定。被申请人未提交答辩书,不影响仲裁程序的进行。⑤

在仲裁案件的受理过程中,海事仲裁案件的当事人可以根据《仲裁规则》提出反请求、变更仲裁请求或反请求和追加当事人。⑥ 除了追加当事人的程序之外,若多个相互联系的海事案件中存在各案仲裁请求依据同一个仲裁协议提出《仲裁规则》等规定的情形且当事人同意合并仲裁,仲裁委员会可以决定将两个或两个以上的仲裁案件合并为一个仲裁案件进行审理。⑦ 当事人可以授权中国及/或外国的仲裁代理人办理有关仲裁事项。⑧

2. 保全及临时措施

在海事仲裁程序中,当事人可以申请的保全以及临时措施包括财产保全、证据保全、海事强制令、海事赔偿责任限制基金以及紧急性临时救济。

当事人申请海事请求保全、其他财产保全或者证据保全的,仲裁委员会应当将当事人的申请提交被申请人住所地,或其财产所在地的海事法院,或其他有管辖权的法院做出裁

---

① 《2012 年伦敦海事仲裁协会仲裁规则》第 16 条。
② 《中国海事仲裁委员会仲裁规则》第 11 条。
③ 《中国海事仲裁委员会仲裁规则》第 12 条。
④ 《中国海事仲裁委员会仲裁规则》第 13 条。
⑤ 《中国海事仲裁委员会仲裁规则》第 15 条。
⑥ 《中国海事仲裁委员会仲裁规则》第 16—18 条。
⑦ 《中国海事仲裁委员会仲裁规则》第 21 条。
⑧ 《中国海事仲裁委员会仲裁规则》第 22 条。

定；当事人在仲裁程序开始前申请海事请求保全、其他财产保全或者证据保全的，应当依照《中华人民共和国海事诉讼特别程序法》的规定或其他有关规定，直接向被保全的财产所在地，或者证据所在地海事法院，或其他有管辖权的法院提出。①

当事人申请海事强制令的，仲裁委员会应当将当事人的申请提交海事纠纷发生地的海事法院做出裁定；当事人在仲裁程序开始前申请海事强制令的，应当依照《中华人民共和国海事诉讼特别程序法》的规定，直接向海事纠纷发生地的海事法院提出。②

当事人申请设立海事赔偿责任限制基金的，仲裁委员会应当将当事人的申请提交事故发生地、合同履行地或者船舶扣押地海事法院做出裁定；当事人在仲裁程序开始前申请设立海事赔偿责任限制基金的，应当依照《中华人民共和国海事诉讼特别程序法》的规定，直接向事故发生地、合同履行地或者船舶扣押地的海事法院提出。③

根据所适用的法律或当事人的约定，当事人可以依据《中国海事仲裁委员会紧急仲裁员程序》向仲裁委员会仲裁院申请紧急性临时救济。紧急仲裁员可以决定采取必要或适当的紧急性临时救济措施。④ 紧急仲裁员的决定对双方当事人具有约束力；经一方当事人请求，仲裁庭依据所适用的法律或当事人的约定可以决定采取其认为必要或适当的临时措施，并有权决定由请求临时措施的一方当事人提供适当的担保。⑤

3. 仲裁员及仲裁庭

仲裁员不代表任何一方当事人，应独立于各方当事人，平等地对待各方当事人。当事人可以根据中国海事仲裁委员会制定仲裁员名册中选定或指定仲裁员，也可以自行约定在该名册之外选任仲裁员，当事人选定的或根据当事人约定指定的人士经仲裁委员会主任确认后可以担任仲裁员。⑥

仲裁庭由一名或三名仲裁员组成，但若当事人之间没有特别约定且《中国海事仲裁委员会仲裁规则》没有特别规定，仲裁庭由三名仲裁员组成。⑦ 根据《仲裁规则》，申请人和被申请人应各自在收到仲裁通知后15天内选定或委托仲裁委员会主任指定一名仲裁员；第三名仲裁员由双方当事人在被申请人收到仲裁通知后15天内共同选定或共同委托仲裁委员会主任指定。第三名仲裁员为仲裁庭的首席仲裁员。当事人未在上述期限内选定仲裁员以及首席仲裁员或委托仲裁委员会主任指定的，由仲裁委员会主任考虑争议的适用法律、仲裁地、仲裁语言、当事人国籍，以及仲裁委员会主任认为应考虑的其他因素进行指定。⑧

针对仲裁员的公正性和独立性问题，《仲裁规则》规定被选定或被指定的仲裁员应签

---

① 《中国海事仲裁委员会仲裁规则》第23条、第24条。
② 《中国海事仲裁委员会仲裁规则》第25条。
③ 《中国海事仲裁委员会仲裁规则》第26条。
④ 韩斯睿. 国际商事仲裁视角下的紧急仲裁员制度. 北京仲裁，第90辑。
⑤ 《中国海事仲裁委员会仲裁规则》第27条。
⑥ 《中国海事仲裁委员会仲裁规则》第28条、第30条。
⑦ 《中国海事仲裁委员会仲裁规则》第29、31、32条。
⑧ 《中国海事仲裁委员会仲裁规则》第32—34条。

署声明书，向仲裁委员会以及各方当事人书面披露可能引起对其产生公正性和独立性合理怀疑的任何事实或情况。① 当事人收到仲裁员的声明书或书面披露后或对被选定或被指定的仲裁员的公正性和独立性产生具有正当理由的怀疑时，可以以书面形式要求该仲裁员回避。但是，仲裁员是否回避，由仲裁委员会主任做出终局决定并可以不说明理由。而且，在仲裁委员会主任就仲裁员是否回避做出决定前，被请求回避的仲裁员应继续履行职责。②

《中国海事仲裁委员会仲裁规则》也对仲裁员的更换做出了详细的规定。仲裁员在法律上或事实上不能履行职责，或没有按照本规则的要求或在本规则规定的期限内履行应尽职责时，仲裁委员会主任有权决定将其更换；该仲裁员也可以主动申请不再担任仲裁员。但是，是否更换仲裁员，由仲裁委员会主任做出终局决定并可以不说明理由。之后，应按照原选定或指定仲裁员的方式在仲裁委员会仲裁院规定的期限内选定或指定替代的仲裁员；重新选定或指定仲裁员后，由仲裁庭决定是否重新审理及重新审理的范围。③

最后一次开庭终结后，如果三人仲裁庭中的一名仲裁员因死亡或被除名等情形而不能参加合议或做出裁决，另外两名仲裁员可以请求仲裁委员会主任按照第37条的规定更换该仲裁员；在征求双方当事人意见并经仲裁委员会主任同意后，该两名仲裁员也可以继续进行仲裁程序，做出决定或裁决。仲裁委员会仲裁院应将上述情况通知双方当事人。④

4. 海事仲裁的审理

除非当事人另有约定，仲裁庭可以按照其认为适当的方式审理案件。在任何情形下，仲裁庭均应公平和公正地行事，给予双方当事人陈述与辩论的合理机会；仲裁庭应开庭审理案件，但双方当事人约定并经仲裁庭同意或仲裁庭认为不必开庭审理并征得双方当事人同意的，可以只依据书面文件进行审理。仲裁庭可以在其认为适当的地点，以其认为适当的方式进行合议；当事人约定了开庭地点的，仲裁案件的开庭审理应当在约定的地点进行。⑤ 为实现仲裁的公平、经济和快捷，如果两个或多个仲裁案件涉及相同的事实或法律问题，在征求各方当事人意见后，仲裁庭经商仲裁委员会可以决定对两个或多个仲裁案件合并开庭。⑥

海事仲裁的申请人和被申请人应当出席仲裁开庭程序。申请人无正当理由开庭时不到庭的，或在开庭审理时未经仲裁庭许可中途退庭的，可以视为撤回仲裁申请；被申请人提出反请求的，不影响仲裁庭就反请求进行审理，并做出裁决；被申请人存在上述情况的，仲裁庭可以进行缺席审理并做出裁决；被申请人提出反请求的，可以视为撤回反请求。⑦ 与此同时，鉴于商事仲裁具有保密性，海事仲裁庭审理案件不应公开进行。双方当事人要

---

① 《中国海事仲裁委员会仲裁规则》第35条。
② 《中国海事仲裁委员会仲裁规则》第36条。
③ 《中国海事仲裁委员会仲裁规则》第37条。
④ 《中国海事仲裁委员会仲裁规则》第38条。
⑤ 《中国海事仲裁委员会仲裁规则》第39—40条。
⑥ 《中国海事仲裁委员会仲裁规则》第49条。
⑦ 《中国海事仲裁委员会仲裁规则》第43—44条。

求公开审理的,由仲裁庭决定是否公开审理;不公开审理的案件,双方当事人及其仲裁代理人、仲裁员、证人、翻译、仲裁庭咨询的专家和指定的鉴定人,以及其他有关人员,均不得对外界透露案件实体和程序的有关情况,但仲裁庭可以制作庭审笔录、庭审要点和影音记录供仲裁庭查用。①

当事人应对其申请、答辩和反请求所依据的事实提供证据加以证明,对其主张、辩论及抗辩要点提供依据。② 开庭审理的案件,证据应在开庭时出示,当事人可以质证;对于书面审理的案件的证据材料,或对于开庭后提交的证据材料且当事人同意书面质证的,可以进行书面质证。书面质证时,当事人应在仲裁庭规定的期限内提交书面质证意见。③ 在海事仲裁程序的证据交换、举证、质证过程中,仲裁庭在其认为必要时,有权进行调查取证。仲裁庭可以调查事实,收集证据;④ 也可以就案件中的专门问题向专家咨询或指定鉴定人进行鉴定。⑤

与此同时,双方当事人共同或分别请求中止仲裁程序,或出现其他需要中止仲裁程序的情形的,仲裁程序可以中止;中止程序的原因消失或中止程序期满后,仲裁程序恢复进行。仲裁程序的中止及恢复,由仲裁庭决定;仲裁庭尚未组成的,由仲裁委员会仲裁院院长决定。⑥ 除此之外,当事人可以撤回全部仲裁请求或全部仲裁反请求。申请人撤回全部仲裁请求的,不影响仲裁庭就被申请人的仲裁反请求进行审理和裁决。被申请人撤回全部仲裁反请求的,不影响仲裁庭就申请人的仲裁请求进行审理和裁决。⑦

5. 仲裁与调解相结合

《中国海事仲裁委员会仲裁规则》第52条规定,仲裁庭可以在仲裁程序中对案件进行调解。双方当事人有调解愿望的,或一方当事人有调解愿望并经仲裁庭征得另一方当事人同意的,仲裁庭在征得双方当事人同意后可以按照其认为适当的方式进行调解。当事人有调解愿望但不愿在仲裁庭主持下进行调解的,经双方当事人同意,仲裁委员会可以协助当事人以适当的方式和程序进行调解。

与此同时,双方当事人也可以自行和解。双方当事人经仲裁庭调解达成和解或自行和解的,应签订和解协议。当事人经调解达成或自行达成和解协议的,可以撤回仲裁请求或反请求,也可以请求仲裁庭根据当事人和解协议的内容做出裁决书或制作调解书。当事人请求制作调解书的,调解书应当写明仲裁请求和当事人书面和解协议的内容,由仲裁员署名,并加盖"中国海事仲裁委员会"印章,送达双方当事人。当事人在仲裁程序开始之前自行达成或经调解达成和解协议的,可以依据由仲裁委员会仲裁的仲裁协议及其和解协议,请求仲裁委员会组成仲裁庭,按照和解协议的内容做出仲裁裁决。除非当事人另有约

---

① 《中国海事仲裁委员会仲裁规则》第42条。
② 《中国海事仲裁委员会仲裁规则》第45条。
③ 《中国海事仲裁委员会仲裁规则》第46条。
④ 《中国海事仲裁委员会仲裁规则》第47条。
⑤ 《中国海事仲裁委员会仲裁规则》第48条。
⑥ 《中国海事仲裁委员会仲裁规则》第50条。
⑦ 《中国海事仲裁委员会仲裁规则》第51条。

定，仲裁委员会主任指定一名独任仲裁员成立仲裁庭，由仲裁庭按照其认为适当的程序进行审理并做出裁决。具体程序和期限，不受本规则其他条款关于程序和期限的限制。

调解过程中，任何一方当事人提出终止调解或仲裁庭认为已无调解成功的可能时，仲裁庭应终止调解。调解不成功的，仲裁庭应当继续进行仲裁程序并做出裁决。如果调解不成功，任何一方当事人均不得在其后的仲裁程序、司法程序和其他任何程序中援引对方当事人或仲裁庭在调解过程中曾发表的意见、提出的观点、做出的陈述、表示认同或否定的建议或主张作为其请求、答辩或反请求的依据。

6. 海事仲裁的裁决

《中国海事仲裁委员会仲裁规则》规定，仲裁庭应在组庭后 6 个月内做出裁决书，该期间不包括程序中止的期间；经仲裁庭请求，仲裁委员会仲裁院院长认为确有正当理由和必要的，可以延长该期限。[1]

在仲裁庭对于海事争议做出最终裁决之前，仲裁庭可以视案件审理情况做出部分裁决，并应当将裁决书草案提交仲裁委员会核阅。仲裁庭认为必要或当事人提出请求并经仲裁庭同意的，仲裁庭可以在做出最终裁决之前，就当事人的某些请求事项先行做出部分裁决。部分裁决是终局的，对双方当事人均有约束力；一方当事人不履行部分裁决，不影响仲裁程序的继续进行，也不影响仲裁庭做出最终裁决。[2] 仲裁庭应在签署裁决书之前将裁决书草案提交仲裁委员会核阅；在不影响仲裁庭独立裁决的情况下，仲裁委员会可以就裁决书的有关问题提请仲裁庭注意。[3]

仲裁庭应当根据事实和合同约定，依照法律规定，参考国际惯例，公平合理、独立公正地做出裁决；当事人对于案件实体适用法有约定的，从其约定。当事人没有约定或其约定与法律强制性规定相抵触的，由仲裁庭决定案件实体的法律适用。[4]

仲裁庭在裁决书中，应写明仲裁请求、争议事实、裁决理由、裁决结果、仲裁费用的承担、裁决的日期和地点。当事人协议不写明争议事实和裁决理由的，以及按照双方当事人和解协议的内容做出裁决书的，可以不写明争议事实和裁决理由。仲裁庭有权在裁决书中确定当事人履行裁决的具体期限及逾期履行所应承担的责任。

裁决是终局的，对双方当事人均有约束力。任何一方当事人均不得向法院起诉，也不得向其他任何机构提出变更仲裁裁决的请求。由三名仲裁员组成的仲裁庭审理的案件，裁决依全体仲裁员或多数仲裁员的意见做出。少数仲裁员的书面意见应附卷，并可以附在裁决书后，该书面意见不构成裁决书的组成部分；仲裁庭不能形成多数意见的，裁决依首席仲裁员的意见做出。其他仲裁员的书面意见应附卷，并可以附在裁决书后，该书面意见不构成裁决书的组成部分。[4]当事人应依照裁决书写明的期限履行仲裁裁决；裁决书未写明履行期限的，应立即履行；一方当事人不履行裁决的，另一方当事人可以依法向有管辖权

---

[1] 《中国海事仲裁委员会仲裁规则》第 53 条。
[2] 《中国海事仲裁委员会仲裁规则》第 55 条。
[3] 《中国海事仲裁委员会仲裁规则》第 56 条。
[4] 《中国海事仲裁委员会仲裁规则》第 54 条。

的法院申请执行。①

但是，海事仲裁裁决做出之后，根据相关规则可以对之进行更正和补充裁决。仲裁庭可以在发出裁决书后的合理时间内自行以书面形式对裁决书中的书写、打印、计算上的错误或其他类似性质的错误做出更正；任何一方当事人均可以在收到裁决书后30天内就裁决书中的书写、打印、计算上的错误或其他类似性质的错误，书面申请仲裁庭做出更正；如确有错误，仲裁庭应在收到书面申请后30天内做出书面更正。② 如果裁决书中有遗漏事项，仲裁庭可以在发出裁决书后的合理时间内自行做出补充裁决；任何一方当事人可以在收到裁决书后30天内以书面形式请求仲裁庭就裁决书中遗漏的事项做出补充裁决；如确有漏裁事项，仲裁庭应在收到上述书面申请后30天内做出补充裁决。③

除此之外，仲裁庭有权在裁决书中裁定当事人最终应向仲裁委员会支付的仲裁费和其他费用；仲裁庭有权根据案件的具体情况在裁决书中裁定败诉方应补偿胜诉方因办理案件而支出的合理的费用。仲裁庭裁定败诉方补偿胜诉方因办理案件而支出的费用是否合理时，应具体考虑案件的裁决结果、复杂程度、胜诉方当事人或代理人的实际工作量以及案件的争议金额等因素。④

7. 海事仲裁的简易程序

效仿伦敦海事仲裁员协会的做法，《中国海事仲裁委员会仲裁规则》亦为当事人之间的争议较小、标的额较低的海事纠纷提供了简易程序进行适用。根据《仲裁规则》规定，凡争议金额不超过人民币200万元的，或争议金额超过人民币200万元但经一方当事人书面申请并征得另一方当事人书面同意的，或双方当事人约定适用简易程序的适用简易程序；除此之外，没有争议金额或者争议金额不明确的，由仲裁委员会根据案件的复杂程度、涉及利益的大小以及其他有关因素综合考虑决定是否适用简易程序。⑤

仲裁请求的变更或反请求的提出，不影响简易程序的继续进行。经变更的仲裁请求或反请求所涉争议金额分别超过人民币200万元的案件，除非当事人约定或仲裁庭认为有必要变更为普通程序，继续适用简易程序。⑥ 申请人提出仲裁申请，经审查可以受理并适用简易程序的，仲裁委员会仲裁院应向双方当事人发出仲裁通知。⑤

在仲裁庭的组成、审理程序方面，《中国海事仲裁委员会仲裁规则》规定，除非当事人另有约定，适用简易程序的案件，成立独任仲裁庭审理案件。仲裁庭可以按照其认为适当的方式审理案件，可以在征求当事人意见后决定只依据当事人提交的书面材料和证据进行书面审理，也可以决定开庭审理。⑦ 在做出裁决的期限上，《中国海事仲裁委员会仲裁

---

① 《中国海事仲裁委员会仲裁规则》第60条。
② 《中国海事仲裁委员会仲裁规则》第58条。
③ 《中国海事仲裁委员会仲裁规则》第59条。
④ 《中国海事仲裁委员会仲裁规则》第57条。
⑤ 《中国海事仲裁委员会仲裁规则》第61条、第62条。
⑥ 《中国海事仲裁委员会仲裁规则》第68条。
⑦ 《中国海事仲裁委员会仲裁规则》第63条、第65条。

规则》规定，仲裁庭应在组庭后3个月内做出裁决书；经仲裁庭请求，仲裁委员会仲裁院院长认为确有正当理由和必要的，可以延长该期限。①

8. 香港海事仲裁的相关程序规定

为适应海事商贸、仲裁当事人的需求，方便海事仲裁当事人进行仲裁裁决，中国海事仲裁委员会在香港特别行政区设立仲裁委员会香港仲裁中心。《中国海事仲裁委员会仲裁规则》第5章中对于香港仲裁的程序做出了特别规定，当事人约定将争议提交仲裁委员会香港仲裁中心仲裁或约定将争议提交仲裁委员会在香港仲裁的，由仲裁委员会香港仲裁中心接受仲裁申请并管理案件。

根据该香港海事仲裁的特别规定，仲裁委员会香港仲裁中心管理的案件的仲裁地为香港，仲裁程序适用法为香港仲裁法，仲裁裁决为香港裁决。仲裁委员会现行仲裁员名册在仲裁委员会香港仲裁中心管理的案件中推荐使用，当事人可以在仲裁委员会仲裁员名册外选定仲裁员，被选定的仲裁员应经仲裁委员会主任确认。

七、海事仲裁协议

海事仲裁制度的基石在于合法有效的海事仲裁协议。相比于海事诉讼，海事仲裁制度的当事人必须能够证明有效的仲裁协议的存在以使仲裁程序继续进行。如果海事仲裁协议存在法律效力层面的瑕疵，海事仲裁程序的一方或者双方当事人均可要求暂停仲裁程序；如果海事仲裁裁决是基于有瑕疵的海事仲裁协议，当事人的一方或者双方仍可以请求法院确定该海事仲裁裁决无效。由此可知，海事仲裁协议在海事仲裁制度以及纠纷解决程序中具有不可或缺的重要性。

（一）海事仲裁协议的定义、内容以及分类

1. 海事仲裁协议的定义

《联合国国际贸易法委员会国际商事仲裁示范法》第7条第1款规定，仲裁协议是指当事人各方同意将在他们之间确定的不论是契约性或非契约性的法律关系上已经发生或可能发生的一切或某些争议提交仲裁的协议。仲裁协议可以采取合同中的仲裁条款形式或单独的协议形式。与此同时，1996年《英国仲裁法》第6条第1款规定："仲裁协议是将现在或将来发生的争议提交仲裁的约定，而不论是契约型或者是非契约性的协议。"② 由此可以看出，大多数国际立法均对于仲裁可以审理的争议的时间范围进行灵活性规定，但是也存在一些国家的国内法只允许仲裁机构或者临时仲裁程序审理现在的争议提交仲裁，即海事商事当事人在签订仲裁协议时，不能约定将将来可能发生的争议提交仲裁。例如，委内瑞拉的仲裁法律法规就规定了当事人只允许将现有争议提交仲裁，不允许将未发生的争

---

① 《中国海事仲裁委员会仲裁规则》第67条。

② Arbitration Act 1996: In this Part an "arbitration agreement" means an agreement to submit to arbitration present or future disputes (whether they are contractual or not).

议提交仲裁。①

1994 年 8 月 31 日，第八届全国人民代表大会常务委员会第九次会议通过并公布了《中华人民共和国仲裁法》；该法自 1995 年 9 月 1 日起施行。作为我国仲裁制度发展历程中具有里程碑意义的法律法规，《中华人民共和国仲裁法》却并未对仲裁协议或者是海事仲裁协议做出确定的定义。与此同时，仲裁相关的法律法规，如《中华人民共和国民事诉讼法》以及《中华人民共和国海事诉讼特别程序法》也没有做出相关定义。

《2014 年中国海事仲裁委员会仲裁规则》于 2014 年 9 月 26 日经中国海事仲裁委员会主任会议通过，并于 2014 年 11 月 4 日经中国国际贸易促进委员会/中国国际商会核准，已经于 2015 年 1 月 1 日正式实施。该《仲裁规则》第五条第一款规定："仲裁协议指当事人在合同中订明的仲裁条款或以其他方式达成的提交仲裁的书面协议。"也有学者认为，仲裁协议是指各方当事人同意就他们之间将来可能发生或者业已发生的争议交付给中立的第三者做出的有约束力裁决的决议。①

综上，可以看出，海事仲裁协议是指海事商务当事人将其之间现有的或将来可能发生的民商事争议交付给中立的第三者做出的有约束力的具有终局性的裁决的争议纠纷解决协议。

2. 海事仲裁协议的内容

在海事仲裁协议的内容方面，各国的国内法以及相关的国际公约都给予了当事人非常高的自主性，这也体现了意思自治作为现代商事、海事仲裁制度的基本特征。例如，《联合国国际贸易法委员会仲裁规则》的示范仲裁条款体现了当事人可以就仲裁庭的组成、仲裁地点、仲裁规则等相关方面根据其意思自治做出约定。

一般情况下，仲裁条款可能会包括仲裁地点、仲裁机构、适用的仲裁程序规则、管辖案件实质内容的准据法、仲裁费用的分担以及仲裁裁决的效力等内容，但是这些并不是必然会存在的。在某些情况下，当事人之间的海事仲裁条款只有其中部分的内容，但是，只要该海事仲裁条款能够清楚、明晰地体现海事争议当事人之间进行海事仲裁程序以解决其之间的纠纷的真实有效的合意，一般情况下，许多国内法院都会尊重当事人之间进行仲裁的合意，判定仲裁协议有效。《中华人民共和国仲裁法》规定了仲裁协议应当包括请求仲裁的意思表示、仲裁事项和选定的仲裁委员会。

（1）请求仲裁的意思表示

当事人应当在海事仲裁协议中表明其将业已产生或者将来可能产生的海事争议提交海事仲裁作为纠纷解决方式的合意。一般情况下，可用"提起仲裁"、"仲裁解决"等字眼表示当事人之间请求仲裁的意思表示。但是，该意思表示必须是双方当事人的自由意志所达成的合意，否则该仲裁协议将会归于无效。《中华人民共和国仲裁法》规定，当事人采用仲裁方式解决纠纷，应当双方自愿达成仲裁协议；但是无民事行为能力人或者限制民事行为能力人订立的仲裁协议，或者一方采取胁迫手段，迫使对方订立仲裁协议的形成的仲

---

① 韩立新，袁绍春，尹伟民. 海事诉讼与仲裁. 大连：大连海事大学出版社，2007 年，第 237 页。

裁协议无效。①

（2）仲裁事项

仲裁事项是仲裁协议中非常重要的部分，因为如果该部分约定不明，在发生双方当事人对仲裁庭是否超过当事人约定的范围进行裁决之时，则该仲裁裁决当事人之间的仲裁协议将会无法得到承认和执行；若该仲裁事项超出了法律规定可以仲裁的范围，则该仲裁协议无效。《中华人民共和国仲裁法》第17条规定："如果存在约定的仲裁事项超出法律规定的仲裁范围的……仲裁协议无效。"《纽约公约》第5条规定："裁决唯有于受裁决援用之一造向声请承认及执行地之主管机关提具证据证明有下列情形之一时，始得依该造之请求，拒予承认及执行：……裁决所处理之争议非为交付仲裁之标的或不在其条款之列，或裁决载有关于交付仲裁范围以外事项之决定者，但交付仲裁事项之决定可与未交付仲裁之事项划分时，裁决中关于交付仲裁事项之决定部分得予承认及执行。"

因此，仲裁协议应当尽可能明确、全面地记录当事人合意进行仲裁的纠纷类型范围，且该范围不得超过法律允许的事项。《仲裁法》规定，平等主体的公民、法人和其他组织之间发生的合同纠纷和其他财产权益纠纷，可以仲裁；但是，婚姻、收养、监护、扶养、继承纠纷，以及依法应当由行政机关处理的行政争议不得进行仲裁。② 作为中国唯一的海事仲裁机构，《2014年中国海事仲裁委员会仲裁规则》规定，仲裁委员会根据当事人的约定受理下列争议案件：①租船合同、多式联运合同或者提单、运单等运输单证所涉及的海上货物运输、水上货物运输、旅客运输争议；②船舶、其他海上移动式装置的买卖、建造、修理、租赁、融资、拖带、碰撞、救助、打捞或集装箱的买卖、建造、租赁、融资争议；③海上保险、共同海损及船舶保赔争议；④船上物料及燃油供应、担保、船舶代理、船员劳务、港口作业争议；⑤海洋资源开发利用、海洋环境污染争议；⑥货运代理，无船承运，公路、铁路、航空运输，集装箱的运输、拼箱和拆箱，快递，仓储，加工，配送，仓储分拨，物流信息管理，运输工具，搬运装卸工具，仓储设施，物流中心，配送中心的建造、买卖或租赁，物流方案设计与咨询，与物流有关的保险，与物流有关的侵权争议，以及其他与物流有关的争议；⑦渔业生产、渔业捕捞争议；⑧双方当事人协议由仲裁委员会仲裁的其他争议。

但是，若仲裁协议规定得太明确和具体，则可能在以后的争议解决过程中限制当事人进行仲裁的范围，当事人只能再行签订补充协议，这不仅不利于争议解决的快速高效完成，还有可能给当事人带来额外的时间和财物成本。因此，现在许多仲裁机构的示范仲裁条款对于可仲裁的范围都约定得比较宽泛。《联合国国际贸易法委员会仲裁规则》制定的示范仲裁为："凡由于本合同而引起的或与本合同有关的，或由于本合同的违约、终止或无效而引起的或与本合同的违约、终止或无效有关的任何争议、争端或索赔，均应按照现行有效的《联合国国际贸易法委员会仲裁规则》进行仲裁解决。"中国国际经济贸易仲裁委员会发布了两个示范仲裁条款，其一为"凡因本合同引起的或与本合同有关的任何争议，均应提交中国国际经济贸易仲裁委员会，按照申请仲裁时该会现行有效的仲裁规则进

---

① 《中华人民共和国仲裁法》第4条、第16条。
② 《中华人民共和国仲裁法》第2条、第3条。

行仲裁。仲裁裁决是终局的，对双方均有约束力"。[①] 中国海事仲裁委员会示范仲裁条款则为"凡因本合同引起的或与本合同有关的任何争议，均应提交中国海事仲裁委员会，按照申请仲裁时该会现行有效的仲裁规则进行仲裁。仲裁裁决是终局的，对双方均有约束力"。因此，可以看出，在仲裁事项方面，双方当事人约定"因本合同引起的或与本合同有关的任何争议"即已经满足了我国相关法律法规以及相关海事仲裁机构的规定。

（3）选定的海事仲裁地和仲裁委员会

海事仲裁协议中的关于海事仲裁地以及海事仲裁委员会的规定是仲裁条款的核心要素。一般而言，在国际海事仲裁实践中，在哪个国家仲裁，就适用哪个国家的法律和仲裁法规。由此可见，仲裁地点不同，所适用的国内法的规定就有可能不同，由此产生的对双方当事人的权利、义务的解释的差异将会对于仲裁裁决结果产生深远的影响。与之相似，由于不同的海事仲裁委员会适用不同的海事仲裁程序，选择特定的海事仲裁委员会的同时，一般也意味着适用该海事仲裁委员会发布的仲裁程序。因此，选定的海事仲裁地和海事仲裁委员会对于确定当事人的仲裁程序方面的权利和义务来说意义重大。但是，值得注意的是，选定的海事仲裁地和仲裁委员会并非必须二者兼备。在实行临时仲裁制度的国家，当事人仅就海事仲裁地进行约定的仲裁协议也具备合法有效的法律效力。例如，当事人可以约定"本合同产生的一切争议在伦敦仲裁并适用英国法律"。[②]

在我国，由于临时仲裁制度尚未获得法律的认可，我国的专门海事仲裁委员会又仅有中国海事仲裁委员会一家，因此，关于海事仲裁地以及海事仲裁委员会应当如何在仲裁协议中进行约定以使得海事仲裁协议具备法律效力的问题就要简单得多。2006年9月8日，最高人民法院发布《关于适用〈中华人民共和国仲裁法〉若干问题的解释》（简称《解释》）。该《解释》规定，仲裁协议约定的仲裁机构名称不准确，但能够确定具体的仲裁机构的，应当认定选定了仲裁机构；仲裁协议约定由某地的仲裁机构仲裁且该地仅有一个仲裁机构的，该仲裁机构视为约定的仲裁机构；该地有两个以上仲裁机构的，当事人可以协议选择其中的一个仲裁机构申请仲裁；当事人不能就仲裁机构选择达成一致的，仲裁协议无效。[③]

与此同时，在实践中，也可能会出现一些浮动仲裁条款，即当事人同时约定两个确定的仲裁机构或者仲裁地的仲裁条款，此类浮动仲裁条款的法律效力富有争议性。对于当事人同时约定两个确定的仲裁机构或者仲裁地的，我国相关法律解释规定，若当事人的双重约定真实、确定、具备执行性，则当事人可二择一进行仲裁。《最高人民法院关于同时选择两个仲裁机构的仲裁条款效力问题的函》[④] 中，最高人民法院认为山东省高级人民法院当时审理的齐鲁制药厂诉美国安泰国际贸易公司合资合同纠纷一案[⑤]中当事人订立的"合同争议应提交中国国际贸易促进委员会对外经济贸易仲裁委员会，或瑞典斯德哥尔摩商会

---

① 中国国际经济贸易仲裁委员会示范仲裁条款（一）. 详见：http://cn.cietac.org/ ［2015年5月23日］.
② 韩立新，袁绍春，尹伟民. 海事诉讼与仲裁. 大连：大连海事大学出版社，2007年，第238页.
③ 《关于适用〈中华人民共和国仲裁法〉若干问题的解释》第3条、第6条.
④ 1996年12月12日法函〔1996〕176号.
⑤ 鲁法经〔1996〕88号.

仲裁院仲裁"的仲裁条款对仲裁机构的约定明确，亦可执行；因此当事人只要选择约定的仲裁机构之一即可进行仲裁。2006年最高人民法院发布《关于适用〈中华人民共和国仲裁法〉若干问题的解释》第5条也规定，仲裁协议约定两个以上仲裁机构的，当事人可以协议选择其中的一个仲裁机构申请仲裁；当事人不能就仲裁机构选择达成一致的，仲裁协议无效。在订立仲裁协议的补充协议的时间限制方面，我国的法律规定给予了当事人的意思自治比较大的空间。《仲裁法》第18条规定："仲裁协议对仲裁事项或者仲裁委员会没有约定或者约定不明确的，当事人可以补充协议；达不成补充协议的，仲裁协议无效。"

(4) 海事仲裁的仲裁规则

与此同时，仲裁规则的确定也是仲裁协议中非常重要的一部分。在机构仲裁的语境下，每一个国际海事仲裁机构一般都设有其自己发布、适用的机构仲裁规则；而同一件海事仲裁案件可能会因为根据不同的机构仲裁规则而进行不同的仲裁程序。虽然一些国际海事仲裁机构也允许当事人根据合意选择本机构之外的仲裁规则进行适用，但是，鉴于仲裁规则对于仲裁案件审理的程序的期限、文件要求等方面的重要影响，确定的仲裁规则依然是仲裁协议中不可或缺的一个部分。

(5) 其他事项

除此之外，仲裁协议中也可以对于仲裁费用负担的安排做出规定。一般情况下，仲裁费用主要由败诉方承担，也可以由仲裁庭酌情决定。与此同时，仲裁协议中对于仲裁裁决终局性法律效力的重申也都具有非常重要的实践意义。

3. 海事仲裁协议的分类

(1) 口头的海事仲裁协议和书面的海事仲裁协议

海事仲裁协议具备合同的本质，因此，从形式上看，可以分为书面的海事仲裁协议和口头的海事仲裁协议。《联合国国际贸易法委员会国际商事仲裁示范法》第7条第2款规定："在申诉书或答辩书的交换当事一方声称有协议，当事他方不予否认的，即为仲裁协议。"该条款实质上认可了海事仲裁协议的口头形式。也有一些国家的国内法对于海事仲裁协议的口头形式予以认可。因此，根据《联合国国际贸易法委员会国际商事仲裁示范法》的规定，如果在海事仲裁双方当事人之间曾经存在口头的海事仲裁协议的情况下，当事人一方又在其申诉书或者答辩书中声称存在海事仲裁协议，另外一方在证据和文件交换环节接受其申诉书或者答辩书却对于对方所称的海事仲裁协议的存在不予否认的，即可视为当事人之间存在海事仲裁协议。①

除此之外，1996年《英国仲裁法》第5条第5款规定，仲裁或诉讼程序之文件交换中，一方当事人宣称存在非书面形式的协议，且对方当事人在其答复中不做反对，该文件交换构成具有所宣称效力的书面协议。《德国民事诉讼法典》第1031条规定了："如仲裁协议已包括在一方传递给另一方或第三方传递给双方的文件中，且各方在合理期限内并未就此提出异议，则其内容根据惯例将视为合同的一部分，并视为符合第1款规定的形式要

---

① 韩立新，袁绍春，尹伟民. 海事诉讼与仲裁. 大连：大连海事大学出版社，2007年，第237页。

件。……参与仲裁程序对争议实质问题进行讨论即弥补了仲裁协议形式要件上的任何缺陷。"[①] 因此,《德国民事诉讼法典》的立法例采取了先对于仲裁协议的形式做出书面要求,再允许当事人以"参加仲裁程序对争议实质问题进行讨论"的方式弥补仲裁协议形式要件上,即书面要求的缺陷。因此,在此种立法例的框架下,海事仲裁的当事人只需要参与海事仲裁程序并对海事仲裁案件的实质问题进行答辩,国内法院的法官即可认定当事人之间的海事仲裁协议合法有效地存在并促使当事人根据其之间海事仲裁协议的内在要求,将其之间的海事争议提交海事仲裁机构或者海事临时仲裁庭做出具有约束力的裁决。

然而,总体而言,因为海事仲裁程序涉及非海事仲裁协议主体的中立的第三方对于海事仲裁协议是否真实、有效地存在的合法审查,因此,口头的海事仲裁协议在实务中应用较少。与此同时,《纽约公约》和绝大多数国家国内仲裁相关的法律法规均规定,合法有效的仲裁协议必须符合一定的书面要求。事实上,大部分国际商事海事仲裁领域的国际公约、国际软法规定以及国内法律规定一般都或多或少地对于仲裁协议的书面形式做出了形式要求。因此,国际海事仲裁协议一般都以书面合同或者书面条款的形式出现。

(2) 独立的海事仲裁协议书和海事仲裁条款

根据仲裁协议的书面形式不同,海事仲裁协议可以分为独立使用的仲裁协议、当事人之间订立的合同中的仲裁条款两种。在我国,仲裁协议具有两种形式,当事人既可以使用独立的仲裁协议,也可以使用合同中的仲裁条款的方式来签订仲裁协议。《中华人民共和国仲裁法》第16条规定:"仲裁协议包括合同中订立的仲裁条款和以其他书面方式在纠纷发生前或者纠纷发生后达成的请求仲裁的协议。"

①独立使用的海事仲裁协议书

独立使用的海事仲裁协议书是指海事仲裁当事人之间签订的、同意将业已产生的或者将来可能产生的海事争议提交仲裁的独立合同。海事仲裁协议书一般在当事人的海事商贸合同中没有仲裁条款,或者该条款约定不明确,当事人之间重新签订补充仲裁协议的情况下适用;此类海事仲裁协议应当以单独的或者专门的文件的形式出现。中国海事仲裁委员会制定的《船舶碰撞仲裁协议标准格式(1994)》即属于此种类型。但是,由于海事商贸往来的频繁以及海事商事主体对于效率的要求,此种专门的独立海事仲裁协议书在海事仲裁实务中已不多见。

②当事人合同中的海事仲裁条款

当事人合同中的仲裁条款是指当事人在合同中订立的,表示当事人之间存在的将已经发生的或者将来有可能发生的海事争议提交海事仲裁程序进行纠纷解决的意思自治的合同条款。由于此类海事仲裁协议一般在当事人之间的商事海事合同中一般以一条条款表示,因此,多称为海事仲裁条款。[②] 此种条款一般是由提供合同一方先草拟在合同初稿中,或者由制定标准合同的相关海事商事机构事先印好在相关格式合同中,若双方当事人在谈判中无法对于使用海事仲裁条款进行纠纷解决达成合意,可以自行删去。因此,大部分海事仲裁条款也被称为"印定条款"。在海事救助领域得到广泛适用的《劳氏救助合同标准格

[①] 详见:《德国民事诉讼法典》第031条。
[②] 韩立新,袁绍春,尹伟民.海事诉讼与仲裁.大连:大连海事大学出版社,2007年,第235页。

式》即含有此种海事仲裁条款。《联合国国际贸易法委员会国际商事仲裁示范法》第7条、《德国民事诉讼法典》第1031条、1996年《英国仲裁法》第6条以及我国《仲裁法》第16条均承认了此种海事仲裁条款的法律效力。

与此同时,当事人合同中的仲裁条款还包括多个合同情况下的相关书面文件中所包含的仲裁协议,以及对于含有仲裁条款的书面文件的援引形成的仲裁协议几种形式。[①]

首先,相关书面文件中所包含的仲裁协议指的是双方当事人针对有关合同关系或其他关系通过互相往来信函、传真、电子数据交换、电子邮件等书面材料,已经在上述合同以外的书面材料中表示其之间愿意将现已产生或者将来可能发生的海事争议提交海事仲裁作为争议解决方式的合意的书面文件。根据许多国家国内仲裁立法的规定,此种约定仲裁协议的方式也具有法律效力。根据《中华人民共和国仲裁法》的相关规定,仲裁协议可以以"其他书面方式"达成。[②] 与此同时,《中华人民共和国合同法》规定,书面形式是指合同书、信件和数据电文(包括电报、电传、传真、电子数据交换和电子邮件)等可以有形地表现所载内容的形式。[③] 我国学者认为,根据我国《仲裁法》和《合同法》的相关规定,当事人可以在争议发生前、也可以在争议发生之后使用达成仲裁协议。[④]《德国民事诉讼法典》第1031条"仲裁协议的形式"第一款规定,仲裁协议应包括在当事人签署的文件或交换的信件、电传、电报或其他可提供协议记录的电子文书交换中。1996年《英国仲裁法》第5条规定,仲裁协议应当书面写就,而若协议以书面形式达成(无论当事人签署与否)、协议以交换书面通讯达成,或者协议有书面证据证实则均符合"书面"的定义;同时,若非以书面达成之协议由协议当事人授权的一方当事人或第三方予以记录,该协议被证明具备书面形式;该条还规定:"本编所指之书面或书写形式包括其得以记录之任何方式。"[⑤] 在我国,《2014年中国海事仲裁委员会仲裁规则》第5条第2款规定:"仲裁协议应当采取书面形式。书面形式包括合同书、信件、电报、电传、传真、电子数据交换和电子邮件等可以有形地表现所载内容的形式。在仲裁申请书和仲裁答辩书的交换中,一方当事人声称有仲裁协议而另一方当事人不做否认表示的,视为存在书面仲裁协议。"

其次,对于含有仲裁条款的书面文件的援引形成的仲裁协议是指当事人在其签订的合同的提出参照载有仲裁条款的一项文件,则该项文件中的仲裁条款适用于当事人之间的情况。各国立法例对于此种形成仲裁协议的方式的有效性的规定有所不同。在美国,法院判例已经确认了经过援引而形成的仲裁条款的效力为合法有效。[⑥]《德国民事诉讼法典》第1031条"仲裁协议的形式"第3款规定,如符合形式要件的合同中引用包含有仲裁条款的文件,而该引用是为了使仲裁条款成为合同的一部分,则该引用构成仲裁协议。1996年《英国仲裁法》第6条第2款规定,在协议中援引书面形式的仲裁条款或包含仲裁条款的文件,构成仲裁协议,只要该援引旨在使上述条款成为协议的一部分。

---

① 韩立新,袁绍春,尹伟民. 海事诉讼与仲裁. 大连:大连海事大学出版社,2007年,第237页。
② 《中华人民共和国仲裁法》第16条。
③ 《中华人民共和国合同法》第11条。
④ 王生长. 仲裁协议及其效力确定. 仲裁与法律,2001年(合订本):第261页。
⑤ 1996年《英国仲裁法》第5条第6款。
⑥ 朱建林. 美国判例确认援引的仲裁条款有效. 仲裁与法律通讯,1999年第1期,第2页。

值得提出的是，在此类达成仲裁协议的方式中，比较典型的就是海商法中海事商贸的当事人之间根据并入提单条款所形成的仲裁协议。在海事商贸中，比较常见的海事运输相关合同有两种：一种是租船合同，另外一种是提单。租船合同一般在租船方和船东之间达成，涉及的期限一般较长；而提单则是承运人发给发货人的凭证。在海事货物运输实践中，存在着许多船方在签订租船合同之后再承接发货人的海运订单的情况，因此在争议发生之时，承运人与船东之间的仲裁协议是否能够并入发货人与承运人之间的提单条款中具有非常大的争议。《德国民事诉讼法典》第1031条"仲裁协议的形式"第四款规定，如在提单中明确提及载于租船合同中的仲裁条款，则提单之签发即证明达成仲裁协议。

因此，可以看出，在对于含有仲裁条款的书面文件的援引而形成的仲裁协议的法律规定方面，国外的立法例常见的做法是要求当事人能够证明除了援引该书面文件的合意存在，援引该书面文件中的仲裁条款成为当事人之间的合同的应有条款也是当事人之间的意思自治的选择。

（二）海事仲裁协议的独立性

仲裁协议的独立性是指仲裁条款的法律效力独立于主合同的无效、不存在或者失效而存在，仲裁协议一旦成立不受其他合同的效力因素的影响。1996年《英国仲裁法》规定，除非当事人另有约定，构成或旨在构成其他协议（无论是否为书面）一部分的仲裁协议不得因其他协议无效、不存在或失效而相应无效、不存在或失效。除非当事人另有约定，仲裁协议不因一方当事人的死亡而解除，其仍可由或向该当事人的个人代表执行。为此目的，仲裁协议应视为不同的协议。[①]

根据《中华人民共和国仲裁法》第19条规定："仲裁协议独立存在，合同的变更、解除、终止或者无效，不影响仲裁协议的效力。仲裁庭有权确认合同的效力。"《关于适用〈中华人民共和国仲裁法〉若干问题的解释》进一步规定："合同成立后未生效或者被撤销的，仲裁协议效力的认定适用仲裁法第19条第1款的规定。当事人在订立合同时就争议达成仲裁协议的，合同未成立不影响仲裁协议的效力。"与此同时，《2014年中国海事仲裁委员会仲裁规则》第5条第4款规定，合同中的仲裁条款应视为与合同其他条款分离的、独立存在的条款，附属于合同的仲裁协议也应视为与合同其他条款分离的、独立存在的一个部分；合同的变更、解除、终止、转让、失效、无效、未生效、被撤销以及成立与否，均不影响仲裁条款或仲裁协议的效力。

（三）海事仲裁协议的成立要件

各国法律法规对于合法有效的海事仲裁协议需要满足的要求各有不同，但是，随着近年来国际商事仲裁实务的发展以及商事仲裁立法统一化的国际趋势，各国对于海事仲裁协议的法律规则呈现出趋同的发展态势。总体而言，海事仲裁协议的成立要件可以分为形式要件和实质要件两个不同的方面。

---

① 1996年《英国仲裁法》第7条、第8条。

1. 海事仲裁协议的形式要件

目前，在海事仲裁协议的形式要件方面，绝大多数的国家立法以及国际公约均要求海事仲裁协议具备书面形式，即海事仲裁协议的书面要求。根据《纽约公约》的规定，当事人以书面协定承允彼此间所发生或可能发生之一切或任何争议，如关涉可以仲裁解决事项之确定法律关系，不论为契约性质与否，应提交仲裁时，各缔约国应承认此项协定；称"书面协定"者，为当事人所签订或在互换函电中所载明之契约仲裁条款或仲裁协定。《联合国国际贸易法委员会国际商事仲裁示范法》第7条规定，仲裁协议应是书面的。协议如载于当事各方签字的文件中，或载于往来的书信、电传、电报或提供协议记录的其他电讯手段中，或在申诉书和答辩书的交换中当事一方声称有协议而当事他方不否认，即为书面协议。

除此之外，许多国内法也规定仲裁协议应当具有书面形式。1996年《英国仲裁法》认为，本编之规定仅适用于仲裁协议为书面形式的情形；本编之规定也仅对当事人之间就任何事项达成的书面协议有效。我国《仲裁法》也对于海事仲裁协议由书面形式的要求。[1]《2014年中国海事仲裁委员会仲裁规则》第5条规定，仲裁协议应当采取书面形式。书面形式包括合同书、信件、电报、电传、传真、电子数据交换和电子邮件等可以有形地表现所载内容的形式。在仲裁申请书和仲裁答辩书的交换中，一方当事人声称有仲裁协议而另一方当事人不做否认表示的，视为存在书面仲裁协议。

与此同时，随着互联网技术的发展和电子商务的繁荣，网上仲裁（Online Arbitration）的普及和应用为人们的纠纷解决带来了许多的便利，降低了解纷成本；而随着《联合国国际贸易法委员会电子商务示范法》和《联合国国际贸易法委员会电子签字示范法》的相继通过和实施，网上签订的仲裁条款也符合了《纽约公约》对于仲裁协议书面形式的要求，但其未来的发展还有待仲裁实践予以验证。[2]

2. 海事仲裁协议的实质要件

首先，根据《中华人民共和国仲裁法》第17条的规定，海事仲裁协议必须满足海事仲裁协议主体具有法定资格，不是无民事行为能力人或者限制民事行为能力人的要求。《纽约公约》第5条规定，协定之当事人依对其适用之法律有某种无行为能力情形者，或该项协定依当事人作为协定准据之法律系属无效，或未指明以何法律为准时，依裁决地所在国法律系属无效者，得依该造之请求，拒予承认及执行。因此，若海事仲裁协议的主体不具有法定资格，则该海事仲裁协议无效，依据该海事仲裁协议做出的裁决将无法得到承认与执行。

其次，海事仲裁协议的内容必须是当事人的真实意思表示，一方采取胁迫手段，迫使对方订立仲裁协议的，仲裁协议无效。而在欺诈的情况下，虽然此时签订的仲裁协议具有独立性，但是若是当事人能够证明该仲裁条款也是在违背其真实意思表示的情况下签订

---

[1] 《中华人民共和国仲裁法》第16条。
[2] 赵秀文. 国际商事仲裁及其适用法律研究. 北京：人民大学出版社，2002年，第369—372页。

的，则可认为该仲裁协议无效。① 与此同时，仲裁协议的内容必须遵循法律的规定。一般认为，仲裁协议的内容必须遵循法律的规定包含了约定的仲裁事项不能超出仲裁地法律规定的仲裁范围、仲裁协议的内容不得违反仲裁地国的公共秩序和仲裁地相关强行性法律法规三个方面。② 不仅如此，如果仲裁协议的内容不违反仲裁地的相关法律法规，但是违反执行地的法律法规，那么根据该仲裁协议所做出的仲裁裁决将无法在执行地得到承认与执行。《纽约公约》规定，若声请承认及执行地所在国之主管机关认定有依该国法律，争议事项系不能以仲裁解决者或者承认或执行裁决有违该国公共政策的情形的，亦得拒不承认及执行仲裁裁决。③

（四）海事仲裁协议的效力

合法、有效的海事仲裁协议作为当事人之间的意思表示，自成立之日起便对于当事人的权利义务关系产生约束力。世界范围内的国家立法以及相关的国际公约也对海事仲裁等仲裁协议予以认可，并已经制定了一系列法律法规或者软法规则，以保证仲裁协议的有效实施。

首先，合法有效的海事仲裁协议是进行海事仲裁程序的前提条件。《2014年中国海事仲裁委员会仲裁规则》第3条规定："仲裁委员会根据当事人的约定受理下列争议案件。"《中华人民共和国仲裁法》规定，当事人申请仲裁，应当向仲裁委员会递交仲裁协议……仲裁委员会收到仲裁申请书之日起5日内，认为符合受理条件的，应当受理，并通知当事人；认为不符合受理条件的，应当书面通知当事人不予受理，并说明理由。因此，合法有效的仲裁条款是开启仲裁程序的必要条件。

其次，有效的海事仲裁协议可以排除法院/海事法院的管辖权。《中华人民共和国民事诉讼法》第271条规定，涉外经济贸易、运输和海事中发生的纠纷，当事人在合同中订有仲裁条款或者事后达成书面仲裁协议，提交中华人民共和国涉外仲裁机构或者其他仲裁机构仲裁的，当事人不得向人民法院起诉。《中华人民共和国仲裁法》规定，当事人达成仲裁协议，一方向人民法院起诉未声明有仲裁协议，人民法院受理后，另一方在首次开庭前提交仲裁协议的，人民法院应当驳回起诉，但仲裁协议无效的除外；另一方在首次开庭前未对人民法院受理该案提出异议的，视为放弃仲裁协议，人民法院应当继续审理。④ 因此，若当事人之间存在有效的海事仲裁协议，则人民法院应当驳回违反仲裁协议约定、向法院提起诉讼程序的当事人的起诉。与此同时，《中华人民共和国民事诉讼法》第113条规定，被执行人与他人恶意串通，通过诉讼、仲裁、调解等方式逃避履行法律文书确定的义务的，人民法院应当根据情节轻重予以罚款、拘留；构成犯罪的，依法追究刑事责任。

---

① 韩立新，袁绍春，尹伟民．海事诉讼与仲裁．大连：大连海事大学出版社，2007年，第258页。
② 韩立新，袁绍春，尹伟民．海事诉讼与仲裁．大连：大连海事大学出版社，2007年，第237页。
③ 《纽约公约》第5条。
④ 《中华人民共和国仲裁法》第26条。

(五) 海事仲裁协议效力的确定

在决定海事仲裁协议是否有效这一程序中，协调好仲裁庭与法院的权限非常重要。① 根据《中华人民共和国仲裁法》第20条规定："当事人对仲裁协议的效力有异议的，可以请求仲裁委员会做出决定或者请求人民法院做出裁定。一方请求仲裁委员会做出决定，另一方请求人民法院做出裁定的，由人民法院裁定。当事人对仲裁协议的效力有异议，应当在仲裁庭首次开庭前提出。"1998年最高人民法院下发的《最高人民法院关于确认仲裁协议效力几个问题的批复》对于这个问题做出了一些指导性建议。② 但是，当时我国不明确的法律规定在仲裁实践中引发了很多问题，也影响了我国海事仲裁的国际声誉。③

2006年，《最高人民法院关于适用〈中华人民共和国仲裁法〉若干问题的解释》明确规定，当事人向人民法院申请确认仲裁协议效力的案件，由仲裁协议约定的仲裁机构所在地的中级人民法院管辖；仲裁协议约定的仲裁机构不明确的，由仲裁协议签订地或者被申请人住所地的中级人民法院管辖；申请确认涉外仲裁协议效力的案件，由仲裁协议约定的仲裁机构所在地、仲裁协议签订地、申请人或者被申请人住所地的中级人民法院管辖；涉及海事海商纠纷仲裁协议效力的案件，由仲裁协议约定的仲裁机构所在地、仲裁协议签订地、申请人或者被申请人住所地的海事法院管辖；上述地点没有海事法院的，由就近的海事法院管辖。④

八、海事仲裁裁决的承认和执行

"正义不只必须伸张，而且必须被看见得到伸张"是司法正义的重要原则。海事仲裁裁决的履行是指海事仲裁当事人在海事仲裁庭做出海事仲裁裁决之后自愿履行海事仲裁裁决中规定的义务。在国际商事海事仲裁领域，绝大部分的仲裁裁决是由败诉方自愿履行的。⑤ 然而，当海事仲裁裁决的当事人有一方或者多方拒不履行海事仲裁裁决时，仲裁程序以及仲裁地或者执行地法律法规应当为另一方当事人提供正当的权利救济途径，即海事仲裁裁决的承认与强制执行。

(一) 海事仲裁裁决的概念和分类

1. 海事仲裁裁决的概念

海事仲裁裁决是指由当事人选任的仲裁员组成的仲裁庭依据合法、有效的仲裁协议就

---

① 赵秀文. 国际商事仲裁案例评析. 北京：中国法制出版社，1999年，第32页。
② 1998年10月21日由最高人民法院审判委员会第1029次会议通过，自1998年11月5日起施行。
③ 韩立新，袁绍春，尹伟民. 海事诉讼与仲裁. 大连：大连海事大学出版社，2007年，第259—261页。
④ 《最高人民法院关于适用〈中华人民共和国仲裁法〉若干问题的解释》第13条。
⑤ 国际商会的统计表明，超过90%的海事仲裁裁决的履行属于自愿履行。详见：屈广清. 海事诉讼与海事仲裁法. 北京：法律出版社，2007年，第246页。

仲裁协议规定的仲裁事项范围内的案件事实和相关法律法规进行审查、并就双方当事人之间的实体权利义务关系做出的具有终局性约束力的裁决。[①] 海事仲裁裁决的做出是海事仲裁程序中最后一个环节，在海事仲裁裁决做出之后，海事仲裁庭的功能和职责即已完成。但是，由于海事仲裁裁决规定并调整了当事人之间的权利义务关系，因此对于海事仲裁案件的当事人来说意义重大。

2. 海事仲裁裁决的分类

海事仲裁裁决一般存在对席裁决与缺席裁决；部分裁决和最终裁决以及国内裁决、涉外裁决和外国裁决三种分类。

（1）对席裁决与缺席裁决

首先，对席裁决与缺席裁决的划分标准是以海事仲裁的双方当事人是否都已经到庭参加辩论为区类标准。对席裁决是指"双方当事人及其代理人都到庭参加仲裁审理、进行了充分陈述和辩论，并查明争议案件事实的基础上做出了仲裁裁决"。[①]根据《中华人民共和国仲裁法》第42条第2款"被申请人经书面通知，无正当理由不到庭或者未经仲裁庭许可中途退庭的，可以缺席裁决"的规定，缺席裁决是指仲裁庭或者独任仲裁员在当事人一方存在未出席仲裁程序中的陈述和辩论环节，仅根据到庭一方当事人的陈述和辩论，根据案件资料和法律法规、商业惯例的规定对于仲裁案件的实质内容做出的仲裁裁决。

（2）部分裁决和最终裁决

根据仲裁裁决的内容所处理的争议范围，可以将海事仲裁裁决分为部分裁决和最终裁决。最终裁决一般指仲裁庭或者独任仲裁员针对海事争议当事人之间的所有争议仲裁事项做出的裁决，而部分裁决则为仲裁庭或者独任仲裁员对于当事人争议事项的一部分做出的海事仲裁裁决。部分裁决一般适用于审理时间长、案件复杂的海事仲裁案件中，在此情况下，若案件中一部分案件事实已经审理清楚、当事人不存在异议，仲裁庭可就该部分进行先行裁决。《中华人民共和国仲裁法》和2014年《中国海事仲裁委员会仲裁规则》规定，仲裁庭仲裁纠纷时，其中一部分事实已经清楚，仲裁庭认为必要或当事人提出请求并经仲裁庭同意的，仲裁庭可以在做出最终裁决之前，就当事人的某些请求事项先行做出部分裁决。部分裁决是终局的，对双方当事人均有约束力；一方当事人不履行部分裁决，不影响仲裁程序的继续进行，也不影响仲裁庭做出最终裁决。[②]

（3）国内裁决、涉外裁决和外国裁决

根据海事仲裁裁决的当事人以及仲裁机构是否带有涉外因素，可以将我国的海事仲裁裁决分为国内海事仲裁裁决、涉外海事仲裁裁决以及外国海事仲裁裁决，此种分类也是我国海事仲裁立法体例所依据的分类。[③]

[①] 韩立新，袁绍春，尹伟民. 海事诉讼与仲裁. 大连：大连海事大学出版社，2007年，第314—315页。

[②] 《中华人民共和国仲裁法》第55条、《中国海事仲裁委员会仲裁规则》第55条。

[③] 韩立新，袁绍春，尹伟民. 海事诉讼与仲裁. 大连：大连海事大学出版社，2007年，第337页。

首先，国内海事仲裁裁决是指国内仲裁机构，即根据我国《仲裁法》在全国直辖市和省、自治区人民政府所在的市和其他地区的市组建的国内仲裁委员会，以及我国涉外仲裁机构（包括中国国际经济贸易仲裁委员会和中国海事仲裁委员会）针对其受理的不带有涉外因素的海事仲裁案件所做出的海事仲裁裁决。

其次，涉外海事仲裁裁决是指我国海事仲裁机构针对带有涉外因素的海事相关纠纷所做出仲裁裁决。值得注意的是，虽然《中华人民共和国仲裁法》第66条规定只有国际商会组织设立的仲裁机构，即中国国际经济贸易仲裁委员会和中国海事仲裁委员会，才能受理涉外仲裁案件，但是，在我国并非只有涉外仲裁机构，才能够做出涉外海事仲裁裁决。1996年《国务院办公厅关于贯彻实施〈中华人民共和国仲裁法〉需要明确的几个问题的通知》第3条规定，"新组建的仲裁委员会的主要职责是受理国内仲裁案件；涉外仲裁案件的当事人自愿选择新组建的仲裁委员会仲裁的，新组建的仲裁委员会可以受理；新组建的仲裁委员会受理的涉外仲裁案件的仲裁收费与国内仲裁案件的仲裁收费应当采用同一标准"。该规定实质上取消了我国涉外仲裁机构受理涉外商事、海事仲裁案件的专属权。

最后，外国海事仲裁裁决是指根据《纽约公约》的规定，在申请承认及执行过以外的国家领土内所做出的海事仲裁裁决，或者其他被承认及执行仲裁裁决地所在国法院认为不属于本国裁决的海事仲裁裁决。由于我国在加入《纽约公约》时做出了两项保留。根据该保留安排，首先，我国只在互惠的基础上对在另一缔约国领土内做出的仲裁裁决的承认和执行适用《纽约公约》；另外，我国只对根据中华人民共和国法律认定为属于契约性和非契约性商事法律关系所引起的争议适用《纽约公约》。因此，在我国合法有效的外国海事仲裁裁决必须符合仲裁事项为契约性，或者非契约性的商事法律关系，以及做出海事仲裁裁决的仲裁地所属国家是《纽约公约》的缔约国，且在承认与执行外国仲裁裁决方面与我国存在互惠互认的友好关系。

（二）海事仲裁裁决的效力

一裁终局是现代商事海事仲裁制度的基本特征之一。一般而言，基于合法、有效的海事仲裁条款或者海事仲裁协议所做出的仲裁裁决的效力具有终局性。《中华人民共和国仲裁法》规定，裁决书自做出之日起发生法律效力。[①] 仲裁裁决具有终局性，对双方当事人均具有约束力。此种对于当事人的约束力体现在两个方面：

首先，仲裁裁决一经做出，即对海事争议双方产生约束力，双方应当自觉履行仲裁裁决中所规定的义务。当事人应当依照裁决书写明的期限自动履行裁决，若裁决书未写明期限的，应当立即履行。其次，任何一方当事人均不得就已裁决事项向法院起诉，也不得向任何机构提出变更裁决的请求。[②] 裁决做出后，当事人就同一纠纷再申请仲裁或者向人民法院起诉的，仲裁委员会或者人民法院不予受理。[③]

[①]《中华人民共和国仲裁法》第57条。
[②] 详见：《中国海事仲裁委员会仲裁规则》第47条、第70条；2014年《中国海事仲裁委员会仲裁规则》第54条第9款。
[③]《中华人民共和国仲裁法》第9条。

但是，若当事人之间的海事仲裁裁决被人民法院依法裁定撤销或者不予执行的，我国相关法律法规亦为当事人提供了权利救济的途径。如果海事仲裁裁决被人民法院依法裁定撤销或者不予执行，当事人就该纠纷可以根据双方重新达成的仲裁协议申请仲裁，也可以向人民法院起诉。[①] 根据《纽约公约》的相关规定，基于合法、有效的海事仲裁协议所做出的我国涉外海事仲裁裁决，在不违背申请承认和执行地国的公共政策和强行法规定的情况下，可以在140多个国家和地区得到承认和强制执行，而具体的申请承认和强制执行的程序则需要依据申请承认和执行地国的相关程序法规则。

（三）海事仲裁裁决的撤销以及重新仲裁

1. 海事仲裁裁决的撤销

海事仲裁裁决的撤销程序是指仲裁裁决存在法律规定的情形，由当事人申请并经人民法院审查核实，判决或者裁定予以撤销，使之归于无效的特殊程序。[②] 海事仲裁裁决的撤销申请程序一方面体现了国家法律对于当事人合法权益的保护，基于当事人权利救济的有效途径；另一方面还体现了人民法院对于仲裁庭相关活动的监督。

《中华人民共和国仲裁法》规定，当事人可以在存在没有仲裁协议的、裁决的事项不属于仲裁协议的范围或者仲裁委员会无权仲裁的、仲裁庭的组成或者仲裁的程序违反法定程序的、裁决所根据的证据是伪造的、对方当事人隐瞒了足以影响公正裁决的证据的以及仲裁员在仲裁该案时有索贿受贿、徇私舞弊、枉法裁决行为的六种情况下向自收到裁决书之日起6个月内向仲裁委员会所在地的中级人民法院申请撤销裁决。人民法院经组成合议庭审查核实裁决有前款规定情形之一或者认定该裁决违背社会公共利益的，应当自受理撤销裁决申请之日起两个月内做出撤销裁决；若不存在上述情形，人民法院亦应当在自受理撤销裁决申请之日起两个月内做出驳回申请的裁定。[③]

《最高人民法院关于适用〈中华人民共和国仲裁法〉若干问题的解释》对于上述规则的适用范围做出了进一步规定。

第一，"没有仲裁协议"是指当事人没有达成仲裁协议。仲裁协议被认定无效或者被撤销的，视为没有仲裁协议；而且，当事人在仲裁程序中未对仲裁协议的效力提出异议，在仲裁裁决做出后以仲裁协议无效为由主张撤销仲裁裁决或者提出不予执行抗辩的，人民法院不予支持。值得注意的是，2014年《中国海事仲裁委员会仲裁规则》第10条"放弃异议"条款规定，"一方当事人知道或理应知道本规则或仲裁协议中规定的任何条款或情事未被遵守，仍参加仲裁程序或继续进行仲裁程序而且不对此不遵守情况及时地、明示地提出书面异议的，视为放弃其提出异议的权利"。根据上述规则可知，《仲裁规则》中的默示放弃异议条款除了与仲裁协议效力相关的争议之外，不及撤销海事仲裁裁决的相关程序。因此，若海事仲裁案件当事人在海事仲裁程序的相关行为满足了"放弃异议"规则的要求，该当事人可以在后续申请撤销仲裁裁决之时提出相关抗辩。

---

① 《中华人民共和国仲裁法》第9条。
② 韩立新，袁绍春，尹伟民. 海事诉讼与仲裁. 大连：大连海事大学出版社，2007年，第327页。
③ 《中华人民共和国仲裁法》第58、59、60条。

第二，当事人以仲裁裁决事项超出仲裁协议范围为由申请撤销仲裁裁决，经审查属实的，人民法院应当撤销仲裁裁决中的超裁部分。但超裁部分与其他裁决事项不可分的，人民法院应当撤销仲裁裁决。

第三，"违反法定程序"，是指违反仲裁法规定的仲裁程序和当事人选择的仲裁规则可能影响案件正确裁决的情形。我国学者认为，此种违反法定程序的情形可存在于仲裁员的任命到当事人是否能够得到充分的陈述和辩护机会等仲裁的各个程序中。[1]

第四，人民法院受理当事人撤销仲裁裁决的申请后，另一方当事人申请执行同一仲裁裁决的，受理执行申请的人民法院应当在受理后裁定中止执行；当事人向人民法院申请撤销仲裁裁决被驳回后，又在执行程序中以相同理由提出不予执行抗辩的，人民法院不予支持。

第五，当事人申请撤销仲裁裁决的案件，人民法院应当组成合议庭审理，并询问当事人。[2]

值得注意的是，由于我国仲裁发展历程中在很长一段时间内对于国内仲裁和涉外仲裁适用不同的法律规则，因此，在海事仲裁领域，如果是涉外的海事仲裁裁决的撤销程序应当适用《中华人民共和国民事诉讼法》（简称《民事诉讼法》）的相关规定。《民事诉讼法》第274条规定，对中华人民共和国涉外仲裁机构做出的裁决，被申请人提出证据证明仲裁裁决有当事人在合同中没有订有仲裁条款或者事后没有达成书面仲裁协议、被申请人没有得到指定仲裁员或者进行仲裁程序的通知，或者由于其他不属于被申请人负责的原因未能陈述意见、仲裁庭的组成或者仲裁的程序与仲裁规则不符、裁决的事项不属于仲裁协议的范围或者仲裁机构无权仲裁以及人民法院认定执行该裁决违背社会公共利益等情形之一的，经人民法院组成合议庭审查核实，裁定不予执行。相比于国内海事仲裁裁决的相关规定，《民事诉讼法》关于涉外仲裁裁决的撤销没有"裁决所根据的证据是伪造的、对方当事人隐瞒了足以影响公正裁决的证据的以及仲裁员在仲裁该案时有索贿受贿、徇私舞弊、枉法裁决行为"等相关规定。但是，由于存在"违背社会公共利益"的兜底性条款，国内海事仲裁裁决以及涉外海事仲裁裁决的撤销缘由存在趋同性。

2. 海事仲裁裁决的重新仲裁

与此同时，《仲裁法》规定在当事人撤销仲裁裁决的申请被人民法院受理之后，若受理法院认为存在以由仲裁庭重新仲裁的情形的，可以通知仲裁庭在一定期限内重新仲裁，并裁定中止撤销程序。仲裁庭在人民法院指定的期限内开始重新仲裁的，人民法院应当裁定终结撤销程序；未开始重新仲裁的，人民法院应当裁定恢复撤销程序；仲裁庭拒绝重新仲裁的，人民法院应当裁定恢复撤销程序。[3] 但是，上述重新仲裁程序的适用范围是比较受限的。根据《最高人民法院关于适用〈中华人民共和国仲裁法〉若干问题的解释》的

---

[1] 高菲. 中国海事仲裁的理论与实践. 北京：中国人民大学出版社，1996年，第420页。
[2] 《最高人民法院关于适用〈中华人民共和国仲裁法〉若干问题的解释》第18、19、20、24、25、26、27条。
[3] 《中华人民共和国仲裁法》第61条；《最高人民法院关于适用〈中华人民共和国仲裁法〉若干问题的解释》第22条。

说明，人民法院只有在仲裁裁决所根据的证据是伪造的以及对方当事人隐瞒了足以影响公正裁决的证据的情况下，人民法院才可以依照《仲裁法》的规定通知仲裁庭在一定期限内重新仲裁；而且，人民法院应当在通知中说明要求重新仲裁的具体理由。① 另外，当事人对重新仲裁裁决不服的，可以在重新仲裁裁决书送达之日起6个月内依据《仲裁法》第58条规定向人民法院申请撤销。②

（四）海事仲裁裁决的承认与强制执行

1. 承认与强制执行的概念内涵和具体措施

承认以及强制执行海事仲裁裁决是指具有管辖权的人民法院根据海事仲裁裁决一方当事人的申请确认仲裁裁决具有法律效力，并依据法定条件和程序予以强制执行的法律规则体系。③根据《中华人民共和国民事诉讼法》第三编"执行程序"的相关规定，人民法院在承认以及强制执行海事仲裁裁决程序中，被执行人未按执行通知履行法律文书确定的义务，人民法院有权采取向有关单位查询被执行人的存款、债券、股票、基金份额等财产情况；有权根据不同情形扣押、冻结、划拨、变价被执行人的财产；有权扣留、提取被执行人应当履行义务部分的收入；有权查封、扣押、冻结、拍卖、变卖被执行人应当履行义务部分的财产等措施。④ 但是，人民法院查询、扣押、冻结、划拨、变价的财产不得超出被执行人应当履行义务的范围，且应当保留被执行人及其所扶养家属的生活必需费用。④

2. 承认与强制执行程序中法院与仲裁庭的关系

与诉讼制度不同，作为裁决机构的仲裁庭在海事仲裁裁决做出之后即完成了其全部的使命。仲裁庭基于当事人之间的海事仲裁协议的授权，对于海事纠纷享有审理和裁决的权利。但是，上述海事仲裁庭所享有的权利的效力范围仅局限于海事仲裁裁决做出之前，海事仲裁裁决做出之后，海事仲裁庭的任务即已完成，之后的海事仲裁裁决的履行可以通过当事人自愿履行以及仲裁裁决的认可和强制执行程序进行。

海事仲裁裁决做出后，当事人应当依照海事仲裁裁决书的裁决结果在既定的期限内自动履行海事仲裁裁决，没有记载履行期限的海事仲裁裁决应视为立即履行。承担履行仲裁裁决义务的当事人一方或者多方毫不迟延地履行海事仲裁裁决是海事仲裁制度的应有之义，也有学者认为仲裁裁决的自愿履行应被视为仲裁协议中的默示条款之一。⑤ 实际上，绝大多数海事仲裁机构的仲裁规则都对于海事仲裁裁决的履行做出了相关规定。

海事仲裁裁决的当事人一方不履行海事仲裁裁决的，另一方当事人可以向有管辖权的人民法院申请认可和强制执行该海事仲裁裁决。因此，由海事仲裁裁决必须依靠国内立法以及国际公约所提供的法律制度保障。虽然仲裁裁决的做出独立于一国的法院系统，但是

---

① 《最高人民法院关于适用〈中华人民共和国仲裁法〉若干问题的解释》第21条。
② 《最高人民法院关于适用〈中华人民共和国仲裁法〉若干问题的解释》第23条。
③ 韩立新，袁绍春，尹伟民. 海事诉讼与仲裁. 大连：大连海事大学出版社，2007年，第336页。
④ 《中华人民共和国民事诉讼法》第241—244条。
⑤ 屈广清. 海事诉讼与海事仲裁法. 北京：法律出版社，2007年，第246页。

由于海事仲裁裁决的承认与执行仍然依赖于海事仲裁法律制度提供法律保障和制度后盾,仲裁庭与法院两种纠纷解决制度的关系依然密不可分。

对于海事仲裁裁决的承认是一国国家法院认可仲裁裁决的具有强制执行力的行为,而海事仲裁裁决的强制执行则是该强制执行力的体现。海事仲裁裁决的承认和强制执行是海事仲裁裁决的强制履行程序中不可分割的两个方面。海事仲裁裁决的当事人必须首先取得一国法院对于该海事仲裁裁决的承认,该裁决才能够在得到法院认可的基础之上得到强制执行。虽然存在一些仲裁裁决不需要执行,但是在一般情况下,海事仲裁裁决的承认是强制执行程序的前提,强制执行是承认的目的。

(五) 外国海事仲裁裁决的承认与执行

在我国,虽然我国对于国内海事仲裁裁决、涉外海事仲裁裁决以及外国海事仲裁裁决制定了不同的规则,但是,如果海事仲裁裁决被执行人的可执行财产所在地位于中国境内,则当事人即可向被执行人住所地或其财产所在地的中级人民法院申请承认和执行;[①]若上述财产位于国外,则海事仲裁裁决的当事人可以依据中国签署的《纽约公约》、双边条约等仲裁相关国际法律规则向外国法院申请该海事仲裁裁决的承认与执行。[②]

1. 国际海事仲裁裁决的承认与强制执行的国际公约——以《纽约公约》为例

从20世纪初开始,面临着不同国家仲裁法律的国内规定的不同挑战,国际航运业就一直致力于为国际航运提供较为统一的行业标准,其中就包括海事仲裁相关的国际统一制度的建立。这一方面的国际努力集中体现在有关仲裁和海事仲裁的国际公约的签订。1958年在纽约召开的联合国国际商事仲裁会议上通过了《承认及执行外国仲裁裁决公约》,也称《纽约公约》,确立了倾向于执行仲裁裁决的国际政策以及承认和执行外国裁决的最低国际标准,并在缔约国之间确立了特殊的权利义务平衡关系。[③]

《纽约公约》在推动仲裁制度的国际化方面具有里程碑的作用。《纽约公约》不仅在仲裁案件的机构管辖权方面限制了国内法院对于仲裁庭的干涉,更对仲裁裁决在国内法院的拒绝认可和执行的程序和原则做出了明确的规定,使得国际商事、海事仲裁裁决的可执行性大幅度提升。至今为止,《纽约公约》已经成为了国际商事仲裁领域最具有影响力的国际公约并拥有140多个国家和地区作为缔约方,这为承认和执行外国仲裁裁决提供了保证和便利,也为进一步开展国际商事仲裁活动起到了推动作用。

1986年12月2日,全国人民代表大会常务委员会通过了《关于我国加入〈承认及执行外国仲裁裁决公约〉的决定》。[④] 中国政府1987年1月22日递交加入书,该公约1987年4月22日对我国生效。从此之后,我国的涉外海事仲裁裁决得到了进一步的国际化,其在境外申请外国国内法院的承认与执行程序能够根据《承认及执行外国仲裁裁决公约》

---

① 《中华人民共和国民事诉讼法》273条。
② 《中华人民共和国仲裁法》第72条。
③ 《纽约公约》第5条。
④ 最高人民法院关于执行我国加入的《承认及执行外国仲裁裁决公约》的通知,1987年4月10日,法(经)发〔1987〕5号。

（下文简称《纽约公约》）而顺利进行，我国海事仲裁制度的发展进程与国际范围内的国际海事仲裁的理论研究以及仲裁实践的联系逐渐紧密起来。

我国的国内海事仲裁虽然仍然与国际海事仲裁存在一定的差别，但是随着我国加入《纽约公约》、海事仲裁裁决的异域认可与执行制度的完善以及我国国内海事仲裁国际化的发展越来越深入，我国国内海事仲裁的实践已经与国际海事仲裁的通行做法越来越接近。

2. 国际海事仲裁裁决的承认与强制执行的程序

1958年《纽约公约》规定，《纽约公约》的各缔约国家或者地区应当承认仲裁裁决具有拘束力，只有在被执行人证明或者法院认为存在《纽约公约》第5条准予拒绝仲裁裁决的承认和拒不执行的情形时，《纽约公约》的缔约国的国内法院才能驳回当事人提出的承认和执行仲裁裁决的申请。值得注意的是，在仲裁裁决的执行程序中应当适度考虑仲裁裁决地的程序规则予以执行。

（1）申请程序

①申请文件的提交

当事人申请承认或者执行仲裁裁决的，应当提供仲裁裁决和仲裁协议的正本或者其正式副本。与此同时，若前述仲裁裁决以及仲裁协议所使用的文字不是受理承认或者执行仲裁裁决的国内法院所在国的官方文字，申请承认或者执行裁决的当事人应当具备相应的文字译本，且该译本应由官方或者经过宣誓的翻译员或外交或领事人员的认证。[①] 而且，各国国内法院在承认或执行适用《纽约公约》的仲裁裁决时，不得相效于承认或执行国内仲裁裁决附加过苛之条件或征收过多之费用。

②受理机构

《中华人民共和国民事诉讼法》规定，国外仲裁机构的裁决，需要中华人民共和国人民法院承认和执行的，应当由当事人直接向被执行人住所地或者其财产所在地的中级人民法院申请，人民法院应当依照中华人民共和国缔结或者参加的国际条约，或者按照互惠原则办理。[②]

因此，当事人申请执行海事仲裁裁决，申请承认和执行外国法院判决、裁定以及国外海事仲裁裁决的，向被执行的财产所在地或者被执行人住所地海事法院提出。被执行的财产所在地或者被执行人住所地没有海事法院的，向被执行的财产所在地或者被执行人住所地的中级人民法院提出。[③] 但是，若被执行的财产为船舶的，无论该船舶是否在海事法院管辖区域范围内，均由海事法院管辖。船舶所在地没有海事法院的，由就近的海事法院管辖。[④]

（2）申请的期限

由于外国海事仲裁裁决在我国的承认与执行需要遵循我国《民事诉讼法》对于执行程序的原则性规定，因此《民事诉讼法》的相关规定也适用于外国仲裁裁决的承认与执行程

---

① 《纽约公约》第3—4条。
② 《中华人民共和国民事诉讼法》第283条。
③ 《中华人民共和国海事诉讼特别程序法》第11条。
④ 《最高人民法院关于适用〈中华人民共和国海事诉讼特别程序法〉若干问题的解释》第3条。

序。《中华人民共和国民事诉讼法》第 239 条规定,申请执行的期间为 2 年。申请执行时效的中止、中断,适用法律有关诉讼时效中止、中断的规定。前款规定的期间,从法律文书规定履行期间的最后一日起计算;法律文书规定分期履行的,从规定的每次履行期间的最后一日起计算;法律文书未规定履行期间的,从法律文书生效之日起计算。因此,需要向我国人民法院申请外国海事仲裁裁决的当事人应当自海事仲裁裁决规定的履行期间的最后一日起两年内提出申请,若海事仲裁裁决并未规定履行期间的,从海事仲裁裁决生效之日起两年内提出申请。

3. 拒绝承认与强制执行国际海事仲裁裁决的法律基础

(1) 申请承认与强制执行的国际海事仲裁裁决中有《纽约公约》第 5 条第 1 款规定的情形

《纽约公约》第 5 条第 1 款规定,裁决唯有于受裁决援用之一造向声请承认及执行地之主管机关提具证据证明有下列情形之一时,始得依该造之请求,拒予承认及执行:

- 第 2 条所称协定之当事人依对其适用之法律有某种无行为能力情形者,或该项协定依当事人作为协定准据之法律系属无效,或未指明以何法律为准时,依裁决地所在国法律系属无效者;
- 受裁决援用之一造未接获关于指派仲裁员或仲裁程序之适当通知,或因他故,致未能申辩者;
- 裁决所处理之争议非为交付仲裁之标的或不在其条款之列,或裁决载有关于交付仲裁范围以外事项之决定者,但交付仲裁事项之决定可与未交付仲裁之事项划分时,裁决中关于交付仲裁事项之决定部分得以承认及执行;
- 仲裁庭的组成或仲裁程序不符合仲裁各方当事人之间的仲裁协议,或者当事人之间不存在仲裁协议而与仲裁地所在国法律不符者;
- 裁决对各方当事人尚未产生拘束力,或者已经由裁决地所在国或裁决所依据法律的国家的主管机关撤销或停止执行的情况。

(2) 受理主管机关认为国际海事仲裁裁决中有违反本国强行法和公共政策的情形

《纽约公约》第 5 条第 2 款规定,倘声请承认及执行地所在国之主管机关认定有依该国法律,争议事项系不能以仲裁解决或者承认或执行裁决有违该国公共政策两种情形之一的,可以拒不承认及执行仲裁裁决。

(3)《纽约公约》作为审理承认以及执行外国仲裁裁决的"国际标准"的特点

作为国际商事仲裁制度的基石之一,1958 年《纽约公约》所确立的关于承认以及执行外国仲裁裁决的"国际标准"是缔约国之间在承认以及执行外国仲裁裁决的最低国际标准。除了签订《纽约公约》,许多国家之间可能还存在许多关于承认和执行外国仲裁裁决双边或多边条约,而且每个缔约的国家和地区关于承认和执行外国仲裁裁决的标准不一。针对这一问题,《纽约公约》第 7 条"更优权力条款"的规定,本公约之规定不影响缔约国间所订关于承认及执行仲裁裁决之多边或双边协定之效力,亦不剥夺任何利害关系人可依援引裁决地所在国之法律或条约所认许之方式,在其许可范围内,援用仲裁裁决之任何权利。因此,《纽约公约》仅仅就承认及执行仲裁裁决的最低标准做出了规定,缔约国可以根据其具体国情制定更优于《纽约公约》的国内法律法规、签订双边以及多边条约,但是上述文件对于外国仲裁裁决的承认与执行仅在《纽约公约》允许的范围内有效。

(六) 我国海事仲裁裁决的承认与执行

我国国内仲裁裁决在承认与强制执行的程序方面,与外国仲裁裁决所适用的程序在管辖法院、不予执行的理由和报告制度方面存在不同。与外国仲裁裁决直接适用国际公约不同,我国海事仲裁裁决的承认与执行多适用国内法法律法规进行。因此,此部分将主要论述我国海事仲裁裁决的承认与执行程序,其中包括国内海事仲裁裁决以及涉外海事仲裁裁决的承认与执行。

1. 仲裁裁决的承认与执行程序

(1) 我国海事仲裁裁决在本国法院的承认与执行

《中华人民共和国民事诉讼法》规定,法律规定由人民法院执行的其他法律文书,由被执行人住所地或者被执行的财产所在地人民法院执行。① 其中,上述规定的"其他法律文书"即已包括海事仲裁裁决书。② 我国相关立法还规定,当事人应当履行裁决。一方当事人不履行的,另一方当事人可以依照《民事诉讼法》的有关规定向人民法院申请执行。受申请的人民法院应当执行;③ 一方当事人不履行仲裁裁决的,对方当事人可以向被申请人住所地或者财产所在地的中级人民法院申请执行。④

与此同时,《中华人民共和国海事诉讼特别程序法》第11条则对于海事仲裁裁决的承认与执行做出专门规定,当事人申请执行海事仲裁裁决,申请承认和执行外国法院判决、裁定以及国外海事仲裁裁决的,向被执行的财产所在地或者被执行人住所地海事法院提出。被执行的财产所在地或者被执行人住所地没有海事法院的,向被执行的财产所在地或者被执行人住所地的中级人民法院提出。

但是,上述规定不适用于对于被执行财产为船舶的海事仲裁裁决承认与强制执行案件。《最高人民法院关于适用〈中华人民共和国海事诉讼特别程序法〉若干问题的解释》规定,⑤ 当事人根据《海事诉讼特别程序法》第11条的规定申请执行海事仲裁裁决,被执行的财产为船舶的,无论该船舶是否在海事法院管辖区域范围内,均由海事法院管辖。船舶所在地没有海事法院的,由就近的海事法院管辖。

(2) 我国涉外仲裁裁决的异域认可与执行

我国法律规定,人民法院做出的发生法律效力的判决、裁定,如果被执行人或者其财产不在中华人民共和国领域内,当事人请求执行的,可以由当事人直接向有管辖权的外国法院申请承认和执行,也可以由人民法院依照中华人民共和国缔结或者参加的国际条约的

---

① 《中华人民共和国民事诉讼法》第224条。
② 韩立新,袁绍春,尹伟民. 海事诉讼与仲裁. 大连:大连海事大学出版社,2007年,第340页。
③ 《中华人民共和国仲裁法》第62条。
④ 《中华人民共和国民事诉讼法》第236、237、273条。
⑤ 法释〔2003〕3号,于2002年12月3日由最高人民法院审判委员会第1259次会议通过,自2003年2月1日起施行。

规定，或者按照互惠原则，请求外国法院承认和执行。[①]

2. 海事仲裁裁决的不予承认与执行

（1）不予承认与执行的情况

《中华人民共和国仲裁法》和《中华人民共和国民事诉讼法》规定，被申请人提出证据证明国内海事仲裁裁决有《民事诉讼法》规定的情形之一的，经人民法院组成合议庭审查核实，裁定不予执行；而符合上述不予执行情况的有：当事人在合同中没有订立仲裁条款或者事后没有达成书面仲裁协议的、裁决的事项不属于仲裁协议的范围或者仲裁机构无权仲裁的、仲裁庭的组成或者仲裁的程序违反法定程序的、裁决所根据的证据是伪造的、对方当事人向仲裁机构隐瞒了足以影响公正裁决的证据的、仲裁员在仲裁该案时有贪污受贿，徇私舞弊，枉法裁决行为的、人民法院认定执行该裁决违背社会公共利益的，裁定不予执行。[②]

而在我国仲裁机构做出的涉外海事仲裁裁决的不予承认与执行的规则方面，则存在不同。对于涉外海事仲裁裁决来说，不能在我国法院得到承认与执行的情形包括：当事人在合同中没有订立仲裁条款或者事后没有达成书面仲裁协议、被申请人没有得到指定仲裁员或者进行仲裁程序的通知，或者由于其他不属于被申请人负责的原因未能陈述意见的、仲裁庭的组成或者仲裁的程序与仲裁规则不符的、裁决的事项不属于仲裁协议的范围或者仲裁机构无权仲裁的，以及人民法院认定执行该裁决违背社会公共利益的，裁定不予执行。[③]

相比于国内海事仲裁裁决的相关规定，我国法律法规关于涉外仲裁裁决的撤销没有"裁决所根据的证据是伪造的、对方当事人隐瞒了足以影响公正裁决的证据以及仲裁员在仲裁该案时有索贿受贿、徇私舞弊、枉法裁决行为"等相关规定。但是，由于存在"违背社会公共利益"的兜底性条款，国内海事仲裁裁决以及涉外海事仲裁裁决的撤销缘由存在趋同性。

（2）涉外仲裁裁决不予执行的"预先报告"制度

1995年8月28日，最高人民法院发布的《最高人民法院关于人民法院处理与涉外仲裁及外国仲裁事项有关问题的通知》规定，"凡一方当事人向人民法院申请执行我国涉外仲裁机构裁决，或者向人民法院申请承认和执行外国仲裁机构的裁决，如果人民法院认为我国涉外仲裁机构裁决具有《民事诉讼法》第260条情形之一的，或者申请承认和执行的外国仲裁裁决不符合我国参加的国际公约的规定或者不符合互惠原则的，在裁定不予执行或者拒绝承认和执行之前，必须报请本辖区所属高级人民法院进行审查；如果高级人民法院同意不予执行或者拒绝承认和执行，应将其审查意见报最高人民法院。待最高人民法院答复后，方可裁定不予执行或者拒绝承认和执行"。

根据该《通知》，我国涉外海事仲裁裁决的承认与执行建立起了"预先报告"制度。由于该制度规定若地方法院认为特定案件中的涉外海事仲裁裁决应不予执行，则应当报告

---

① 《中华人民共和国仲裁法》第72条、《中华人民共和国民事诉讼法》第280条。
② 《中华人民共和国仲裁法》第63条、《中华人民共和国民事诉讼法》第236—237条。
③ 《中华人民共和国仲裁法》第71条、《中华人民共和国民事诉讼法》第274条。

本辖区的高级人民法院才能裁定不予执行或者拒绝承认与执行，这使得该制度使法院倾向于裁定涉外海事仲裁裁决符合《纽约公约》和我国相关法律法规的规定，合法有效，可以予以承认并执行。上述预先报告的制度虽然使审判权能更为集中，但是能够有效地减缓承认和执行涉外海事仲裁裁决方面的地方因素的影响，加快我国仲裁制度的现代化和国际化步伐。

3. 仲裁裁决被依法撤销或者不予执行的法律救济

《中华人民共和国仲裁法》规定，一方当事人申请执行裁决，另一方当事人申请撤销裁决的，人民法院应当裁定中止执行。人民法院裁定撤销裁决的，应当裁定终结执行。撤销裁决的申请被裁定驳回的，人民法院应当裁定恢复执行。[①]《中华人民共和国民事诉讼法》第233条规定，执行完毕后，据以执行的判决、裁定和其他法律文书确有错误，被人民法院撤销的，对已被执行的财产，人民法院应当做出裁定，责令取得财产的人返还；拒不返还的，强制执行。

与此同时，仲裁裁决被人民法院裁定不予执行的，当事人可以根据双方达成的书面仲裁协议重新申请仲裁，也可以向人民法院起诉。[②]

九、小结：我国海事仲裁制度的建设与展望

我国海事仲裁制度经过半个多世纪的发展，日渐完善，逐渐制度化、国际化。在党的十一届三中全会以后，经国务院批准，时称中国国际贸易促进委员会海事仲裁委员会更名为中国海事仲裁委员会，并将我国海事仲裁的受案范围扩大到双方当事人协议要求仲裁的所有民事海事仲裁案件。在随后几十年的发展、改革历程中，中国海事仲裁委员会六次修订其《中国海事仲裁委员会仲裁规则》，在此过程中，海事仲裁案件的受案范围逐步得到扩大，原仲裁规则中不符合国际海事仲裁通行管理的相关规定逐步得到更改，海事仲裁机构的组织架构也逐渐优化、精简和健全，海事仲裁逐渐朝着便利海事仲裁当事人、现代化、国际化的方向稳步发展。

除此之外，中国海事仲裁委员会还在壮大其自身的海事仲裁专业队伍、培养相关行政人员以及实现办公现代化方面做出了卓越的努力。如今，中国海事仲裁委员会在国际海事仲裁以及海事争议纠纷解决领域的知名度越来越高，海事仲裁委员会的外籍海事仲裁专家、顾问以及仲裁员的数量也越来越多。与此同时，中国海事仲裁委员会还积极加强委员会的对外交流和国际合作，积极参与仲裁立法。现在，我国的专门海事仲裁机构——中国海事仲裁委员会也已经跻身世界重要的海事仲裁机构之一。

我国海事仲裁制度在多次改革之后，其海事仲裁实践已经逐渐与国际接轨。我国海事仲裁制度涉及与仲裁实践不仅承袭了国际海事仲裁制度本身所具有的尊重当事人意思自治、高效便利快捷以及仲裁员的独立公正性；与此同时，与世界上其他国际海事仲裁中心

---

① 《中华人民共和国仲裁法》第64条。
② 《中华人民共和国民事诉讼法》275条。

相比，我国的海事仲裁制度还带有强烈的机构仲裁、对于海事仲裁协议严苛的书面要求以及重视仲裁与调解相结合以促进当事人之间争议友好解决的制度特征。

作为国际海事仲裁最突出的特点，充分尊重当事人的意思自治也在我国海事仲裁制度中得到了彰显。根据《中国海事仲裁委员会仲裁规则》，当事人可以就海事仲裁的期限和程序、海事仲裁员的人数和任免、海事仲裁的法律适用等海事仲裁程序的诸多方面根据其意思自治而形成的当事人合意确定其海事仲裁案件的程序和规则。

与此同时，在我国海事仲裁委员会长达半个多世纪的发展过程中，委员会一直致力于加快我国海事仲裁制度本身的程序效率，满足海事争议当事人高效、便捷的纠纷解决的需求。这一方面体现在《中国海事仲裁委员会仲裁规则》对于海事仲裁程序各个环节相关期限的确认。在我国海事仲裁现行规则下，大部分程序的期限在 10~15 天左右，这有效地控制了海事仲裁当事人参加海事仲裁程序的时间成本。另外，我国海事仲裁程序对于高效、便捷的追求还体现在海事仲裁委员会所授予仲裁庭以及海事仲裁员的自由裁量权；这有力地突出了海事仲裁制度审理简便、灵活、高效的特点。

当然，考虑到仲裁裁决具有一裁终局的效力，随着《中国海事仲裁委员会仲裁员守则》的发布，仲裁员的独立公正性也成为我国海事仲裁制度的特点之一；同时，《中国海事仲裁委员会仲裁规则》也对海事仲裁员的回避以及合议中少数意见的记录做出了相应规定，方便当事人或者仲裁委员会进行监督。

与此同时，除了上述我国海事仲裁制度与国际海事仲裁管理相同的特点之外，重视仲裁与调解相结合、以机构仲裁为中心、强调海事仲裁协议的书面形式要件也成为我国海事仲裁制度与其他国际海事仲裁机构不同之处所在。

与世界上许多其他国际海事仲裁机构不同，我国海事仲裁委员会自成立伊始就始终坚持在尊重当事人意思自治的前提下，提倡以仲裁与调解相结合的方式促使海事争议当事人之间纠纷的解决。中国海事仲裁委员会的上述特点与我国"息讼"的法律制度文化以及社会文化也有密切的联系。仲裁与调解相结合的海事仲裁程序在中国海事仲裁委员会 60 年的发展过程中得到了不断的修订和完善，现在已经成为一个较为成熟的海事仲裁子程序。据了解，仲裁与调解相结合的制度在中国海事仲裁委员会下设的渔业争议解决中心和上海海事调解中心得到了非常成功的应用，为当事人之间海事相关纠纷的友好解决提供了另外一个行之有效的选择。

根据我国现行《中华人民共和国仲裁法》的相关规定，我国有法律效力的仲裁制度种类只限于机构仲裁。虽然学界对于在我国海事仲裁制度领域引入临时仲裁制度的呼声此起彼伏，临时仲裁案例也在我国民商事、海事纠纷解决中偶有发生，但是，临时仲裁制度作为海事仲裁制度种类的一种并未得到我国相关法律法规的正式承认。中国海事仲裁委员会作为我国唯一专门致力于海事仲裁法律服务的仲裁机构，设立了秘书处、专家咨询委员会等内设机构对于仲裁案件的受理、组庭、开庭、合议等仲裁程序流程的不同环节进行组织管理，确保我国海事仲裁案件审理的顺利进行。

在国际海事仲裁的绝大部分案例均由临时仲裁程序进行的大背景之下，由于我国适用机构仲裁程序进行海事仲裁案件的审理，我国相关仲裁法律法规以及我国通行的《中国海事仲裁委员会仲裁规则》对于仲裁协议的书面要求的形式规定相对也会比较严格。因此，在海事仲裁案件的审理实务中，有时会出现当事人之间海事仲裁协议约定的文字不符合海事仲裁协议书面要求的形式规定而归于无效的情况。笔者认为，这首先是我国海事仲裁制度本身适用机构仲裁所决定的；其次，在以后的仲裁理论探讨以及仲裁规则的修订过程中，可以考虑适当在仲裁协议书面要求方面做灵活化处理，以便利海事争议当事人进行海事仲裁。

如今，面临着我国建设国际航运中心的重大任务，以及世界范围内不同国际海事仲裁机构的激烈竞争，我国海事仲裁制度虽然仍存在许多不足，但依旧将在其半个多世纪的艰苦奋斗所取得的辉煌成就的基础之上，借力我国航运贸易发展的迅猛势头，百尺竿头、更进一步。

第四章 海事诉讼

一、海事纠纷与海事诉讼

(一) 海事纠纷的含义

海事诉讼是解决海事纠纷的一种方式，公正而高效地解决海事诉讼纠纷是海事诉讼的目的之一。充分理解和准确把握海事诉讼必须正确认识和界定海事、海事纠纷的概念。

从广义的角度而言，海事（admiralty）泛指和海上相关的一切事项。广义的海事包括狭义的海事和狭义的海商（maritime）。狭义的海事是指船舶海损事故，其中船舶事故包括船舶本身事故和船上事故两种，海损则包括旅客和船员等人命损失、船货等财产损失、营运损失及环境损失。[①] 狭义的海商是指平等主体之间在海上运输和相关商业往来中的行为，包括海上运输、海上拖航、船舶租赁及海上保险等商业行为。与商业无关，或虽与商业有关但与海洋无关，都不属于海商。[①] 可见，狭义的海商强调的是商业行为。广义的海商不仅包括海上商业行为，还包括监督与船舶管理、船员及船舶碰撞、海难救助等非商业活动。此时，狭义的海事则成为海商的一个组成部分。"admiralty"和"maritime"这两个词汇在英美国家的法律文件中通常是同时使用的。如在美国及澳大利亚等国的宪法中对海事案件管辖权问题的规定就同时使用了这两个词汇。[②] 可以说，广义上的海事与广义上的海商是同义的。[③]

对于海事纠纷概念的界定，不能简单地确定是属于狭义还是广义的海事范畴。长期以来，如何界定海事纠纷的概念在许多国家存在争议，并没有形成统一的认识，因为海事纠纷概念的界定涉及海事法院管辖的范围以及法律适用问题。在英国，海事纠纷是指因海事请求权而发生的纠纷。在美国，船舶、可航水域和海事联系是海事管辖权的三个标志和理由，但是确认纠纷是否在管辖范围之内完全取决于公众舆论和确定管辖权的政策。在我国，1999年12月25日颁布的《中华人民共和国海事诉讼特别程序法》（以下简称《海事诉讼法》）第4条规定"海事侵权纠纷、海商合同纠纷以及法律规定的其他海事纠纷"属于海事法院受理的范围。但是这里的"其他海事纠纷"仍需要进一步的界定。根据2001年9月11日最高人民法院颁布的《关于海事法院受理案件范围的若干规定》（以下简称

---

① 邢海宝. 海事诉讼特别程序研究. 北京：法律出版社，2002年，第10—11页。
② 金正佳. 海事诉讼法论. 大连：大连海事大学出版社，2001年，第1页。
③ 何丽新，饶玉琳. 海商法. 厦门：厦门大学出版社，2004年，第1页。

《受案范围规定》），我国海事法院受理我国法人、公民之间，我国法人、公民同外国或其他地区法人、公民之间，外国或者地区法人、公民之间的下列案件：①海事侵权纠纷案件；②海商合同纠纷案件；③海事执行案件；④其他海事海商纠纷案件，这里的其他海事海商纠纷案件包括：在海上或者通海水域、港口的运输、作业（含捕捞作业）中发生的重大责任事故引起的赔偿纠纷案件，港口作业纠纷案件，共同海损纠纷案件，海洋开发利用纠纷案件，船舶所有权、占有权、使用权、抵押权、留置权和优先权的纠纷案件，海事请求保全案件，海事强制令案件，海事公示催告案件，设立海事赔偿责任限制基金案件等。从上述司法解释的规定来看，我国海事纠纷的范围较为宽泛，不仅包括海上的相关纠纷，而且还包括通海水域的相关纠纷。

（二）海事诉讼的概念和特点

1. 海事诉讼的概念

海事诉讼是指海事法院及其上级人民法院、当事人和其他诉讼参与人在审理海事案件的过程中所进行的各种诉讼活动以及由这些活动所产生的各种诉讼关系的总和。

诉讼活动，既包括海事法院及其上级人民法院的审判活动，如案件受理、调查取证、适用海事强制令、做出裁判等；又包括诉讼参与人的诉讼活动，如原告起诉、被告提出答辩状或反诉、证人出庭作证等。诉讼活动必须是海事法院及其上级人民法院和诉讼参与人在海事诉讼过程中所进行的能够发生诉讼关系的活动。如海事法院受理了原告的起诉后，将起诉状副本于法定期限内送达被告。

诉讼关系，是指海事法院及其上级人民法院和一切诉讼参与人之间在海事诉讼过程中所形成的诉讼权利义务关系。海事法院及其上级人民法院始终是诉讼关系中的一方主体，与作为诉讼关系的另一方诉讼参与人发生关系。如原告起诉，海事法院予以受理，并在法定期限内将原告起诉状副本送达被告，海事法院与原告和被告分别发生了诉讼关系。

海事诉讼由诉讼活动和诉讼关系两方面的内容所构成，诉讼活动能够产生、变更或者消灭诉讼关系，而诉讼关系又通过诉讼活动表现出来。同时，这些诉讼活动和诉讼关系，都是《海事诉讼法》或者《民事诉讼法》所规定的，是依法进行的诉讼活动和依法产生的诉讼关系。

2. 海事诉讼的特点

海事诉讼属于民事诉讼的范畴，是一种具有海事海商特点的民事诉讼。但海事诉讼并不能等同于民事诉讼，与一般的民事诉讼相比，海事诉讼具有以下特点。

（1）国际性

海事诉讼具有较强的国际性，因为海事诉讼所要解决的纠纷往往具有国际因素。海事诉讼的一方或双方主体往往是外国当事人，或者诉讼标的物在国外，或者争议的海事权利义务关系的法律事实发生在国外，由此导致相当数量的海事案件具有国际性。此外，无论是实体法的适用还是程序法的适用，海事诉讼都具有广泛的国际性。海事诉讼适用的实体法规范中，国际公约和国际惯例占很大比例，如海事诉讼常常要适用《海牙规则》《维斯比规则》《约克－安特卫普规则》等国际公约的规定。在海事诉讼程序法的制定上，许多国家的海事诉讼程序法也吸收和借鉴了国际公约的规定，如我国《海事诉讼法》就吸收和借鉴了《1999 年国际扣船公约》中的许多规定。

（2）专业性

适用海事诉讼程序审理的案件大多数是具有海事海商性质的案件，海事诉讼所解决纠纷的案件性质决定了海事诉讼具有很强的专业性。海事纠纷案件往往涉及非常专业的船舶知识、航海知识和海事贸易知识，而且还涉及与海上风险分担有关的制度和惯例。因此，许多国家都设立专门的法院或者法庭审理海事案件，由具有相应专业知识的法官审理海事案件，如英美国家由海事法官专门审理海事案件，不允许陪审团审理，[①] 我国设立专门的海事法院审理此类案件。

（3）诉讼规则的特殊性

海商法中一些特殊制度的规定决定了海事诉讼程序规则具有特殊性，因此各国海事诉讼基本采用与民事诉讼不同的程序规则。各国海商法均规定，对因合同或侵权而产生的海事请求，受损害一方可以就有关的有形物（通常是船舶）享有物权。这种物权赋予债权人对船舶等财产直接提起诉讼的权利，由此各国的海事诉讼中也就产生了扣船制度。为了保证海商法的实施，我国《海事诉讼法》规定了设立海事赔偿责任限制基金程序、船舶优先权催告程序等程序，这些程序中的一些诉讼规则是民事诉讼中所没有的。

（三）海事诉讼法的概念和性质

1. 海事诉讼法的概念

海事诉讼与海事诉讼法是两个既相互联系又相互区别的概念。两者之间的关系是调整对象与法律关系本身的关系。海事诉讼是海事诉讼法调整的对象，海事诉讼法是调整海事诉讼的法律规范。具体而言，海事诉讼法是指国家制定或认可的，规定海事法院及其上级人民法院和其他诉讼参与人在审理海事案件中所进行的各种诉讼活动以及由此产生的各种诉讼关系的法律规范的总和。

我国调整海事诉讼的专门法律是 1999 年 12 月 25 日颁布的《海事诉讼法》，与《民事诉讼法》的关系是特别法与普通法的关系。在审理海事诉讼案件时，如果《海事诉讼法》有特别规定，应当优先适用《海事诉讼法》的特别规定，只有当《海事诉讼法》没有特别规定时，才适用《民事诉讼法》的一般规定。正如《海事诉讼法》第 2 条所规定的："在中华人民共和国领域内进行海事诉讼，适用《中华人民共和国民事诉讼法》和本法。本法有规定的，依照其规定。"因此，《海事诉讼法》与《民事诉讼法》共同构成了调整海事诉讼活动的基本程序规范。另外，2003 年 1 月 6 日，最高人民法院颁布了《关于适用〈中华人民共和国海事诉讼特别程序法〉若干问题的解释》（以下简称《海事诉讼法解释》），对《海事诉讼法》适用过程中遇到的一些问题予以进一步规定。

2. 海事诉讼法的性质

就海事诉讼法本身的特性而言，可以从三个方面理解。

---

① 江伟. 民事诉讼法学. 北京：北京大学出版社，2012 年，第 364 页。

(1) 海事诉讼法是部门法

根据调整对象或者调整方法的不同，可以将法律划分为不同的部门。海事诉讼法的调整对象是海事诉讼活动和海事诉讼关系，这种特定的调整对象是与其他法律部门相区别的根本标志。

(2) 海事诉讼法属于基本法以外的法律

法律包括根本法、基本法和基本法以外的法律。基本法由全国人大制定和修改，规定国家、社会和公民生活中具有重大意义的基本问题，基本法以外的法律由全国人大常委会制定和修改，规定由基本法调整以外的国家、社会和公民生活中某一方面的基本问题。《海事诉讼法》是1999年12月25日第九届全国人民代表大会常务委员会第13次会议通过的，是为了维护海事诉讼当事人的诉讼权利，保证人民法院查明事实、分清责任、正确适用法律、及时审理海事案件而专门制定的，因此属于基本法以外的法律。

(3) 海事诉讼法是程序法

程序法是相对于实体法而言的。实体法是规定实体权利和义务（或职权和职责）的法律。相对于海商法等实体法而言，海事诉讼法主要以诉讼活动（诉讼行为）和诉讼关系为调整对象，其内容包括法院的审判权、当事人以及其他诉讼参与人的诉讼权利和义务、诉讼行为的法律效力等。总之，海事诉讼法是法院和当事人等进行海事诉讼所必须遵循的程序规范，正因为如此，海事诉讼法被定性为程序法。

二、海事诉讼管辖

（一）海事诉讼管辖概述

管辖，是指各级人民法院或者同级人民法院之间受理第一审案件的分工和权限。海事诉讼管辖，是指确定海事法院与其他人民法院之间、海事法院相互之间和海事法院与上级人民法院之间受理第一审海事案件的分工和权限。一方面，海事诉讼管辖解决海事法院与地方各级人民法院之间受理第一审海事案件的分工和权限；另一方面，还从纵横两个方面解决各海事法院之间、海事法院与上级人民法院之间受理第一审海事案件的分工和权限。

海事案件由海事法院专门管辖。《海事诉讼法》《海事诉讼法解释》《受案范围规定》明确规定了海事案件的范围，是海事法院行使专门管辖权的依据。根据《受案范围规定》，海事法院受理的海事案件范围包括4大类63小类，具体包括海事侵权纠纷案件、海商合同纠纷案件、其他海事海商纠纷案件和海事执行案件。

海事法院与地方人民法院之间因管辖权发生争议，由争议双方协议解决；协商解决不了的，报请他们共同的上级人民法院指定管辖。海事法院之间因管辖权发生争议，由争议双方协议解决；协商解决不了的，由最高人民法院指定管辖。

（二）海事诉讼具体管辖

1. 级别管辖

级别管辖是指海事法院与上级法院之间受理第一审海事案件的分工和权限，是法院内部对第一审海事案件的纵向分工。海事案件的审级是"三级两审制",具体而言,海事案件的三级审级分别是海事法院、海事法院所在省、自治区、直辖市的高级人民法院和最高人民法院。需要说明的是,海事法院与中级人民法院属于同一级别。为了方便当事人诉讼和及时解决海事纠纷,各海事法院在沿海大港口设立了派出法庭。

《海事诉讼法》第5条规定:"海事法院及其所在地的高级人民法院和最高人民法院审理海事案件的,适用本法。"《海事诉讼法解释》第1条规定:"在海上或者通海水域发生的与船舶或者运输、生产、作业相关的海事侵权纠纷、海商合同纠纷,以及法律或者相关司法解释规定的其他海事纠纷案件由海事法院及其上级人民法院专门管辖。"上述规定表明,立法或司法解释对海事法院与其所在地的高级人民法院和最高人民法院之间受理第一审海事案件的级别管辖分工没有明确规定管辖标准。因此,海事案件的级别管辖仍适用《民事诉讼法》第18条至第20条的规定和其他有关规定。另外,最高人民法院1999年8月颁布的《各级人民法院受理第一审民事案件、经济纠纷案件级别管辖的规定》中规定,海事法院受理第一审海事纠纷和海商纠纷案件,不受争议金额限制。

根据上述规定,实践中绝大多数第一审海事案件由海事法院管辖,根据案件的性质、标的以及社会影响程度等方面的不同,海事法院所在地的高级人民法院和最高人民法院也可以受理第一审海事案件。这样规定有利于海事法院及其上级人民法院高效快捷地审结海事案件,科学地分配诉讼资源,体现了我国海事诉讼程序特设的"三级两审制"的制度内涵。

2. 地域管辖

(1) 海事法院的管辖区域

海事诉讼地域管辖,是指各海事法院之间受理第一审海事案件的分工与权限。属于海事法院之间的横向分工,它解决的是各海事法院之间受理第一审海事案件的范围划分。

海事法院对第一审海事案件的地域管辖不是以案件事实与行政区划的关系为标准,而是以案件事实与各海事法院所处不同海域的关系为标准来划分的。最高人民法院《关于设立海事法院几个问题的决定》等文件对10个海事法院的管辖区域做了划分。[①]

海口海事法院管辖区域:海南省所属港口和水域以及西沙、中沙、南沙、黄岩岛等岛屿及其水域。

北海海事法院管辖区域:东至北部湾英罗湾河道中心线,西至与越南交界处的延伸海域及其岛屿和北海、防城、钦州等主要港口。

广州海事法院管辖区域:西至北部湾英罗湾河道中心线,东至广东省与福建省交界处的延伸海域,南至广东省与海南省交界处的延伸海域和珠江口至广州港一段水域,其中包括南澳岛及其他海上岛屿和湛江、黄埔、广州、深圳、汕头、惠州等主要港口。

厦门海事法院管辖区域:南自福建省与广东省交界处,北至福建省与浙江省交界处的延伸海域,其中包括东海南部、台湾省、海上岛屿和福建省所属港口。

宁波海事法院管辖区域:浙江省所属港口和水域(包括所辖岛屿、所属港口和通海的

---

① 江伟. 民事诉讼法学. 上海:复旦大学出版社,2006年,第502页。

内河水域)。

上海海事法院管辖区域：南自上海市与浙江省交界处，北至江苏省与山东省交界处的延伸海域，长江口至江苏浏河口一段水域，其中包括东海北部、黄海南部、上海、连云港等主要港口。

武汉海事法院管辖区域：自四川兰家沱至江苏浏河口的长江干线，包括重庆、涪陵、万县、宜昌、枝江、沙市、城陵矶、武汉、黄石、九江、安庆、铜陵、芜湖、马鞍山、南京、镇江、江阴、张家港、南通等主要港口。

青岛海事法院管辖区域：南自山东省与江苏省的交界处，北至山东省与河北省交界处的延伸海域，其中包括黄海一部分、渤海一部分、海上岛屿和石臼港、青岛、威海、烟台等主要港口。

天津海事法院管辖区域：南自河北省与山东省交界处，北至河北省与辽宁省交界处的延伸海域，其中包括黄海一部分、渤海一部分、海上岛屿和天津、秦皇岛等主要港口。

大连海事法院管辖区域：南自辽宁省与河北省的交界处，东至鸭绿江口的延伸海域和鸭绿江水域，其中包括黄海一部分、渤海一部分、海上岛屿和大连、营口等主要港口。①

(2) 一般地域管辖

海事诉讼一般地域管辖，是指根据当事人住所地与海事法院辖区的隶属关系所确定的管辖。《海事诉讼法》第6条第1款规定：海事诉讼的地域管辖，依照《民事诉讼法》的有关规定。因此海事诉讼中的一般地域管辖应当适用我国《民事诉讼法》的有关规定。一般地域管辖是以被告住所地法院管辖为原则（即"原告就被告"原则），以原告住所地法院管辖为例外。依据我国《民事诉讼法》第21条的规定可以推知，对公民提起的海事诉讼，由被告住所地海事法院管辖；被告住所地与经常居住地不一致的，由经常居住地海事法院管辖。对法人或者其他组织提起的海事诉讼由被告住所地海事法院管辖。公民的经常居住地是指公民离开住所地至起诉时已连续居住一年以上的地方，但公民住院就医的除外。法人的住所地是指法人的主要营业地或者主要办事机构所在地。

(3) 特殊地域管辖

特殊地域管辖是指以诉讼标的所在地或海事事实发生地为标准，兼顾考虑被告住所地而确定的管辖。由于海事案件具有涉外因素多、涉及范围广、专业技术性强、诉讼标的流动等特点，故只有大多数海事案件采用特殊地域管辖，才能公正、高效地解决纠纷，保护当事人的合法权益。海事诉讼特殊地域管辖都是法定的共同管辖，即法律就每一类海事纠纷诉讼的特殊地域管辖都直接规定由两个或者两个以上的海事法院管辖。此外，特殊地域管辖基本上吸收了"原告就被告"的一般地域管辖原则，除了共同海损和海难救助等少数类型海事案件外，大多数适用特殊地域管辖的海事案件，均可以由被告住所地海事法院管辖。《海事诉讼法》和《海事诉讼法解释》对海事诉讼的特殊地域管辖做出了较《民事诉讼法》更为详尽的规定。

①因海事侵权行为提起的诉讼，除依照《民事诉讼法》第28~30条的规定以外，还可以由船籍港所在地海事法院管辖。

---

① 屈广清. 海事诉讼与海事仲裁法. 北京：法律出版社，2007年，第22—23页。

《民事诉讼法》第 28 条规定:"因侵权行为提起的诉讼,由侵权行为地或者被告住所地人民法院管辖。"第 29 条规定:"因铁路、公路、水上和航空事故请求损害赔偿提起的诉讼,由事故发生地或者车辆、船舶最先到达地、航空器最先降落地或者被告住所地人民法院管辖。"第 30 条规定:"因船舶碰撞或者其他海事损害事故请求损害赔偿提起的诉讼,由碰撞发生地、碰撞船舶最先到达地、加害船舶被扣留地或者被告住所地人民法院管辖。"

船籍港是指船舶依法注册登记的港口。需要说明的是,此处的"船籍港"是指被告船舶的船籍港。如果被告船舶的船籍港不在我国领域内,而原告船舶的船籍港在我国领域内的,由原告船舶的船籍港所在地的海事法院管辖。

②因海上运输合同纠纷提起的诉讼,除依照《民事诉讼法》第 27 条的规定以外,还可以由转运港所在地海事法院管辖。

《民事诉讼法》第 27 条规定:"因铁路、公路、水上、航空运输和联合运输合同纠纷提起的诉讼,由运输始发地、目的地或者被告住所地人民法院管辖。"就海上运输合同纠纷而言,《民事诉讼法》第 27 条规定的"运输始发地、目的地"是指起运港、到达港。

依据上述规定,因海上运输合同纠纷提起的诉讼,起运港、转运港、到达港和被告住所地海事法院都有管辖权。此处的"起运港、转运港、到达港"是指合同约定的或者实际履行的起运港、转运港、到达港。如果合同约定的起运港、转运港、到达港与实际履行的起运港、转运港、到达港不一致,则以实际履行的地点确定案件管辖法院。

③因海船租用合同纠纷提起的诉讼,由交船港、还船港、船籍港所在地、被告住所地海事法院管辖。

此处的"海船"是指适合航行于海上或者通海水域的船舶,外延应于我国《海商法》第 3 条规定的船舶概念的外延范围相同。依据《海商法》第 128 条、第 129 条、第 144 条的规定,船舶租用合同,包括定期租船合同和光船租赁合同。定期租船合同,是指船舶出租人向承租人提供约定的由出租人配备船员的船舶,由承租人在约定的期间内按照约定的用途使用,并支付租金的合同。光船租赁合同,是指船舶出租人向承租人提供不配备船员的船舶,在约定的期间内由承租人占有、使用和营运,并向出租人支付租金的合同。因定期租船合同和光船租赁合同纠纷提起的诉讼,交船港、还船港、船籍港所在地、被告住所地海事法院都有管辖权。从性质上讲,海船租用合同纠纷仍然属于合同纠纷,交船港、还船港实际上相当于合同履行地。关于"航次租船合同"是否属于海船租用合同理论界存在争议,本书认为"航次租船合同"不属于此处所说的海船租用合同。根据《海商法》的规定,航次租船合同属于海上货物运输合同。① 所谓航次租船合同,是指船舶出租人向承租人提供船舶或者船舶的部分舱位,装运约定的货物,从一港运至另一港,由承租人支付约定运费的合同。

④因海上保赔合同纠纷提起的诉讼,由保赔标的物所在地、事故发生地、被告住所地海事法院管辖。

海上保赔合同是指会员入会时与互保协会签订的由互保协会对会员所遭受的传统的商

---

① 江伟. 民事诉讼法学. 北京:北京大学出版社,2012 年,第 366 页。

业保险公司不予承保的某类损失或责任负责赔偿而会员按期缴纳会费的合同。① 互保协会包括船东互保协会、联运互保协会等,其中,船东互保协会是指由船舶所有人自愿组织起来的一种相互保险的组织。传统商业保险公司不予承保的损失或责任包括船舶油污、船员人身伤亡或疾病、沉船沉物的打捞费用、偷渡等引起的损失或责任。互保协会并不是对所有传统商业保险公司不予承保的损失或责任都予以承保,如船东互保协会不承保租金、船舶滞期费或迟延交付等引起的损失。海上保赔合同的承保范围随着船东责任的加重和船东互保协会的发展而越来越广,具体的承保风险依各船东互保协会各自的章程而定。②

参加互保协会的船舶发生海事事故后,如果互保协会不能按照章程的约定履行赔偿义务,船舶所有人则可能依据互保合同的约定对互保协会提起诉讼。因海上保赔合同纠纷提起的诉讼,保赔标的物所在地、事故发生地、被告住所地海事法院有管辖权。保赔标的物所在地是指加入互保协会的会员所属船舶所在的地点。事故发生地是指加入保赔协会的船舶发生海事事故的地点。被告住所地是指作为被告的互保协会或者会员所在的地点。

⑤因海船的船员劳务合同纠纷提起的诉讼,由原告住所地、合同签订地、船员登船港或者离船港所在地、被告住所地海事法院管辖。

这里的"海船船员"的概念应做扩大解释,不仅包括受雇用而在航行于海上的船舶上工作的人员,还应包括受雇用而在与海相通且属于海事法院管辖的可航水域中航行的船舶上的工作人员。确立原告住所地作为海事法院行使管辖权的连接点具有重要意义,我国是船员劳务的出口国,每年都有大量的船员通过劳务输出的方式工作于外籍船舶上,将原告住所地确定为管辖连接点,方便中国船员在国内通过诉讼的方式解决纠纷,维护其合法权益。确定合同签订地、被告住所地作为管辖的连接点是国际通行的做法,被告住所地原则是一般地域管辖原则。确定船员登船港或者离船港所在地作为管辖的连接点,便于当事人行使诉讼权利和海事法院及时审理和裁判此类案件,是我国海事审判实践的经验总结。

⑥因海事担保纠纷提起的诉讼,由担保物所在地、被告住所地海事法院管辖;因船舶抵押纠纷提起的诉讼,还可以由船籍港所在地海事法院管辖。

海事担保纠纷包括在海上运输、船舶买卖等海事海商活动中因担保而发生的纠纷以及《海事诉讼法》第6章所规定的海事担保。就《海事诉讼法》第6章所规定的海事担保而言,如果因被申请人向海事请求人提供的海事担保发生争议,可以依上述管辖权连接点来确定管辖法院,但如果因海事请求人和被申请人向海事法院提供的担保而发生争议,则应由接受海事担保的海事法院对该海事担保纠纷进行管辖更为恰当。

⑦因海船的船舶所有权、占有权、使用权、优先权纠纷提起的诉讼,由船舶所在地、船籍港所在地、被告住所地海事法院管辖。

船舶优先权,是指海事请求人依据《海商法》第22条的规定,向船舶所有人、光船承租人、船舶经营人提出海事请求,对产生海事请求的船舶具有优先受偿的权利。《海商法》第22条的规定:"下列各项海事请求具有船舶优先权:①船长、船员和在船上工作的

---

① 屈广清. 海事诉讼与海事仲裁法. 北京:法律出版社,2007年,第25页.
② 张丽英. 海商法学. 北京:高等教育出版社,2006年,第483页.

其他在编人员根据劳动法律、行政法规或者劳动合同所产生的工资、其他劳动报酬、船员遣返费用和社会保险费用的给付请求；②在船舶营运中发生的人身伤亡的赔偿请求；③船舶吨税、引航费、港务费和其他港口规费的缴付请求；④海难救助的救助款项的给付请求；⑤船舶在营运中因侵权行为产生的财产赔偿请求。载运2 000吨以上的散装货油的船舶，持有有效的证书，证明已经进行油污损害民事责任保险或者具有相应的财务保证的，对其造成的油污损害的赔偿请求，不属于前款第⑤项规定的范围。"

根据《海事诉讼法解释》第7条的规定，此处的"船舶所在地"是指起诉时船舶的停泊地或者船舶被扣押地。另外，根据《海事诉讼法解释》第10条的规定，与船舶担保或者船舶优先权有关的借款合同纠纷，由被告住所地、合同履行地、船舶的船籍港、船舶所在地的海事法院管辖。

⑧因海难救助费用提起的诉讼，由救助地或者被救助船舶最先到达地海事法院管辖以及被救助的船舶以外的其他获救财产所在地的海事法院管辖。

海难救助费用，是指专业救助人或来往船舶对遭遇海难的船舶、货物和客货运费的全部或部分进行救助所产生的费用。《海事诉讼法解释》第9条的规定，因海难救助费用提起的诉讼，除依照《民事诉讼法》第31条的规定确定管辖外，还可以由被救助的船舶以外的其他获救财产所在地的海事法院管辖。《民事诉讼法》第31条规定："因海难救助费用提起的诉讼，由救助地或者被救助船舶最先到达地人民法院管辖。"依据上述规定，因海难救助费用提起的诉讼，由救助地、被救助船舶最先到达地或者被救助的船舶以外的其他获救财产所在地的海事法院均有管辖权。

另外，《海事诉讼法》第9条规定，当事人申请认定海上财产无主的，向财产所在地海事法院提出；申请因海上事故宣告死亡的，向处理海事事故主管机关所在地或者受理相关海事案件的海事法院提出。《海事诉讼法解释》第14条规定，认定海事仲裁协议效力案件，由被申请人住所地、合同履行地或者约定的仲裁机构所在地的海事法院管辖。

3. 专属管辖

专属管辖，是指法律规定特定的海事案件只能由特定的海事法院管辖。专属管辖具有排他性，专属管辖既排除外国法院的管辖权，也排除协议管辖、一般地域管辖和特殊地域管辖的适用。根据《海事诉讼法》第7条的规定，下列海事诉讼，由《海事诉讼法》规定的海事法院专属管辖。

①因沿海港口作业纠纷提起的诉讼，由港口所在地海事法院管辖；

②因船舶排放、泄漏、倾倒油类或者其他有害物质，海上生产、作业或者拆船、修船作业造成海域污染损害提起的诉讼，由污染发生地、损害结果地或者采取预防污染措施地海事法院管辖；

③因在中华人民共和国领域和有管辖权的海域履行的海洋勘探开发合同纠纷提起的诉讼，由合同履行地海事法院管辖。

需要说明的是，此处的"有管辖权的海域"，是指中华人民共和国的毗连区、专属经济区、大陆架以及有管辖权的其他海域。此处的"合同履行地"，是指合同的实际履行地；合同未实际履行的，为合同约定的履行地。

4. 协议管辖

协议管辖，又称合意管辖或者约定管辖，是指在纠纷发生之前或者之后，根据双方当事人的约定而确定的管辖。协议管辖的规定体现了法律尊重当事人"意思自治"的原则，是对当事人处分权的尊重。

《海事诉讼法》没有对一般海事案件的协议管辖做进一步的规定，海事案件的协议管辖要适用《民事诉讼法》关于协议管辖的规定。《民事诉讼法》第34条规定："合同或者其他财产权益纠纷的当事人可以书面协议选择被告住所地、合同履行地、合同签订地、原告住所地、标的物所在地等与争议有实际联系的地点的人民法院管辖，但不得违反本法对级别管辖和专属管辖的规定。"《海事诉讼法》第8条丰富了协议管辖的内容，扩大了协议管辖的范围。《海事诉讼法》第8条规定："海事纠纷的当事人都是外国人、无国籍人、外国企业或者组织，当事人书面协议选择中华人民共和国海事法院管辖的，即使与纠纷有实际联系的地点不在中华人民共和国领域内，中华人民共和国海事法院对该纠纷也具有管辖权。"该条的适用条件是：①海事纠纷的当事人双方都是外国人、无国籍人、外国企业或者组织；②当事人以书面形式协议选择我国海事法院管辖。

三、海事请求保全

（一）海事请求保全的概念

海事请求保全，是指海事法院根据海事请求人的申请，为保障其海事请求的实现，对被请求人的财产所采取的强制措施。尽管海事请求保全在性质上属于财产保全，与《民事诉讼法》中规定的财产保全制度是特殊和一般的关系，但海事请求保全是海事诉讼中的专用概念，与民事诉讼中的财产保全有许多不同之处。与民事诉讼中的财产保全相比，海事请求保全具有以下特点。

①海事请求保全案件只能由被保全的财产所在地的海事法院或者受理案件的海事法院管辖。海事请求保全是为了保全海事请求而采取的措施，属于海事案件的范畴，应当由海事法院专门管辖。

②海事请求保全只能根据海事请求人的申请而启动，法院不能依职权主动采取保全措施。这与民事诉讼中的诉前财产保全相同，而与诉讼财产保全不同。

③海事请求保全的对象是被请求人的财产，包括船舶、船载货物、船用燃油以及物料。对上述财产以外的其他财产的海事请求保全，应适应《民事诉讼法》有关财产保全的规定。

④海事请求保全的目的具有层次性。海事请求保全的目的之一是，通过扣押被请求人的财产，迫使其提供担保或者出庭应诉，以确保法院的判决能够得到执行，实现海事请求权人的权利；目的之二是债务清偿，如果被请求人不出庭应诉，法院可以拍卖保全的财物，以拍卖的价款使被请求人清偿债务。

（二）海事请求保全的管辖

海事诉讼诉前海事请求保全的管辖采取属地管辖原则。《海事诉讼法》第13条规定："当事人在起诉前申请海事请求保全，应当向被保全的财产所在地海事法院提出。"依据该规定，财产所在地是确定诉前海事请求保全管辖的唯一连接点。根据《海事诉讼法解释》第20条的规定，此处的"被保全的财产所在地"，是指船舶的所在地或者货物的所在地。当事人在诉讼前对已经卸载但在承运人掌管之下的货物申请海事请求保全，如果货物所在地不在海事法院管辖区域的，可以向卸货港所在地的海事法院提出，也可以向货物所在地的地方人民法院提出。上述规定表明，对于因海事请求提起的保全，除了不在海事法院管辖区域且已经卸载并在承运人掌管之下的船载货物可以选择货物所在地地方法院管辖外，其他无论被请求保全的财产所在地是否与纠纷有实际联系，只要当事人于起诉前申请海事请求保全的，均应向被保全的财产所在地海事法院提出，体现了属地管辖的原则。另外，《海事诉讼法》第14条规定："海事请求保全不受当事人之间关于该海事请求的诉讼管辖协议或者仲裁协议的约束。"该条规定意味着即使当事人就海事请求实体争议通过管辖协议约定了管辖法院，或者通过仲裁协议约定将纠纷提交到仲裁机构，也不影响财产所在地的海事法院对海事请求保全行使属地管辖权。

对于诉讼中的海事请求保全的管辖法院，《海事诉讼法》和《海事诉讼法解释》均没有明确予以规定，但根据《民事诉讼法》第100条和《海事诉讼法解释》第21条的规定可以推知，诉讼中的海事请求保全，应当由受理海事纠纷案件的海事法院受理。

（三）海事请求保全的程序

1. 申请

无论是诉讼或者仲裁前的海事请求保全，还是诉讼或者仲裁中的海事请求保全，海事请求人均应当向海事法院提交书面申请，申请书应当载明海事请求事项、申请理由、保全的标的物以及要求提供担保的数额，并附有关证据。需要注意的是，海事请求保全并不要求必须列明被申请人。对此，《海事诉讼法》第25条明确规定："海事请求人申请扣押当事船舶，不能立即查明被请求人名称的，不影响申请的提出。"

2. 担保

海事法院受理海事请求保全申请，可以责令海事请求人提供担保。海事请求人不提供的，驳回其申请。

3. 裁定与复议

海事法院对海事请求人的保全申请应当进行形式审查，经审查，海事法院认为海事请求人的申请符合海事请求保全条件的，应当在48小时内做出裁定。对不符合海事请求保全条件的，裁定驳回其申请。

当事人对裁定不服的，可以在收到裁定书之日起5日内申请复议一次。海事法院应当在收到复议申请之日起5日内做出复议决定。复议期间不停止裁定的执行。

利害关系人对海事法院做出的海事请求保全裁定不服的，也可以提出异议。对于利害关系人的异议,经海事法院审查,认为理由不成立的,应当书面通知利害关系人。

4. 执行

海事法院裁定采取海事请求保全措施的,应当立即执行。一般而言,扣押船舶的执行程序比较复杂。海事法院做出准予扣船裁定的同时,要发出扣押船舶命令,由执行人员等上船舶,向船长宣读扣船裁定书和扣押船舶命令,并将裁定书和扣押船舶命令送达船长。扣押外轮,通常还需要港务监督、边防检查、海关等部门协助执行。

5. 解除保全措施

根据《海事诉讼法》第18条和《海事诉讼法解释》第22条、第25条、第26条的规定,在下列情形下,海事法院应当解除保全措施。

①被请求人提供担保。

②当事人有正当理由申请解除海事请求保全。所谓当事人有正当理由申请解除海事请求保全,一般是指,海事请求人接受了被请求人提供的担保、与被请求人协商解决了纠纷,以及海事请求人认为保全可能是错误的或者保全已无必要等,或者被请求人已提供担保、认为保全错误等。

③利害关系人对海事请求保全提出异议,海事法院经审查,认为理由成立的,应当解除对其财产的保全。

④海事请求人在规定的期限内,没有提起诉讼或者未按仲裁协议申请仲裁的,海事法院应当及时解除保全或者返还担保。具体而言,海事请求保全扣押船舶超过30日、扣押货物或者其他财产超过15日,海事请求人未提起诉讼或者未按照仲裁协议申请仲裁的,海事法院应当及时解除保全或者返还担保。

⑤申请人为申请扣押船舶提供限额担保,在扣押船舶期限届满时,未按照海事法院的通知追加担保的,海事法院可以解除扣押。

6. 保全错误的后果

海事请求人申请海事请求保全错误的,应当赔偿被请求人或者利害关系人因此所遭受的损失。申请扣押船舶错误造成的损失,包括因船舶被扣押在停泊期间产生的各项维持费用与支出、船舶被扣押造成的船期损失和被申请人为使船舶解除扣押而提供担保所支出的费用。

被请求人或者利害关系人依据《海事诉讼法》第20条的规定要求海事请求人赔偿损失,向采取海事请求保全措施的海事法院提起诉讼的,海事法院应当受理。

海事请求保全执行后,有关海事纠纷未进入诉讼或者仲裁程序的,当事人就该海事请求,可以向采取海事请求保全的海事法院或者其他有管辖权的海事法院提起诉讼,但当事人之间订有诉讼管辖协议或者仲裁协议的除外。

(四)海事请求保全的效果

根据《海事诉讼法》第19条的规定,海事请求保全执行后,有关海事纠纷未进入诉讼或者仲裁程序的,当事人就该海事请求,可以向采取海事请求保全的海事法院或者其他有管辖权的海事法院提起诉讼,但当事人之间订有诉讼管辖协议或者仲裁协议的除外。依据该条规定,海事请求人诉前申请海事请求保全的,在保全期限内,可以向采取海事请求保全措施的海事法院起诉，也可以向其他有管辖权的海事法院提起诉讼。但是，如果当事人之间订有诉讼管辖协议或者仲裁协议的，海事请求人只能向协议约定的海事法院提起诉讼或者向仲裁协议约定的仲裁机构申请仲裁。

(五) 船舶的扣押

1. 申请扣押船舶的条件

扣押船舶是最典型的海事请求保全方式。扣押船舶的目的在于保全海事请求，满足海事保全请求人将来实体权益的实现。根据《海事诉讼法》和《海事诉讼法解释》的有关规定，申请扣押船舶须具备下列条件。

(1) 申请人具有海事请求

根据《海事诉讼法》第21条的规定，下列海事请求，可以申请扣押船舶：①船舶营运造成的财产灭失或者损坏；②与船舶营运直接有关的人身伤亡；③海难救助；④船舶对环境、海岸或者有关利益方造成的损害或者损害威胁；为预防、减少或者消除此种损害而采取的措施；为此种损害而支付的赔偿；为恢复环境而实际采取或者准备采取的合理措施的费用；第三方因此种损害而蒙受或者可能蒙受的损失；以及与本项所指的性质类似的损害、费用或者损失；⑤与起浮、清除、回收或者摧毁沉船、残骸、搁浅船、被弃船或者使其无害有关的费用，包括与起浮、清除、回收或者摧毁仍在或者曾在该船上的物件或者使其无害的费用，以及与维护放弃的船舶和维持其船员有关的费用；⑥船舶的使用或者租用的协议；⑦货物运输或者旅客运输的协议；⑧船载货物（包括行李）或者与其有关的灭失或者损坏；⑨共同海损；⑩拖航；⑪引航；⑫为船舶营运、管理、维护、维修提供物资或者服务；⑬船舶的建造、改建、修理、改装或者装备；⑭港口、运河、码头、港湾以及其他水道规费和费用；⑮船员的工资和其他款项，包括应当为船员支付的遣返费和社会保险费；⑯为船舶或者船舶所有人支付的费用；⑰船舶所有人或者光船承租人应当支付或者他人为其支付的船舶保险费（包括互保会费）；⑱船舶所有人或者光船承租人应当支付的或者他人为其支付的与船舶有关的佣金、经纪费或者代理费；⑲有关船舶所有权或者占有的纠纷；⑳船舶共有人之间有关船舶的使用或者收益的纠纷；㉑船舶抵押权或者同样性质的权利；㉒因船舶买卖合同产生的纠纷。

非因《海事诉讼法》第21条规定的海事请求不得申请扣押船舶，但为执行判决、仲裁裁决以及其他法律文书的除外。

(2) 被申请人对该海事请求负有责任

扣押船舶的目的在于迫使被申请人清偿海事请求人的债权，故被申请人应当对海事请求负有责任。需要说明的是，这一要件并不是要求申请人在保全阶段就必须证明被申请人对海事请求负有责任，在此阶段要求申请人进行此项证明既不科学，也不符合诉讼原理。因此，这一条件并不是在决定是否准许扣押船舶申请时应掌握的标准，而是在判断扣押船舶申请是否正确时应掌握的标准[①]。

[①] 金正佳. 海事诉讼法论. 大连：大连海事大学出版社，2001年，第132页。

（3）有保全的必要

扣押船舶与其他财产保全措施一样，也应当是在具有保全的必要时才予以采取。对于诉前扣押船舶，必须是因情况紧急，不立即保全将会使海事请求人的合法权益受到难以弥补的损害的情况下才能做出。

2. 申请扣押船舶的范围

根据《海事诉讼法》第23条的规定，可以申请扣押的船舶包括当事船舶和其他船舶两类。

（1）扣押当事船舶的范围

当事船是指导致扣船的海事请求发生的船舶。[①] 但不以发生海事请求的当时航次为限，只要是发生海事请求的船舶，无论何时，都属于当事船。根据《海事诉讼法》第23条的规定，有下列情形之一的，海事法院可以依海事请求人的申请扣押当事船舶。

①船舶所有人对海事请求负有责任，并且在实施扣押时是该船的所有人；②船舶的光船承租人对海事请求负有责任，并且在实施扣押时是该船的光船承租人或者所有人；③具有船舶抵押权或者同样性质的权利的海事请求；④有关船舶所有权或者占有的海事请求；⑤具有船舶优先权的海事请求。

上述规定的第①项和第②项规定的是一般情况，即扣押当事船，需要海事请求发生时和实施扣船时该船舶都是由同一人所有或光船租用，并且对海事请求的发生负有责任。第③项至第⑤项规定了关于扣押当事船的例外情况：海事法院可以因具有船舶抵押权或同样性质的权利、有关船舶所有权或者占有权、具有船舶优先权的海事请求而依海事请求人的申请扣船，无论被请求人是否是该船舶的所有人或光船承租人。需要注意的是，根据海商法的有关规定，设定抵押权，应向船舶登记机关办理权利登记，非经登记，不得对抗第三人。

（2）扣押姊妹船的范围

姊妹船舶，是指同一船舶所有人所有的不同船舶，是对与当事船舶有一定联系的其他船舶的习惯称谓。[②] 国际上的扣船公约和我国的相关扣船规定均将姊妹船舶表述为"其他船舶"，姐妹船属于可扣押船舶的范围，是国际上的扣船公约和我国的相关扣船规定共同的原则。《海事诉讼法》第23条第2款规定中"海事法院可以扣押对海事请求负有责任的船舶所有人、光船承租人、定期租船人或者航次租船人在实施扣押时所有的其他船舶"的"其他船舶"即是姊妹船舶。但就船舶所有权或者占有有关的海事请求，不能扣押姊妹船，只能扣押当事船舶。

此外，《海事诉讼法》还规定，从事军事、政府公务的船舶不得被扣押。

3. 扣押船舶的方式

扣押船舶有两种方式，即"死扣押"与"活扣押"。死扣押也称作即地扣押，是指被扣押的船舶在扣押期间内，不能投入营运，更不能设置抵押或予以处分。活扣押是指在扣

[①] 张丽英. 海商法. 北京：中国政法大学出版社，2004年，第318页.
[②] 江伟. 民事诉讼法学. 上海：复旦大学出版社，2006年，第511页.

押期间，被扣押的船舶只是在处分权和设置抵押权方面受到限制，仍然可以继续营运。

在死扣押期间，被扣押船舶不能投入营运，船舶所有人丧失船舶的使用权与处分权，除非船舶所有人在法定期限内向法院提供有效的担保或主动履行法定义务使船舶获得释放，否则法院将拍卖或变卖被扣船舶。死扣押保全效果较好，船舶难以逃脱，在扣押期间，船舶灭失、损坏或产生优先权债务的可能性比较小，并且可以迫使被申请人尽快提供担保。然而，死扣押也存在一些弊端，船舶一旦被扣押，便不能发挥其使用价值，而且扣押期间船舶还必须保留船员并保持供应，还会产生对被扣船舶进行监管的监管费用。在被申请人无力提供担保的情况下，船舶可能被长期扣押，直至案件终审判决，这一期间可能长达数年，损失不可估量。

活扣押可以让债务人既能够继续营运船舶来创造价值，又不用承担船舶滞留在港的损失，大大减轻了债务人的经济负担，同时也提高了债务人的偿债能力。但是，活扣押也有着自身的缺陷。由于船运业是风险极高的行业，船舶在扣押期间继续营运，可能会出现灭失、遭到损害甚至失踪的情况，如此一来，申请人的利益就得不到保障。

实践中，扣押船舶较多的采取"死扣押"方式。《海事诉讼法》及其解释也允许采用"活扣押"的扣船方式。根据《海事诉讼法》第27条的规定，海事法院裁定对船舶实施保全后，经海事请求人同意，可以采取限制船舶处分或者抵押等方式允许该船舶继续营运。之所以有这样的规定，主要是考虑虽然"活扣押"会提高债务人的偿债能力，但其保全效果毕竟不及"死扣押"，因此要尊重申请人的意愿。

《海事诉讼法解释》第29条补充规定，海事法院根据《海事诉讼法》第27条的规定准许已经实施保全的船舶继续营运的，一般仅限于航行于国内航线上的船舶完成本航次。这主要是考虑到执行的问题。因为一旦船舶离开我国航线，对其进行财产执行将极不方便。

4. 扣押船舶的执行和期限

海事法院在发布或者解除扣押船舶命令的同时，可以向有关部门发出协助执行通知书，通知书应当载明协助执行的范围和内容，有关部门有义务协助执行。海事法院认为必要，可以直接派员登轮监护。

船舶被扣押期间产生的各项维持费用和支出，应当作为债权人共同利益支出的费用，从拍卖船舶的价款中优先拨付。

海事请求保全扣押船舶的期限为30日。海事请求人在30日内提起诉讼或者申请仲裁以及在诉讼或者仲裁过程中申请扣押船舶的，扣押船舶不受前款规定期限的限制。

5. 重复扣船

重复扣船是指基于同一海事请求扣押已被扣押过的船舶或者被申请人所有或者光船租赁的其他船舶。[①] 船舶在被申请人申请扣押后，由于被申请人提供了申请人要求的担保，或者法院基于法定的原因解除了扣押，如超过法定时间申请人未起诉，或申请人提供的是限额担保，在船舶扣押期间届满时未依照海事法院的通知追加担保的，海事法院可以解除

---

① 金正佳. 海事诉讼法论. 大连：大连海事大学出版社，2001年，第141页。

扣押，船舶一旦释放，一般可以理解为船舶扣押已经实现了其目的，或者继续扣押已不符合法定条件。因此，法律原则上禁止重复扣船，即海事请求人不得因同一海事请求申请扣押已被扣押过的船舶。但是，根据《海事诉讼法》第24条的规定，下列情形可以重复扣船：①被请求人未提供充分的担保；②担保人有可能不能全部或者部分履行担保义务；③海事请求人因合理的原因同意释放被扣押的船舶或者返还已提供的担保；或者不能通过合理措施阻止释放被扣押的船舶或者返还已提供的担保。

（六）强制拍卖船舶

强制拍卖船舶，是指海事法院依法对船舶实施扣押后，实体案件审结前，依照法定程序，将被扣押的船舶拍卖，保存价款以备清偿船舶所有人债务的一种强制措施。[1] 扣押船舶是强制拍卖船舶的前置程序，强制拍卖船舶是扣押船舶在一定条件下的发展和延续。

1. 强制拍卖船舶的条件

根据《海事诉讼法》第29条的规定，拍卖船舶应同时具备以下条件：①船舶扣押期间届满，被请求人不提供担保。②船舶不宜继续扣押。③海事请求人已经提起诉讼或者申请仲裁。④海事请求人应当向扣押船舶的海事法院提出申请。

2. 强制拍卖船舶的程序

（1）申请人提出申请

拍卖船舶应当根据当事人的申请进行，海事法院不能依职权主动采取拍卖船舶的措施。拍卖船舶的申请一般由海事请求人提出，但是，如果申请扣押船舶的海事请求人在提起诉讼或者申请仲裁后，不申请拍卖被扣押船舶的，海事法院可以根据被申请人的申请拍卖船舶。拍卖所得价款由海事法院提存。

（2）裁定与复议

海事法院收到拍卖船舶的申请后，应当进行审查，做出准予或者不准予拍卖船舶的裁定。当事人对裁定不服的，可以在收到裁定书之日起5日内申请复议一次。海事法院应当在收到复议申请之日起5日内做出复议决定。复议期间停止裁定的执行。

（3）请求终止拍卖

海事请求人提交拍卖船舶申请后，又申请终止拍卖的，是否准许由海事法院裁定。海事法院裁定终止拍卖船舶的，为准备拍卖船舶所发生的费用由海事请求人承担。

利害关系人请求终止拍卖被扣押船舶的，是否准许，海事法院应当做出裁定；海事法院裁定终止拍卖船舶的，为准备拍卖船舶所发生的费用由利害关系人承担。

拍卖船舶申请人或者利害关系人申请终止拍卖船舶的，应当在公告确定的拍卖船舶日期届满7日前提出。

（4）公告与通知

海事法院裁定拍卖船舶，应当通过报纸或者其他新闻媒体连续公告3日。拍卖外籍船舶的，应当通过对外发行的报纸或者其他新闻媒体发布公告。

---

[1] 金正佳，翁子明. 海事请求保全专论. 大连：大连海事大学出版社，1996年，第118页。

公告包括以下内容：①被拍卖船舶的名称和国籍；②拍卖船舶的理由和依据；③拍卖船舶委员会的组成；④拍卖船舶的时间和地点；⑤被拍卖船舶的展示时间和地点；⑥参加竞买应当办理的手续；⑦办理债权登记事项；⑧需要公告的其他事项。

拍卖船舶的公告期间不少于30日。

海事法院应当在拍卖船舶30前，向被拍卖船舶登记国的登记机关和已知的船舶优先权人、抵押权人和船舶所有人发出通知。通知内容包括被拍卖船舶的名称、拍卖船舶的时间和地点、拍卖船舶的理由和依据以及债权登记等。通知方式包括书面方式和能够确认收悉的其他适当方式。

海事请求人和被请求人应当按照海事法院的要求提供已知的船舶优先权人、抵押权人和船舶所有人的有关确切情况。

（5）成立拍卖委员会

拍卖船舶由拍卖船舶委员会实施。拍卖船舶委员会由海事法院指定的本院执行人员和聘请的拍卖师、验船师3人或者5人组成。拍卖船舶委员会对海事法院负责，受海事法院监督。

拍卖船舶委员会组织对船舶鉴定、估价；组织和主持拍卖；与竞买人签订拍卖成交确认书；办理船舶移交手续。

（6）竞买登记

竞买人应当在规定的期限内向拍卖船舶委员会登记。登记时应当交验本人、企业法定代表人或者其他组织负责人身份证明和委托代理人的授权委托书，并交纳一定数额的买船保证金。

（7）展示被拍卖的船舶

拍卖船舶委员会应当在拍卖船舶前，展示被拍卖船舶，并提供察看被拍卖船舶的条件和有关资料。

（8）付款与移交船舶

买受人在签署拍卖成交确认书后，应当立即交付不低于20%的船舶价款，其余价款在成交之日起7日内付清，但拍卖船舶委员会与买受人另有约定的除外。

买受人付清全部价款后，原船舶所有人应当在指定的期限内于船舶停泊地以船舶现状向买受人移交船舶。船舶现状指船舶展示时的状况。此处的"船舶现状"是指船舶交接时的状况。船舶交接时的状况与船舶展示时的状况经评估确有明显差别的，船舶价款应当作适当的扣减，但属于正常损耗或者消耗的燃油不在此限。

拍卖船舶委员会组织和监督船舶的移交，并在船舶移交后与买受人签署船舶移交完毕确认书。移交船舶完毕，海事法院发布解除扣押船舶命令。船舶移交后，海事法院应当通过报纸或者其他新闻媒体发布公告，公布船舶已经公开拍卖并移交给买受人。买受人接收船舶后，应当持拍卖成交确认书和有关材料，向船舶登记机关办理船舶所有权登记手续。原船舶所有人应当向原船舶登记机关办理船舶所有权注销登记。原船舶所有人不办理船舶所有权注销登记的，不影响船舶所有权的转让。

（9）其他规定

20总吨以下小型船艇的扣押和拍卖，可以依照《民事诉讼法》规定的扣押和拍卖程序进行。

海事请求保全中的拍卖船舶程序，除依照《海事诉讼法》的规定外，适用我国《拍卖法》的有关规定。

竞买人之间恶意串通的，拍卖无效。参与恶意串通的竞买人应当承担拍卖船舶费用并赔偿有关损失。海事法院可以对参与恶意串通的竞买人处最高应价10%以上、30%以下的罚款。

（七）船载货物的扣押与拍卖

为了保障海事请求人海事请求的实现，海事请求人可以申请扣押和拍卖船载货物。船载货物不能理解为装载于船上的货物，而应当理解为处于承运人控制之下，尚未装船或者已经装载于船上以及已经卸载的货物。

1. 扣押船载货物

（1）扣押船载货物的条件

申请扣押船载货物，必须具备下列条件：①申请人具有海事请求；②被申请人对该海事请求负有责任；③申请扣押的船载货物，应当属于被请求人所有。

（2）扣押的期限和范围

海事请求人申请扣押船载货物的价值，应当与其债权数额相当，但船载货物为不可分割的财产除外。

海事请求保全扣押船载货物的期限为15日。海事请求人在15日内提起诉讼或者申请仲裁以及在诉讼或者仲裁过程中申请扣押船载货物的，扣押船载货物不受该期限的限制。

2. 拍卖船载货物

（1）申请

船载货物扣押期间届满，被请求人不提供担保，而且货物不宜继续扣押的，海事请求人可以在提起诉讼或者申请仲裁后，向扣押船载货物的海事法院申请拍卖货物。对无法保管、不易保管或者保管费用可能超过其价值的物品，海事请求人可以申请提前拍卖。

（2）审查、裁定与复议

海事法院收到拍卖船载货物的申请后，应当进行审查，在7日内做出准予或者不准予拍卖船载货物的裁定。

当事人对裁定不服的，可以在收到裁定书之日起5日内申请复议一次。海事法院应当在收到复议申请之日起5日内做出复议决定。复议期间停止裁定的执行。

（3）拍卖机构与拍卖程序

拍卖船载货物由海事法院指定的本院执行人员和聘请的拍卖师组成的拍卖组织实施，或者由海事法院委托的机构实施。

拍卖船载货物的程序，除有特别规定外，参照适用拍卖船舶的有关规定。另外，海事请求人对与海事请求有关的船用燃油、船用物料申请海事请求保全的，适用有关拍卖船载货物的规定。申请人依据我国《海商法》第88条规定申请拍卖留置的货物的，参照我国《海事诉讼法》关于拍卖船载货物的规定执行。

(八) 完善我国船舶扣押制度的思考

1. 两大法系船舶扣押制度的比较

（1）英美法系的扣船制度

研究英美法系的船舶扣押制度一定会涉及对物诉讼理论，因为在英美法系国家，船舶扣押是对物诉讼的典型形式，是其不可分割的部分。英国的船舶扣押制度，主要通过对物诉讼和作为对人诉讼制度之保全措施的"禁令"或者"扣押令"来实现的。当代英国高等海事法院的两大主要司法措施即英国海事请求保全措施包括对物诉讼和对人诉讼，这两项司法措施既互相独立又相辅相成，在对物诉讼扣船不一定成立的时候，玛瑞瓦禁令①往往可以成为一种替代性的选择。

所谓对物诉讼，是指一种针对物的诉讼，即把物作为诉讼法律关系当事人一方的一种诉讼。② 现代意义上的对物诉讼制度是海商法特有的一种诉讼制度，其中英国对这一理论的发展最为完备。在英美法系国家，扣船是对物诉讼的主要内容，以扣船这一强制手段为核心，建立了对物诉讼的完整模式。

在英国，对物诉讼的理论主要是程序说。该学说认为，通过对物诉讼迫使物主出面，纯属程序上的方便。对物诉讼的本质是以船舶所有人为被告。在所有人不出庭或不提供担保时，法院仍可对被扣船舶强制执行。在英国枢密院的 Tervaete（1922）案中，Scrutto 大法官提出："对物诉讼程序并非是以人格化了的船舶作为侵权者，它只不过是通过扣押船舶所有人的财产，迫使其出面承担个人责任的途径。"③

船舶扣押是典型的对物诉讼。扣押船舶的一般做法是海事请求人先提起对物诉讼，确立法院的管辖权之后方可申请扣押船舶。对物诉讼是扣押船舶的前提和基础。理论上对物诉讼和船舶扣押是两个不同的概念：对物诉讼是为了取得法院的管辖权，船舶扣押是为了取得诉讼财产保全。但是两者之间又有着密切的联系，只有通过对物诉讼将对物诉讼的诉状送达船舶，法院才会据此获得管辖权。海事请求人通过对物诉讼也不会当然地获得担保，只有通过扣押船舶才会获得船东提供的担保。

对物诉讼制度的主要目的是为了迫使责任人出庭应诉，而不是基于船舶拟人化的理论而针对肇事船舶的诉讼。在对物诉讼中，船舶所有人可以选择应诉或者不应诉。如果船舶所有人选择不应诉，法院的判决将只针对被扣押的船舶；如果船舶所有人选择应诉，对物诉讼便会演变成为一种对人诉讼。如果船舶的所有人败诉，海事请求人除了可以从变卖被扣押船舶所得价金中受偿之外，也可以针对船舶所有人的其他财产通过法院强制执行判决。

根据英国《最高法院规则》第 75 条第 3 条款的规定，如果在对物传票送达船舶之前，船舶所有人已经向法院承认收到传票或者承认传票的发出，船舶所有人便被视为已经应

---

① 在英国 1999 年的民事诉讼程序改革中，1999 年的新《民事诉讼规则》已经将玛瑞瓦禁令正式改名为冻结禁令，但本书写作中仍然使用它的习惯称谓"玛瑞瓦禁令"。
② 杨树明. 英美海诉法中的对物诉讼制度及对我国的借鉴意义. 河北法学，2010 年第 3 期.
③ 向明华. 对物诉讼与我国的船舶扣押法律制度. 河北法学，2006 年第 4 期.

第四章 海事诉讼

诉。该条规定表明：对物诉讼是针对物的所有人的诉讼，其真正的目标是责任人，对物诉讼的真正被告不是物，而是物的所有人。因此可以说，英国的对物诉讼制度发展到今天，已经成为一种变相的对人诉讼。[①]

所谓对人诉讼，是指以法律关系的相对方为被告，以被告个人的所有财产作为判决执行担保的诉讼程序。[②] 在对人诉讼中，当事人一方对责任人提起诉讼后，可以在诉讼期间或者获得胜诉判决之后，向法院申请玛瑞瓦禁令，法院发布的玛瑞瓦禁令将禁止责任人处分或者转移其所有的财产。基于玛瑞瓦禁令，当事人可以获得财产保全和行为保全的效果。

与对人诉讼相比，对物诉讼有以下特点：①船舶是对物诉讼的被告主体，法律文书送达的对象是船舶，而不是船东本人。然而一旦船东应诉或者提供担保，对物诉讼就会转化为对人诉讼。②对物诉讼的管辖权建立在法院对船舶的属地管辖基础之上，法院通过扣押被诉船舶而取得管辖权。③通过扣押船舶，迫使船方提供担保，所以有关诉讼文书中，被告仍然是船东。④如果船东拒绝应诉，船舶将会成为对物诉讼判决的执行标的。因此，英国的船舶扣押并不是严格意义上的对物诉讼，可将其称之为"准对物诉讼"。

在美国，对物诉讼的理论基础是船舶的人格化。该理论认为，船舶本身是无生命物质，但其借助于船长、船员的行为，就具有了自己的意志，并且可以以自身价值承担法律责任，从而使船舶具备了法律主体资格，在强制实现船舶优先权时就可以成为被告。[③] 在对物诉讼中，尽管扣押令是向船舶所有人签发的，但不影响对物诉讼的成立，如无人保释船舶，请求人就可以变卖船舶，以变卖所得价款清偿海事请求。美国对物诉讼的判决仅限于船舶或者其他有关海上财产的拍卖价值，因此，原告的索赔金额可能难以通过法院的判决获得全部实现。对此，法律对原告规定的救济措施是：原告享有对人诉讼或者对物诉讼的选择权；或者在提起对物诉讼的同时提起对人诉讼；抑或是仅提起对人诉讼。如果在对物诉讼中同时提出对人诉讼，法院就可能做出超过船东担保金额的判决。

诉讼理念的差异导致英美两国的对物诉讼制度存在较大的差别，美国坚持了一种严格意义上的对物诉讼：①在权利的属性方面，船舶扣押在美国具有实体权利性质，没有船舶优先权就没有对物诉讼，没有对物诉讼就没有船舶优先权，二者相辅相成，而在英国，对物诉讼更趋向于程序权利，船舶扣押甚至被认为是一种财产保全措施。②在实体法依据方面，英国的船舶优先权种类远远少于美国的船舶优先权种类，美国的对物诉讼法律体系更加复杂。由于美国不是1967年和1993年《船舶优先权及抵押权国际公约》的成员国，几乎因船舶营运、配备、侵权而发生的各种债务都属于船舶优先权，所以"海事请求权虽非全部，但绝大部分都会产生船舶优先权"[④]。③在被告主体方面，美国对物诉讼的被告是产生船舶优先权的船舶，船东出庭抗辩并不会引起诉讼性质的变化。而在英国，被告主体仍然是船东，只要船东出面，对物诉讼就自动转化为对人诉讼。④就对物诉讼的启动而

---

① 李海．船舶物权之研究．北京：法律出版社，2002年，第274页。
② [美] G·吉尔摩，C. L. 布莱克．海商法．北京：中国大百科全书出版社，2000年，第825页。
③ [美] G·吉尔摩，C. L. 布莱克．海商法．北京：中国大百科全书出版社，2000年，第801页。
④ [美] G·吉尔摩，C. L. 布莱克．海商法．北京：中国大百科全书出版社，2000年，第836页。

言，在美国始于船舶被实际扣押，而在英国则始于对物诉讼令状的发出，船舶是否实际扣押不影响对物诉讼程序的对世效力。⑤在船舶扣押的作用与目的方面，美国扣船是为了执行船舶。而英国的扣船则是为了取得管辖权，为了迫使船东提供担保。①

(2) 大陆法系的扣船制度

大陆法系扣船制度的理论基础和程序方式是诉讼保全。英美法系的船舶扣押是对物诉讼程序中的一个部分或者说是程序中的一种手段，理论基础源于船舶拟人化学说或者源于程序理论学说。大陆法系否认物的当事人资格，对大陆法系而言，船舶扣押是对人诉讼程序中的一个部分或者手段，理论基础源于诉讼保全制度。

大陆法系国家的船舶扣押属于财产保全处分程序中的假扣押制度，即债权人在获得对债务人的胜诉判决之前，可以申请扣押债务人的财产，如果债权人胜诉，他就可以从被扣押的财产或者相当于被扣押财产的等价物中获得清偿。如《法国新民事诉讼法》规定，在紧急情况下，以及请求得不到清偿时，被告住所地或者待扣押财产所在地的程序法院院长或者程序法官，如果申请人的请求表现为有根据时，要允许扣押债务人的财产以便保全。这里的"扣押"当然包括对船舶的扣押。

在德国，规定保护将来胜诉债权人利益的保全措施被称为假扣押，指扣押将来败诉债务人的某项财产。德国《民事诉讼法》规定，只要申请合法，除一些不能供清偿债务之用的财产外，债务人的任何财产都可以被扣押。扣押可以在诉讼之前进行，也可以在诉讼之中进行。日本和德国实行同样的保全制度，不过，日本的这项制度称作假执行宣告。

大陆法系的保全制度和英美法系的对物诉讼和玛瑞瓦禁令虽然名称各异，但在法律上的功能是相同的，即通过法定的强制方式扣押船舶，法院就可以掌握一定数量的财产，从而防止债务人转移财产，逃避债务，实现债权人的海事请求权，同时法院通过扣押船舶取得案件的管辖权，有助于判决的有效执行。两者只是在理论基础和操作方式上有所区别。

2. 对物诉讼对我国海事请求保全制度完善的借鉴

我国是大陆法系国家，一直对"对物诉讼"持否定态度，因为我国的法学理论一直坚持只有人才能作为法律关系的主体，也只有人才能作为诉讼法律关系的一方当事人。尽管如此，我国的船舶扣押制度中带有明显的"对物诉讼"特征，这是我国在制定海事请求保全制度时借鉴对物诉讼制度中某些先进立法经验的结果。如我国海事请求保全制度规定，在特定海事请求下可以直接进行扣押财产、在责任人暂时不清时可以直接扣押船舶、扣押财产的法院直接取得管辖权、被请求人的担保额限于被扣财产价值，等等。

本书认为，英美对物诉讼中船舶扣押制度对我国海事请求保全制度的完善至少还有以下可值得借鉴的地方。

(1) 扩大申请扣押船舶债权人主体范围

我国《海事诉讼法》第21条规定了可以申请扣押船舶的22种海事请求，并在第22条规定，非因本法第21条规定的海事请求不得申请扣押船舶，但为执行判决、仲裁裁决

---

① 向明华. 对物诉讼与我国的船舶扣押法律制度. 河北法学，2006年第4期。

以及其他法律文书的除外。财产保全制度应当是对所有债权人都适用的一种制度,《海事诉讼法》的上述规定实际上是对民诉法规定的保全制度做了一个例外规定。禁止 22 中债权人以外的海事请求人以及非海事请求人申请扣押船舶,显然对这些债权人是不公平的,同时在法理上也是没有依据的。在英国,其他请求人可以通过"对人诉讼"中"玛瑞瓦禁令"限制船舶离港。在美国,请求人可以通过"对人诉讼"中的扣押制度扣押被请求人的船舶,因此所有的债权人都可以获得保护。法国参加《1952 年扣船公约》之后,船舶扣押制度就采取了两种方式并行运作,第一种是对除法国以外的缔约国船舶的扣押,适用《1952 年扣船公约》的规定,可以扣船的请求仅限于公约列明的海事请求;第二种是对非缔约国的船舶和本国的船舶,仍适用法国《民事诉讼法》的规定,可扣押船舶的请求不限于海事请求。1973 年德国加入《1952 年扣船公约》后,也同法国一样,对于任何本国的船舶和非缔约国的船舶,都可以因非海事请求扣押。[①] 可见这些国家都没有绝对禁止非海事请求对船舶进行保全。为了保护所有债权人的利益,本书建议,对于其他的请求人可以准许其按照《民事诉讼法》的规定对船舶申请财产保全。

(2) 取消海事请求保全必要性条件的规定

海事请求保全通过扣押船舶或其他财产获得担保,申请扣押船舶或者其他财产要求具备实质条件和形式条件。根据民事诉讼法保全的规定,申请扣押船舶必须具备"必要性"这一实质条件,即要求必须存在具有扣押的必要,诉前扣船还要存在紧急情况,若不进行扣押会产生无法执行的危险。海事法律关系的涉外性强、复杂性高、船舶的流动性大,本身就存在难执行的危险,另一方面请求人也为非错误扣船提供了相应的担保。必要性作为条件也加重了海事请求人申请扣押船舶的举证难度。在英美法系国家的对物诉讼程序中,只要具备提起对物诉讼的海事请求即可以直接申请扣押船舶或其他财产,必要性作为申请的条件并没有存在的必要,国际公约中也没有扣押船舶需要存在必要性的条文规定,因此,借鉴对物诉讼有关扣船的规定,我国应当取消必要性这一申请扣船的条件。

(3) 完善被请求人不明时扣押船舶制度的规定

《海事诉讼法》第 25 条规定:"海事请求人申请扣押当事船舶,不能立即查明被请求人名称的,不影响申请的提出。"虽然不查明被请求人名称可以诉前扣押船舶,但根据《民事诉讼法》的规定,不查明被请求人却不能提起诉讼,而且《海事诉讼法》规定诉前扣押船舶的期限为 30 日,如果 30 日内仍然没有查明被请求人的名称,法院将不得不释放船舶。这样一来,在 30 日以内如果不能查明被请求人的名称,第 25 条的规定就形同虚设,不能达到保护海事请求人权益的目的。而对物诉讼则可以在责任人不明的情况下,无论是对船舶还是对人均作缺席处理,继续进行审判,强制拍卖被扣押的船舶或其他财产来实现海事请求人的诉讼请求,不足部分可以继续对人诉讼。因此应当继续借鉴对物诉讼的有关理论及制度规定,在责任人不明时,可以进行缺席审判。

[①] 杨树明. 民事诉讼法·海事诉讼特别程序篇. 厦门:厦门大学出版社,2008 年,第 67 页。

四、海事强制令

(一) 海事强制令的概念与特点

海事强制令是指海事法院根据海事请求人的申请,为使其合法权益免受损害,责令被请求人作为或者不作为的强制措施。海事强制令属于强制措施的一种,与作为财产保全措施的海事请求保全不同,海事强制令是一种行为保全措施。海事强制令具有如下特点。

(1) 海事强制令是根据请求人的申请而由海事法院做出的

海事强制令既可以在起诉前向海事纠纷发生地的海事法院提出,也可以在进入实体诉讼后向受诉的海事法院提出。如属前者,申请和执行海事强制令可作为独立的司法程序而存在,一旦被申请人执行了海事法院的海事强制令,当事人之间的争议就无须进入下一步的司法程序;如属后者,则作为诉讼中的中间程序,法院仅以裁定的形式做出,它不影响法院对实体争议的审理和判决。[①]

(2) 海事强制令的对象是行为,即责令被请求人作为或者不作为

例如,根据托运人或承租人请求,责令接受货物的承运人或船东签发提单;依据货方请求,责令承运人及时卸载或交付属于货方的货物;依据船舶所有人请求,责令租船人支付租金或交回属于自己的船舶,并禁止船舶开航;根据租船人的请求禁止船东撤船、开航、出租等。

(3) 海事强制令是为保障海事请求人的权益而采取的强制措施

在性质上属于一种海事保全措施。即海事法院责令被请求人为或者不为一定行为,属于行为保全措施。

(二) 海事强制令的管辖

《海事诉讼法》第52条规定:"当事人在起诉前申请海事强制令,应当向海事纠纷发生地海事法院提出。"海事纠纷发生地,是指作为海事强制令所指向的对象——被请求人的行为发生地。对于诉讼中海事强制令的管辖,《海事诉讼法》没有明确规定,应当理解为由受理实体案件的海事法院管辖。

依据《海事诉讼法》第53条规定,海事强制令不受当事人之间关于该海事请求的诉讼管辖协议或者仲裁协议的约束。《海事诉讼法解释》第41条第1款规定,诉讼或者仲裁前申请海事强制令的,适用《海事诉讼特别程序法》第53条的规定。根据上述规定,当事人在诉讼或者仲裁前申请海事强制令,不受当事人之间签订的诉讼管辖协议或者仲裁协议的约束,应当向海事纠纷发生地海事法院提出;如果在诉讼中申请海事强制令,则应当向受诉海事法院提出;如果在仲裁程序中申请海事强制令,则应当向仲裁机构提出,由仲裁机构将申请转交有关的海事法院。另外,《海事诉讼法解释》第41条第2款规定,外国

---

① 冯立奇. 中国海事诉讼特别程序法的特点 (一). 海商法研究. 北京:法律出版社,2000年,第11页。

法院已受理相关海事案件或者有关纠纷已经提交仲裁的,当事人向中华人民共和国的海事法院提出海事强制令申请,并提供可以执行海事强制令的相关证据的,海事法院应当受理。

(三) 海事强制令的条件

海事强制令作为一种强制措施,它的适用条件更加严格。根据《海事诉讼法》第56条的规定,做出海事强制令,应当具备下列条件:①请求人有具体的海事请求;②需要纠正被请求人违反法律规定或者合同约定的行为;③情况紧急,不立即做出海事强制令将造成损害或者使损害扩大。

(四) 海事强制令的程序

1. 申请

海事请求人申请海事强制令,应当向海事法院提交书面申请。申请书应当载明申请理由,并附有关证据。

2. 担保

海事法院受理海事强制令申请,可以责令海事请求人提供担保。海事请求人不提供的,驳回其申请。

海事强制令发布后15日内,被请求人未提出异议,也未就相关的海事纠纷提起诉讼或者申请仲裁的,海事法院可以应申请人的请求,返还其提供的担保。

3. 审查与裁定

海事法院接受申请后,应当在48小时内做出裁定。准予申请人海事强制令申请的,应当制作民事裁定书并发布海事强制令,并且应当立即执行;对不符合海事强制令条件的,裁定驳回其申请。

4. 复议与异议

当事人对裁定不服的,可以在收到裁定书之日起5日内申请复议一次。海事法院应当在收到复议申请之日起5日内做出复议决定。复议期间不停止裁定的执行。

利害关系人对海事强制令提出异议,海事法院经审查,认为理由成立的,应当裁定撤销海事强制令;认为理由不成立的,应当书面通知利害关系人。

5. 执行与制裁

海事强制令由海事法院执行。被申请人、其他相关单位或者个人不履行海事强制令的,海事法院应当依据《民事诉讼法》的有关规定强制执行。

被请求人拒不执行海事强制令的,海事法院可以根据情节轻重处以罚款、拘留;构成犯罪的,依法追究刑事责任。对个人的罚款金额,为1 000元以上30 000元以下。对单位的罚款金额,为30 000元以上100 000元以下。拘留的期限,为15日以下。

6. 申请海事强制令错误的责任

海事请求人申请海事强制令错误的,应当赔偿被请求人或者利害关系人因此所遭受的损失。被请求人要求海事请求人赔偿损失的,由发布海事强制令的海事法院受理。

7. 采取海事强制令后的起诉

海事强制令执行后,有关海事纠纷未进入诉讼或者仲裁程序的,当事人就该海事请求,可以向做出海事强制令的海事法院或者其他有管辖权的海事法院提起诉讼,但当事人之间订有诉讼管辖协议或者仲裁协议的除外。

(五) 完善我国海事强制令制度的思考

1. 玛瑞瓦禁令 (冻结禁令) 简介

玛瑞瓦禁令,是指法院在裁判前或者为执行一个判决所准予的一种中间命令,以限制被禁止的当事方处分或者处理其财产。① 玛瑞瓦禁令是英国"对人诉讼"中法院做出的中间禁令,是诉讼保全措施,具有行为保全的性质。可以从以下几个方面来理解玛瑞瓦禁令的概念:①玛瑞瓦禁令的做出是根据原告的申请,法院不能依据职权做出禁令,且该申请可由原告单方面地、秘密地向法院提交,无须通知被告。②申请玛瑞瓦禁令的时间是提起诉讼后判决做出前,或者判决做出后尚未执行前。③玛瑞瓦禁令的目的是给对人诉讼中的原告提供一项保护措施,以防止被告在做出判决之前对其财产进行有损原告利益的处分或转移到管辖范围之外,或者迫使被告出庭,提供担保,而且还可以保证法院判决能够得到顺利执行,该目的通过限制被告处分或者转移其财产来实现。④玛瑞瓦禁令是一种中间命令 (Interlocutory Injunction),并不是最终救济,对原告权益最终的救济则应通过法院的判决来实现。

尽管英国《1875年审判条例》、《1925年最高法院审判条例》以及现在施行的《1981年最高法院法》第37条第1款明文规定法院在符合"公正和便利"原则的情况下可以发布中间禁令,但是法院正式签发保全性质的禁令是从1975年的"玛瑞瓦禁令"开始的。因为英国法院一般认为在民事诉讼终审判决之前,不能行使司法权先行扣押或者冻结被告的财产或资金以保全原告的请求权,原告只有在获得胜诉判决之后,才可以通过法院针对被告的财产强制执行判决。禁令所指向的财产种类没有限制,包括动产、不动产和无体财产,如船舶、船载货物、飞机、银行存款、保险金、版权等。玛瑞瓦禁令是衡平法下的司法措施,所以它具有任意性,法院享有自由裁量权,根据案件的具体情况,遵循"公平和便利"的原则,决定准予或不准予禁令的发布。禁令的法律效力只是使原告在获得胜诉判决之后能够针对禁令制约的财产强制执行判决。

为了避免玛瑞瓦禁令制度被滥用而影响被告财产权利的自由行使或者侵犯第三人的合法权益,英国判例法确定当事人申请禁令必须符合下列条件:申请人在申请禁令时对被申请人有诉因;申请人要有一个表面良好论据的案情;被申请人在法院地域管辖范围内有财产;被告很可能通过转移财产或者是处分财产使申请人胜诉的判决无法执行,对于"世界

---

① Steven Gee. Mareva Injunctions and Anton Piller Relief, Second Edition, Longman Law, Tax and Finance, 1990, 9. 转引自杨树明主编. 民事诉讼法·海事诉讼特别程序篇. 厦门:厦门大学出版社, 2008年, 第62—63页。

范围"的玛瑞瓦禁令，申请人要证明被申请人在法院管辖范围内没有足够的财产满足其请求，因此法院必须签发玛瑞瓦禁令；签发玛瑞瓦禁令不会造成被申请人不公平或不方便，比如玛瑞瓦禁令不能影响被申请人正常生意上的支出或还债，也不能限制被申请人正常生活上的支出。

不论被告是在英国管辖范围之内或之外，只要其财产是在管辖范围之内，英国法院都可以根据原告的申请，签发玛瑞瓦禁令，但禁令的签发须遵循严格的条件：原告应全面、坦白地向法院陈述其所知的主要情况，即做出全面与坦率的披露；原告应表明其诉讼请求的具体内容，请求及请求数额的依据，并陈述被告可能提出的抗辩理由；原告应提供使法院相信被告在其辖区内有财产的证据；原告应提供确信财产在判决或裁决执行前有被转移的危险的某些证据；原告应做出在其请求不成立或禁止不公平的情况下，向被告赔偿损失的承诺。[①]

玛瑞瓦禁令的执行主要依靠被告或者占有或控制被告财产的第三人自觉遵守法院命令并执行。否则被告和第三人就是违反禁令，将会被判藐视法庭罪。对于世界性禁令的执行，则主要是看财产所在地国是否给予司法协助。玛瑞瓦禁令不是判决，而是一种诉讼保全措施。目前许多国家的司法协助主要涉及的是调查、取证、送达文件，以及承认和执行外国法院判决的问题，并未涉及诉讼保全的问题。英国法院基本上是参照对外国法院的判决的执行来执行禁令的，这种禁令到底在他国是否有效，主要是看他国是否能够承认该禁令的效力。

2. 海事强制令与玛瑞瓦禁令的比较

（1）两者的相似之处

我国的海事强制令与英国的玛瑞瓦禁令虽属不同法系下的保全制度，但两者有许多相似之处，主要表现在如下几个方面：①海事强制令与玛瑞瓦禁令在性质上都属于行为保全。海事强制令强制的是被申请人依法或按照合同本应为而未为或者本应不为而为的行为，而玛瑞瓦禁令冻结的是被申请人转移或者处分财产的行为。②程序的启动相同。海事强制令程序和玛瑞瓦禁令程序的启动都必须基于申请人的申请，法院不能依据职权主动发布海事强制令或者玛瑞瓦禁令。③申请人申请时均须负担一定的义务。海事强制令或者玛瑞瓦禁令的申请人都应提出申请并向法院递交相关文件，包括申请书及支持其申请的证据。申请书应表明其申请的请求、事实及理由；提供的证据则应能够证明其符合海事强制令禁令或者玛瑞瓦禁令的发布条件及其所陈述的事实。海事强制令或者玛瑞瓦禁令的申请人都要为申请错误承担损害赔偿责任，同时在申请时都有义务按照法院的要求为此赔偿责任提供担保。④海事强制令和玛瑞瓦禁令的签发都适用非讼程序。法院仅凭申请人单方面的申请且仅对申请做形式上的审查，无须通知被申请人，不必听取被申请人的抗辩，认为符合签发条件的，即发布海事强制令或者玛瑞瓦禁令。⑤海事强制令和玛瑞瓦禁令的效力都是暂定的。海事强制令发布后，被申请人可以对强制令提出复议，利害关系人也可以提出异议。如果海事法院经审查，认为理由成立的，则将撤销海事强制令。玛瑞瓦禁令发布

---

① 杨树明．民事诉讼法·海事诉讼特别程序篇．厦门：厦门大学出版社，2008 年，第 83 页。

后，被申请人可基于一定原因申请解除禁令。如果与诉讼无关的第三人受到禁令损害的，也可申请解除禁令。

（2）两者的不同之处

海事强制令和玛瑞瓦禁令之间虽然有许多相似之处，但是仍然有很多不同，主要体现在以下几个方面。

①行为保全范围的不同。海事强制令可以强制被告的行为较为广泛，包括被告应当为一定行为而没有为或应当不为一定行为而为的任何行为，不管该行为是否涉及财产。玛瑞瓦禁令仅仅采取强制措施冻结被告"转移或处分财产的行为"。

②适用范围不同。海事强制令仅仅适用于海事案件，不能适用于一般的民事诉讼案件。玛瑞瓦禁令的适用范围从海事纠纷扩展适用至民事诉讼领域中，如人体伤害纠纷、版权纠纷、消费品纠纷、银行之间的交易和家庭纠纷等。

③海事强制令申请可以在提起诉讼前或者诉讼过程中提出，但是法院做出实体判决之后则不能提出。玛瑞瓦禁令申请应当在提起诉讼之后或者在提起诉讼的同时提出，也可以在法院判决后没有执行之前申请。

④申请条件的不同。申请海事强制令应当具备的条件是：请求人有具体的海事请求；需要纠正被请求人违反法律规定或者合同约定的行为；情况紧急，不立即做出海事强制令被请求人的行为将造成请求人受到损害或者使损害进一步扩大。申请玛瑞瓦禁令应当具备的条件包括：申请时存在诉因；一个表面良好论据的案情；资产可能会流失导致判决或裁决不能执行；符合公平与方便原则。

⑤披露义务的不同。我国海事强制令制度没有明确规定申请人披露案件重要事实的义务，虽然也要求申请人在申请书中写明申请的请求与事实和理由，但显然并不严格。而玛瑞瓦禁令的申请人负有全面与坦率的披露义务，应当对法官在考虑是否同意禁令申请时希望知道的所有重要事实做出全面并坦白的披露。

⑥披露的形式不同。强制令申请人提交海事强制令申请书，只要表明主体情况、申请的请求与事实和理由即可，没有其他严格的形式要求。申请玛瑞瓦禁令的申请人必须以"宣誓书"的形式呈交申请，表明其诉讼请求的具体内容，请求及请求数额的依据，同时誓言要做"全面与坦率的披露"。显然，玛瑞瓦禁令申请书的要求比海事强制令申请书的要求更严格、更严肃。

⑦保证义务不同。我国没有规定海事强制令申请人的保证义务。玛瑞瓦禁令的申请人必须首先向法院做出交叉保证，保证赔偿申请禁令错误对被申请人或者第三人所造成的损害，法院才会同意做出禁令。即使保证中有所遗漏，申请人也因提出申请而有了一个默示责任去做出这个保证。申请人的保证义务除了保证赔偿被申请人损失，支付第三人费用之外，在申请世界性禁令的情况下，还应保证"未经法院许可不向其他管辖的法院提起诉讼，不把该命令中获得的信息用于国外的诉讼或者在别处强制执行该命令"。

⑧担保义务不同。海事强制令申请人依《海事诉讼法》的规定仅有按法院的要求提供担保的义务，且立法规定其提供担保的数额应相当于因其申请可能给被请求人造成的损失，并未包括可能给第三方造成的损失，显然该担保是不合理的，可能不足以赔偿被申请人和无辜第三方的损失。英国法院可能命令玛瑞瓦禁令的申请人提供担保以支持其保证，

提供担保是原告的额外代价。

⑨复审程序不同。我国海事强制令发布之后立即执行,《海事诉讼法》没有规定复审程序。虽然被请求人可以提出复议,但复议期间并不停止执行。因此法院并没有给被申请人抗辩的机会。

⑩是否发布"世界范围的海事强制令"的规定不同。我国《海事诉讼法》没有规定可以发布"世界范围的海事强制令"。英国上诉法院做出权威判例,认为英国法院可以对在外国的财产签发世界性玛瑞瓦禁令,而《1999年民事诉讼规则》也明确给出了世界性冻结禁令的标准格式。尽管通常世界性禁令中明文规文它不具有域外管辖权,也对域外的第三人不具有约束力,除非有关国家的财产所在地法院裁定该禁令有效并可在该国依司法程序强制执行。但是由此可以看出,世界性冻结禁令虽然只对被申请人有约束力,如果有关国家的财产所在地法院裁定该禁令有效并可在该国依司法程序强制执行,其对域外第三人也是有效力的,并可在域外强制执行。

3. 玛瑞瓦禁令对完善海事强制令制度的启示

海事强制令作为一个全新的制度,在当时的立法背景下,是对《民事诉讼法》规定的财产保全制度的一个突破和进步,但随着时代的发展和海事审判实践的需要,海事强制令存在的明显缺陷和不足也日益凸显,因此对国外的先进制度如玛瑞瓦禁令制度进行借鉴是有必要的。笔者拟提出以下完善我国海事强制令制度的建议。

(1) 增加申请海事强制令的条件,防止滥用海事强制令

海事强制令保全的方式并不是"保持现状",而是对被申请人应作为而不作为或者不应作为而作为的现状予以改变,因此海事强制令具有执行后的难以逆转性。而我国《海事诉讼法》规定的做出海事强制令的三个条件实践中很容易满足,显然不够严格。相比之下,申请玛瑞瓦禁令比申请海事强制令多了两个条件,也是最严格的两个条件,即"有一个表面良好论据案情"和"符合公平和便利原则",我国应予借鉴,从而严格申请海事强制令的条件,防止申请人滥用权利。

依照《海事诉讼法》的规定,"需要纠正被请求人违反法律规定或者合同约定的行为"是申请海事强制令的条件之一,但海事强制令是在诉前或者是在诉讼中做出的命令,被请求人的行为究竟是否违反法律规定或者合同约定以及案件的是非曲直实际上此时是难以确定的,因此按此规定最终可能出现法院判决与强制令不相符的情况。而申请玛瑞瓦禁令需要"有一个表面良好论据的案情"的条件可以相对保证法院命令与最后判决的一致性,因此我国海事强制令制度应当引进该条件,法院在审查时应当考虑申请人的胜诉概率。至于胜诉概率应达到多大才能发布海事强制令,则由法院根据申请人陈述的案件事实自由裁量,但原则上申请人应当证明其获得胜诉判决的概率是很高的。

申请玛瑞瓦禁令时的另一个重要条件是要符合"公平和方便原则",而《海事诉讼法》没有规定申请海事强制令必须具备这一条件。海事强制令的执行破坏性较强,而在诉前或者案件未经审理做出判决之前,法院难以确定案件的是非,法院很有可能做出错误的海事强制令。而法院作为裁判当事人纠纷的中立者,应当兼顾申请人和被申请人的利益,因此借鉴玛瑞瓦禁令"公平与方便原则"是有必要的。法院在审查当事人的申请时应综合考虑各种因素,并在申请人的利益和被申请人的利益之间做出平衡,衡量发布海事强制令

对被申请人所产生的不公平,以及不发布海事强制令对申请人所产生的不公平孰大孰小,或者海事强制令的执行是否会对被申请人产生过度的不便。尤其需要考虑的是发布海事强制令对无辜的第三方是否会产生不公平或者不便。

(2) 加重申请人申请时的义务负担,以加强对被申请人合法权益的保护

借鉴申请玛瑞瓦禁令的规定,立法应要求海事强制令的申请人提交申请书时也以"宣誓书"的形式做出,誓言除陈述申请与事实和理由外,要做"全面与坦率的披露",同时规定"海事强制令宣誓书不实陈述"的惩罚性措施。另外,还可以借鉴玛瑞瓦禁令制度的规定,规定申请人全面与坦率的披露义务和赔偿损失的保证义务。

(3) 设立海事强制令复审程序

海事强制令的缺陷在于法院仅凭请求人的一面之词做出判断,因此有必要加以完善,使法院在发布海事强制令之前能够听取并考虑被请求人的意见。借鉴玛瑞瓦禁令制度,立法应规定我国海事法院在发布海事强制令之前,指定一个"海事强制令审查辩论期日",法院应通知双方届时到法院就有关的事实进行陈述和辩论。这样法院就有了听取双方争辩以及重新审查强制令发布依据的机会,最大限度地避免错误的海事强制令被做出。

(4) 发布世界范围的海事强制令

自1975年首次使用玛瑞瓦禁令以来,英国法院不仅频繁使用该禁令,而且努力扩大其法院与法律的影响,如发布"世界范围的玛瑞瓦禁令",实践中也会针对中国当事人发出。中国是航运大国,理应紧跟国际发展潮流,努力扩大自己的法律影响力。所以我国也应该借鉴英国法院的做法,发布"世界范围的海事强制令",以更好地保护申请人的利益。

五、海事证据保全

(一) 海事证据保全的概念

海事证据保全,是指海事法院根据海事请求人的申请,对有关海事请求的证据予以提取、保存或者封存的强制措施。海事证据保全属于民事诉讼证据保全的范畴,但与我国《民事诉讼法》中规定的证据保全制度相比,具有以下特点。

①海事证据保全只能依海事请求人的申请而进行,海事法院不能主动依职权采取海事诉讼证据保全措施。而根据《民事诉讼法》第81条的规定,在诉讼进行的过程中,人民法院可以主动依职权采取证据保全措施。

②海事证据保全是一种强制性保全措施。既包括诉讼中的证据保全,也包括诉讼前或者仲裁前的证据保全。

③海事证据保全的对象是与海事请求有关的证据。海事证据保全仅适用于对有关海事请求的证据进行保全,不适用于对其他证据的保全。所谓有关海事请求的证据,是指能够证明海事请求是否成立的证据。

(二) 海事证据保全的管辖

根据《海事诉讼法》第63条的规定,当事人在起诉前申请海事证据保全,应当由被

保全的证据所在地海事法院管辖。对于诉讼中申请海事证据保全的管辖,《海事诉讼法》没有明确规定,根据《民事诉讼法》第 81 条的规定,应当理解为由审理海事案件的海事法院管辖。

另外,根据《海事诉讼法》第 64 条的规定,海事证据保全不受当事人之间关于该海事请求的诉讼管辖协议或者仲裁协议的约束。《海事诉讼法解释》第 47 条第 1 款规定,诉讼前申请海事证据保全,适用海事诉讼特别程序法第 64 条的规定。依据上述规定,当事人在诉讼前申请海事证据保全,不受当事人之间诉讼管辖协议或者仲裁协议的约束,应向证据所在地的海事法院提出申请;如果在诉讼中提出海事证据保全,则应向受诉海事法院提出申请。需要注意的是,根据《海事诉讼法解释》第 47 条第 2 款的规定,外国法院已受理相关海事案件或者有关纠纷已经提交仲裁,当事人向中华人民共和国的海事法院提出海事证据保全申请,并提供被保全的证据在我国领域内的相关证据的,海事法院应当受理。

(三) 海事证据保全的条件

根据《海事诉讼法》第 67 条的规定,采取海事证据保全,应当具备下列条件:①请求人是海事请求的当事人;②请求保全的证据对该海事请求具有证明作用;③被请求人是与请求保全的证据有关的人;④情况紧急,不立即采取证据保全就会使该海事请求的证据灭失或者难以取得。

(四) 海事证据保全的程序

1. 申请

海事请求人申请海事证据保全,应当向海事法院提交书面申请。申请书应当载明请求保全的证据、该证据与海事请求的联系、申请理由以及证据收集、调取的有关线索。

2. 担保

海事法院受理海事证据保全申请,可以责令海事请求人提供担保。海事请求人不提供的,驳回其申请。

3. 审查与裁定

海事法院接受申请后,应当依法进行审查。并应当在 48 小时内做出裁定。裁定采取海事证据保全措施的,应当立即执行;对不符合海事证据保全条件的,裁定驳回其申请。

4. 复议与异议

当事人对裁定不服的,可以在收到裁定书之日起 5 日内申请复议一次。海事法院应当在收到复议申请之日起 5 日内做出复议决定。复议期间不停止裁定的执行。被请求人申请复议的理由成立的,应当将保全的证据返还被请求人。

利害关系人对海事证据保全提出异议,海事法院经审查,认为理由成立的,应当裁定撤销海事证据保全;已经执行的,应当将与利害关系人有关的证据返还利害关系人。利害关系人对海事法院做出的海事证据保全裁定提出异议,海事法院经审查认为理由不成立的,应当书面通知利害关系人。

5. 执行

海事法院进行海事证据保全的措施是灵活多样的，根据具体情况，可以对证据予以封存，也可以提取复制件、副本，或者进行拍照、录像，制作节录本、调查笔录等。确有必要的，也可以提取证据原件。

6. 申请错误的责任

海事请求人申请海事证据保全错误的，应当赔偿被请求人或者利害关系人因此所遭受的损失。被请求人要求海事请求人赔偿损失的，由采取海事证据保全的海事法院受理。

（五）采取证据保全措施后的起诉

海事证据保全后，有关海事纠纷未进入诉讼或者仲裁程序的，当事人就该海事请求，可以向采取证据保全的海事法院或者其他有管辖权的海事法院提起诉讼，但当事人之间订有诉讼管辖协议或者仲裁协议的除外。

海事请求人在采取海事证据保全的海事法院提起诉讼后，可以申请复制保全的证据材料；相关海事纠纷由我国领域内的其他海事法院或者仲裁机构受理的，受诉法院或者仲裁机构应海事请求人的申请可以申请复制保全的证据材料。

六、海事担保

（一）海事担保的概念与特点

海事领域所涉担保包括两种情形：一是海商事中的一般债权担保，二是海事诉讼及其相关活动所涉及的担保。《海事诉讼法》所规定的担保，是指第二种情形的担保，即在海事诉讼及其相关活动中，依照法律规定或者当事人约定，为保障当事人的海事请求得以实现而提供的担保。根据《海事诉讼法》第73条和第79条的规定，海事担保包括海事请求保全、海事强制令、海事证据保全以及设立海事赔偿责任限制基金和先于执行等程序中所涉及的担保。海事担保具有以下特点。

（1）海事担保的主债权通常是不确定的债权

民事债权担保的主债权通常是既存的、确定的，而在海事担保中，担保的设定不以被担保的债权存在为必要条件，被担保的债权通常表现为不确定的债权。

（2）海事担保具有很强的法定性

《担保法》所规定的债权担保，一般由当事人合意约定。而海事担保的提供与设定，《海事诉讼法》有明确规定。海事请求人是否提供担保以及担保的数额和方式，被请求人提供的担保数额和方式没有与请求人达成一致，均由海事法院确定。

（3）海事担保的程序性

海事担保与诉前保全或者诉讼中保全等程序紧密相连，在诉讼或者与诉讼相关的活动中设立的担保，其意义主要体现在程序层面。在海事法院责令海事请求人提供担保时，该担保的提交与否关系到法院是否同意采取保全措施或先于执行等。被请求人提供担保主要是为了解除保全。在当事人的主债权经审理确定后,海事担保随即转化为执行担保,担保确定债权的履行。

(4) 海事担保的设定需要满足充分性、可靠性与时限性

海事担保与诉讼程序紧密相连,故《海事诉讼法》要求当事人提供的担保必须是充分的、可靠的,并要求在一定的时限内提供等。

(二) 海事担保的方式

《海事诉讼法》第73条第2款规定,海事担保的方式为提供现金或者保证、设置抵押或者质押。海事司法实践中通常采用的是现金担保或者保证,采用抵押或者质押提供担保的极少,主要是因为抵押和质押的担保方式很难同时满足海事担保的紧急性、充分性、可靠性等要求。①

(三) 海事担保的提交与接受

1. 海事请求人提供的担保

根据《海事诉讼法》第16条、第55条、第56条的规定,海事请求人申请海事请求保全、海事强制令或者证据保全时,海事法院均可以责令其提供担保。要求海事请求人提供担保的目的在于保证被请求人因申请有错误而受到损失时能够得到赔偿。

海事请求人的担保应当提交给海事法院。海事请求人提供担保的方式、数额由海事法院决定。其中,提供担保的数额,应当相当于因其申请可能给被请求人造成的损失,具体数额由海事法院决定。

2. 被请求人提供的担保

被请求人提供担保的目的在于希望海事法院解除扣押船舶等保全措施。根据《海事诉讼法》的规定,被请求人的担保可以提交给海事法院,也可以提供给海事请求人。被请求人提供的担保,其方式、数额由海事请求人和被请求人协商;协商不成的,由海事法院决定。海事请求人要求被请求人就海事请求保全提供担保的数额,应当与其债权数额相当,但不得超过被保全的财产价值。

(四) 海事担保的减少、变更和取消

担保提供后,提供担保的人有正当理由的,可以向海事法院申请减少、变更或者取消该担保。正当理由是指:①海事请求人请求担保的数额过高;②被请求人已采取其他有效的担保方式;③海事请求人的请求权消灭。

(五) 海事担保的返还

海事担保的返还,是指在一定条件下将担保人提供的担保返还给担保人。《海事诉讼法》第18条第2款规定,海事请求人在法定期间内未提起诉讼或者未按照仲裁协议申请

---

① 江伟. 民事诉讼法学. 上海:复旦大学出版社,2006年,第525页。

仲裁的，海事法院应当及时解除保全或者返还担保。《海事诉讼法解释》第 27 条规定，海事诉讼特别程序法第 18 条第 2 款、第 74 条规定的提供给海事请求人的担保，除被请求人和海事请求人有约定的外，海事请求人应当返还；海事请求人不返还担保的，该担保至海事请求保全期间届满之次日失效。

（六）海事担保过高承担的责任

《海事诉讼法》第 78 条规定，海事请求人请求担保的数额过高，造成被请求人损失的，应当承担赔偿责任。何谓"数额过高"与"数额偏高"之间应该如何区分？有待司法解释进一步明确。该条规定意味着，在海事请求保全等程序中，海事请求人要求被请求人提供的担保数额过高，造成被请求人损失的，应当予以适当赔偿。

七、海事审判程序

《海事诉讼法》针对海事诉讼的特有规律，在民事诉讼法的基础上，专门规定了审理船舶碰撞案件、共同海损案件、海上保险人代位请求案件应适用的程序，并对海事诉讼中的简易程序、督促程序和公示催告程序做出了特别规定。审理海事案件优先适用海事诉讼法规定的程序，《海事诉讼法》没有规定的，适用《民事诉讼法》的规定。

（一）船舶碰撞案件的审理程序

1. 填写《海事事故调查表》

《海事诉讼法》第 82 条规定："原告在起诉时、被告在答辩时，应当如实填写《海事事故调查表》。"这一程序的设置参考了英美法系国家《海事诉讼程序法》关于初步文书的规定，主要目的是了解原告、被告双方所感知的船舶碰撞时的客观情况，解决船舶碰撞案件证据材料缺乏的问题。"如实填写"是指诉讼当事人应当根据碰撞时的实际情况，特别是根据值班船员反映的情况如实、客观地填写《海事事故调查表》。

2. 起诉状、答辩状的送达

《海事诉讼法》第 83 条规定："海事法院向当事人送达起诉状或者答辩状时，不附送有关证据材料。""送状不附证"的规定主要是为了防止一方当事人为逃避责任、根据对方提交的证据材料修改己方证据材料的情况，保证海事法院准确、及时地查明案件事实，做出公正裁判。

3. 举证规则

（1）举证内容

当事人举证的内容包括如实填写的《海事事故调查表》、有关船舶碰撞的事实证据材料。《海事事故调查表》属于当事人对发生船舶碰撞基本事实的陈述。经对方当事人认可或者经法院查证属实，可以作为认定事实的依据。有关船舶碰撞的事实证据材料指涉及船舶碰撞的经过、碰撞原因等方面的证据材料。

(2) 举证期限和证据交换

当事人应当在开庭审理前完成举证。当事人完成举证并向海事法院出具完成举证说明书后，可以申请查阅有关船舶碰撞的事实证据材料。当事人申请查阅的船舶碰撞事实证据材料，包括对方提交的证据材料、法院收集的证据材料。

有关船舶碰撞的事实证据材料，在各方当事人完成举证后进行交换。当事人在完成举证前向法院申请查阅有关船舶碰撞的事实证据材料的，海事法院应予驳回。

(3) 举证效力

举证的效力主要体现为禁止翻供原则及其例外，即当事人不能推翻其在《海事事故调查表》中的陈述和已经完成的举证，但有新的证据，并有充分的理由说明该证据不能在举证期间内提交的除外。所谓"新的证据"，是指当事人在开庭前尚未掌握或者不能获得，因而不能在开庭前提交的证据。

4. 船舶的检验和估价

船舶检验、估价应当由国家授权或者其他具有专业资格的机构或者个人承担。非经国家授权或者未取得专业资格的机构或者个人所做的检验或者估价结论，海事法院不予采纳。

5. 审结期限

船舶碰撞案件具有案情比较复杂、收集证据困难、需要对船舶进行技术鉴定及检验、评估等特点，因此，海事诉讼法关于审结期限的规定与民事诉讼法的规定不同，海事法院审理船舶碰撞案件，应当在立案后 1 年内审结。有特殊情况需要延长的，由本院院长批准。

(二) 共同海损案件的审理程序

1. 共同海损诉讼与共同海损理算的关系

共同海损，是指在同一海上航程中，船舶、货物和其他财产遭遇共同危险，为了共同安全，有意地、合理地采取措施所直接造成的特殊牺牲、支付的特殊费用。因共同海损发生纠纷而提起的诉讼，称为共同海损诉讼。

共同海损理算，是指由国家认可的具有一定资格的专业机构，按照理算规则，对共同海损的损失和费用、各受益方的分摊价值以及各方应分摊共同海损的数额所进行的审查和计算工作。我国的共同海损理算机构是中国国际贸易促进委员会下设的海损理算处，地点在北京。[①] 通常情况下，共同海损事故发生后，海损事故的利害关系人（通常是承运人）会在事故发生后或者到达港口后宣布共同海损，并委托共同海损理算机构理算损失。但共同海损的理算时间较长，为及时解决纠纷，《海事诉讼法》明确规定共同海损的理算并不是共同海损诉讼的必经程序。《海事诉讼法》第 88 条规定："当事人就共同海损的纠纷，可以协议委托理算机构理算，也可以直接向海事法院提起诉讼。海事法院受理未经理算的

[①] 江伟. 民事诉讼法学. 北京：北京大学出版社，2012 年，第 383 页。

共同海损纠纷，可以委托理算机构理算。"需要注意的是，《海事诉讼法解释》对海事法院"可以委托理算机构理算"的规定做了进一步的解释，《海事诉讼法解释》第62条规定："未经理算的共同海损纠纷诉至海事法院的，海事法院应责令当事人自行委托共同海损理算。确有必要由海事法院委托理算的，由当事人提出申请，委托理算的费用由主张共同海损的当事人垫付。"

2. 共同海损理算报告的效力

理算机构做出的共同海损理算报告，当事人没有提出异议的，可以作为分摊责任的依据；当事人提出异议的，由海事法院决定是否采纳。当事人对共同海损理算报告提出异议、经海事法院审查异议成立、需要补充理算或者重新理算的，应当由原委托人通知理算人进行理算。原委托人不通知理算的，海事法院可以通知理算人重新理算，有关费用由异议人垫付；异议人拒绝垫付费用的，视为撤销异议。

3. 共同海损案件与同一事故其他相关案件的合并审理

当事人可以不受因同一海损事故提起的共同海损诉讼程序的影响，就非共同海损损失向责任人提起诉讼。

当事人就同一海损事故向受理共同海损案件的海事法院提起非共同海损的诉讼，以及对共同海损分摊向责任人提起追偿诉讼的，海事法院可以合并审理。

4. 审结期限

海事法院审理共同海损案件，应当在立案后1年内审结。有特殊情况需要延长的，由本院院长批准。因与共同海损纠纷有关的非共同海损损失向责任人提起的诉讼，适用此审限规定。

（三）海上保险人行使代位求偿权的审理程序

1. 海上保险人代位求偿权的概念

海上保险人代位求偿权，是指海上保险人在其保险责任范围内赔付了被保险人保险标的的全部或者部分损失后，在赔偿金额范围内享有的向海上保险事故的责任方即第三人请求赔偿的权利。

2. 提起代位求偿权诉讼的条件

根据《海事诉讼法》第93条的规定，海上保险人提起代位求偿权诉讼必须具备下列条件：①海上保险事故是因为第三人的原因造成的。②保险人向被保险人支付了保险赔偿。③保险人应在保险赔偿的范围内行使代位求偿权。

3. 海上保险人行使代位求偿权的方式

根据《海事诉讼法》第94条、第95条和《海事诉讼法解释》的规定，海上保险人行使代位求偿权有三种方式。

（1）海上保险人以自己的名义提起代位求偿诉讼

保险人行使代位请求赔偿权利时，被保险人未向造成保险事故的第三人提起诉讼的，保险人应当以自己的名义向该第三人提起诉讼。

（2）海上保险人请求海事法院将自己变更为原告，对第三人行使代位求偿权

保险人行使代位请求赔偿权利时，被保险人已经向造成保险事故的第三人提起诉讼的，保险人可以向受理该案的法院提出变更当事人的请求，代位行使被保险人对第三人请求赔偿的权利。

保险人请求变更当事人的，海事法院应当予以审查并做出是否准予的裁定。当事人对裁定不服的，可以提起上诉。

（3）保险人和被保险人作为共同原告向第三人请求赔偿

被保险人取得的保险赔偿不能弥补第三人造成的全部损失的，保险人和被保险人可以作为共同原告向第三人请求赔偿。具体来说，又可以分为三种情形：第一，保险人行使代位求偿权时，被保险人尚未向第三人提起诉讼的，保险人和被保险人可以作为共同原告向第三人提起诉讼。第二，保险人行使代位求偿权时，被保险人已经向第三人提起诉讼的，保险人可以申请以共同原告的身份参加被保险人已经提起的诉讼。第三，保险人已经向第三人提起诉讼的，被保险人可以申请以共同原告的身份参加诉讼。[1]

保险人请求作为共同原告参加诉讼的，海事法院应当予以审查并做出是否准予的裁定。当事人对裁定不服的，可以提起上诉。

保险人依据《海事诉讼法》第95条的规定参加诉讼的，被保险人依此前进行的诉讼行为所取得的财产保全或者通过扣押取得的担保权益等，在保险人的代位请求赔偿权利范围内对保险人有效。被保险人因自身过错产生的责任，保险人不予承担。

4. 提起代位求偿权诉讼应提交的文件

根据《海事诉讼法》第94条、第95条的规定，保险人提起代位求偿权诉讼或者申请参加诉讼的，应当向受理该案的海事法院提交保险人支付保险赔偿的凭证，以及参加诉讼应当提交的其他文件。《海事诉讼法解释》第68条进一步解释了"支付保险赔偿的凭证"的含义，是指赔偿金收据、银行支付单据或者其他支付凭证。仅有被保险人出具的权利转让书，但不能出具实际支付证明的，不能作为保险人取得代位请求赔偿权利的事实依据。

5. 船舶油污损害受损人的求偿权

对船舶造成油污损害的赔偿请求，受损害人可以向造成油污损害的船舶所有人提出，也可以直接向承担船舶所有人油污损害责任的保险人或者提供财务保证的其他人提出。油污损害责任的保险人或者提供财务保证的其他人被起诉的，有权要求造成油污损害的船舶所有人参加诉讼。

海事法院根据油污损害的保险人或者提供财务保证的其他人的请求，可以通知船舶所有人作为无独立请求权的第三人参加诉讼。

---

[1] 江伟. 民事诉讼法学. 北京：北京大学出版社，2012年，第384页。

(四) 简易程序、督促程序和公示催告程序

1. 简易程序

根据《民事诉讼法》第157条的规定,基层人民法院和它派出的法庭审理事实清楚、权利义务关系明确、争议不大的简单的民事案件,适用简易程序。基层人民法院和它派出的法庭审理前款规定以外的民事案件,当事人双方也可以约定适用简易程序。依据该条规定,只有基层人民法院和它派出的法庭才能适用简易程序审理简单的民事案件,作为与中级法院同级的海事法院不能适用简易程序审理案件。但海事审判实践中确实存在简单的海事诉讼案件,因此,《海事诉讼法》第98条规定,海事法院审理事实清楚、权利义务关系明确、争议不大的简单海事案件,可以适用《民事诉讼法》简易程序的规定。

2. 督促程序

在海事诉讼中,督促程序是指海事法院根据债权人要求债务人给付一定金钱或者有价证券的海事请求,以支付令的形式催促债务人限期履行义务的特殊程序。[①]

根据《民事诉讼法》第214条的规定,只有基层人民法院才能适用督促程序审理申请人请求给付一定数量的金钱或有价证券的债务纠纷。海事审判实践表明,对于某些债权债务关系明确的请求给付金钱或者有价证券的海事案件,也有必要通过督促程序予以解决。所以,《海事诉讼法》第99条规定,债权人基于海事事由请求债务人给付金钱或者有价证券符合《民事诉讼法》有关规定的,可以向有管辖权的海事法院申请支付令。债务人是外国人、无国籍人、外国企业或者组织,但在中华人民共和国领域内有住所、代表机构或者分支机构并能够送达支付令的,债权人可以向有管辖权的海事法院申请支付令。

3. 公示催告程序

(1) 公示催告的范围

在海事诉讼中,公示催告程序是指海事法院根据提单等提货凭证的持有人因提货凭证失控或者灭失而提出的申请,以公示的方式催告利害关系人在一定期限内申报权利,如果无人申报,海事法院根据申请人的申请,做出除权判决的程序。

《海事诉讼法》第100条规定:"提单等提货凭证持有人,因提货凭证失控或者灭失,可以向货物所在地海事法院申请公示催告。"依据该条规定,海事诉讼中申请公示催告的事项仅限于提单等提货凭证失控或者灭失。根据《海事诉讼法解释》第69条的规定,"失控"是指提单或者其他提货凭证被盗、遗失。

(2) 公示催告的申请

申请人向海事法院申请公示催告的,应当递交申请书。申请书应当载明:提单等提货凭证的种类、编号、货物品名、数量、承运人、托运人、收货人、承运船舶名称、航次以及背书情况和申请的理由、事实等。有副本的应当附有单证的副本。

---

① 屈广清. 海事诉讼与海事仲裁法. 北京:法律出版社,2007年,第108页。

(3) 发出停止交付通知并发布公告

海事法院决定受理公示催告申请的,应当同时通知承运人、承运人的代理人或者货物保管人停止交付货物,并于3日内发出公告,敦促利害关系人申报权利。公示催告的期间由海事法院根据情况决定,但不得少于30日。

承运人、承运人的代理人或者货物保管人收到海事法院停止交付货物的通知后,应当停止交付,至公示催告程序终结。

公示催告期间,国家重点建设项目待安装、施工、生产的货物,救灾物资,或者货物本身属性不宜长期保管以及季节性货物,在申请人提供充分可靠担保的情况下,海事法院可以依据申请人的申请做出由申请人提取货物的裁定。承运人、承运人的代理人或者货物保管人收到海事法院准予提取货物的裁定后,应当依据裁定的指令将货物交付给指定的人。

公示催告期间,转让提单的行为无效;有关货物的存储保管费用及风险由申请人承担。

(4) 利害关系人申报权利

公示催告期间,利害关系人可以向海事法院申报权利。海事法院收到利害关系人的申报后,应当裁定终结公示催告程序,并通知申请人和承运人、承运人的代理人或者货物保管人。申请人、申报人可以就有关纠纷向海事法院提起诉讼。

(5) 除权判决

公示催告期间无人申报的,海事法院应当根据申请人的申请做出判决,宣告提单或者有关提货凭证无效。判决内容应当公告,并通知承运人、承运人的代理人或者货物保管人。自判决公告之日起,申请人有权请求承运人、承运人的代理人或者货物保管人交付货物。

利害关系人因正当理由不能在公示催告期间向海事法院申报的,自知道或者应当知道判决公告之日起1年内,可以向做出判决的海事法院起诉。

八、设立海事赔偿责任限制基金程序

海事赔偿责任限制,是指在发生重大海损事故时,责任人根据法律规定,将自己的赔偿责任限制在一定范围内的法律制度。[①] 海事赔偿责任限制制度在一定程度上使作为债务人的责任人得到一定保护。发生海上事故后,海事债权人可能申请法院扣船,或者法院已经扣押了船舶,海事责任人设立责任基金后,就可以避免扣船或者使被扣船舶获释,从而尽可能地减少海事责任人的损失。这是海事法所特有的制度。一般的民事赔偿按实际发生损失赔偿,而海事赔偿责任限制将船舶所有人、救助人等的赔偿责任限制在一定范围内。显然,这一制度的创设适应了海上作业风险大的特点,意在保护船舶所有人的利益,从而鼓励发展航海事业。[②] 从世界范围来看,海事赔偿责任限制制度源远流长,为多数国家的法律所肯定,并形成了一系列的国际公约。我国《海商法》也专章规定了这一制度。为了保障船舶所有人、承租人、经营人、救助人、保险人享受海事赔偿责任限制的权利,规范

[①] 司玉琢. 海商法专论. 北京:中国人民大学出版社,2015年,第314页。
[②] 刘怡如. 船舶优先权和海事赔偿责任限制的冲突和解决. 法治论丛,2004年第11期。

《海商法》所规定的海事赔偿责任限制制度的实施,《海事诉讼法》第 9 章专章规定了设立海事赔偿责任限制基金程序。

(一) 设立海事赔偿责任限制基金的案件类型

根据《海事诉讼法》第 101 条的规定,设立海事赔偿责任限制基金的案件分为两类:①船舶所有人、承租人、经营人、救助人、保险人在发生海事事故后,依法申请责任限制的,可以向海事法院申请设立海事赔偿责任限制基金。②船舶造成油污损害的,船舶所有人及其责任保险人或者提供财务保证的其他人为取得法律规定的责任限制的权利,应当向海事法院设立油污损害的海事赔偿责任限制基金。此处"船舶所有人"是指有关船舶证书上载明的船舶所有人。

(二) 设立海事赔偿责任限制基金的管辖法院

设立海事赔偿责任限制基金所引起的管辖权,作为一种非实体管辖权,其意义在于使非实体管辖权与实体管辖权相分离,并能及时有效地保证审判的进行与判决的执行,从而切实维护当事人的利益[①]。《海事诉讼法》分别规定了限制基金设立的"地域管辖"(第 102 条)、"专属管辖"(第 103 条)和"合并管辖"(第 109 条),具体内容如下。

当事人在起诉前申请设立海事赔偿责任限制基金的,应当向事故发生地、合同履行地或者船舶扣押地海事法院提出。海事事故发生在中华人民共和国领域外的,船舶发生事故后进入我国领域内的第一到达港视为事故发生地。需要说明的是,当事人在起诉前申请设立海事赔偿责任限制基金的,不受当事人之间关于诉讼管辖协议或者仲裁协议的约束。

当事人在诉讼中申请设立海事赔偿责任限制基金的,应当向受理相关海事纠纷案件的海事法院提出,但当事人之间订有有效诉讼管辖协议或者仲裁协议的除外。

设立海事赔偿责任限制基金以后,当事人就有关海事纠纷应当向设立海事赔偿责任限制基金的海事法院提起诉讼,但当事人之间订有诉讼管辖协议或者仲裁协议的除外。

(三) 设立海事赔偿责任限制基金的具体程序

1. 申请

(1) 提出申请的时间

设立责任限制基金的申请可以在起诉前或者诉讼中提出,但最迟应当在一审判决做出前提出。

(2) 申请形式

申请人向海事法院申请设立海事赔偿责任限制基金,应当提交书面申请。申请书应当载明申请设立海事赔偿责任限制基金的数额、理由,以及已知的利害关系人的名称、地址和通信方法,并附有关证据。

---

① 杨树明. 民事诉讼法·海事诉讼特别程序篇. 厦门:厦门大学出版社,2008 年,第 247 页。

2. 通知和公告

海事法院受理设立海事赔偿责任限制基金申请后，应当在 7 日内向已知的利害关系人发出通知，同时通过报纸或者其他新闻媒体连续公告 3 日。如果涉及的船舶是可以航行于国际航线的，应当通过对外发行的报纸或者其他新闻媒体发布公告。

通知和公告包括下列内容：①申请人的名称；②申请的事实和理由；③设立海事赔偿责任限制基金事项；④办理债权登记事项；⑤需要告知的其他事项。

3. 利害关系人异议的处理

利害关系人对申请人申请设立海事赔偿责任限制基金有异议的，应当在收到通知之日起 7 日内或者未收到通知的在公告之日起 30 日内，以书面形式向海事法院提出。

海事法院收到利害关系人提出的书面异议后，应当进行审查，在 15 日内做出裁定。异议成立的，裁定驳回申请人的申请；异议不成立的，裁定准予申请人设立海事赔偿责任限制基金。

当事人对裁定不服的，可以在收到裁定书之日起 7 日内提起上诉。第二审人民法院应当在收到上诉状之日起 15 日内做出裁定。

4. 基金的设立

利害关系人在规定的期间内没有提出异议的，海事法院裁定准予申请人设立海事赔偿责任限制基金。

准予申请人设立海事赔偿责任限制基金的裁定生效后，申请人应当在 3 日内在海事法院设立海事赔偿责任限制基金。申请人逾期未设立基金的，按自动撤回申请处理。

设立海事赔偿责任限制基金可以提供现金，也可以提供经海事法院认可的担保。海事赔偿责任限制基金的数额，为海事赔偿责任限额和自事故发生之日起至基金设立之日止的利息。以担保方式设立基金的，担保数额为基金数额及其基金设立期间的利息。以现金设立基金的，基金到达海事法院指定账户之日为基金设立之日。以担保设立基金的，海事法院接受担保之日为基金设立之日。需要说明的是，上述"担保"指中华人民共和国境内的银行或者其他金融机构所出具的担保。

设立海事赔偿责任限制基金后，向基金提出请求的任何人，不得就该项索赔对设立或以其名义设立基金的人的任何其他财产，行使任何权利。

5. 申请设立基金错误的赔偿

《海事诉讼法》第 110 条规定，申请人申请设立海事赔偿责任限制基金错误的，应当赔偿利害关系人因此所遭受的损失。

有观点认为，在申请人申请设立海事赔偿责任限制基金错误的情况下，由于被扣押的船舶或者其他财产因获得释放而使海事债权人无法主张自己的债权，无法获得全额赔偿，所以，《海事诉讼法》第 110 条中所指的利害关系人所遭受的损失包括索赔全额与责任限额之间的差额。[①] 该条中规定的"损失"，应当理解为由于申请设立责任限制基金错误而给

---

① 雷霆. 论我国援用海事赔偿责任限制的性质及其影响. 中国海商法年刊, 2001 年第 12 卷.

利害关系人造成的新的损失，不应包括索赔全额与责任限额之间的差额。需要注意的是，基金只用于清偿在海事事故中所产生的债权，对于利害关系人因基金设立错误所遭受的损失，基金不加以赔偿，对于利害关系人的损失赔偿，应由利害关系人在另案中进行主张。

九、债权登记与受偿程序

债权登记与受偿程序是海事诉讼的特有程序，是指在强制拍卖船舶和海事赔偿责任限制案件中，债权人按照一定的程序向海事法院登记债权，并按一定顺序受偿拍卖船舶所得价款或者分配责任限制基金的顺序。[1] 只有经过债权登记和受偿程序，海事法院才能按照实体法的规定让债权人从拍卖船舶所得价款或者从责任限制基金中获得清偿。

（一）债权登记程序

1. 债权登记程序的适用范围与申请期限

（1）强制拍卖船舶程序中的债权登记

海事法院裁定强制拍卖船舶的公告发布后，债权人应当在公告期间，就与被拍卖船舶有关的债权申请登记。公告期间届满不登记的，视为放弃在本次拍卖船舶价款中受偿的权利。根据《海事诉讼法解释》第87条的规定，"与被拍卖船舶有关的债权"是指与被拍卖船舶有关的海事债权。

（2）设立海事赔偿责任限制基金程序中的债权登记

海事法院受理设立海事赔偿责任限制基金的公告发布后，债权人应当在公告期间就与特定场合发生的海事事故有关的债权申请登记。公告期间届满不登记的，视为放弃债权。

2. 管辖

《海事诉讼法》没有对债权登记程序的管辖法院做出明确规定，但从《海事诉讼法》第111条和第112条规定的内容来看，债权登记应当由实施强制拍卖船舶或者受理设立海事赔偿责任限制基金的海事法院管辖。

3. 提交书面申请和债权证据

《海事诉讼法》第113条规定："债权人向海事法院申请登记债权的，应当提交书面申请，并提供有关债权证据。债权证据，包括证明债权的具有法律效力的判决书、裁定书、调解书、仲裁裁决书和公证债权文书，以及其他证明具有海事请求的证据材料。"依据该条规定，债权人提交的债权证据包括两类：一类是具有法律效力的确权文书，即发生法律效力的判决书、裁定书、调解书、仲裁裁决书和公证债权文书，这类文书可以直接作为执行的依据；另一类是其他证明债权的证据材料，这类证据材料所证明的债权须由法院通过确权诉讼或者由仲裁机构做出裁决。

---

[1] 杨树明．民事诉讼法·海事诉讼特别程序篇．厦门：厦门大学出版社，2008年，第261页。

4. 审查与登记

海事法院应当对债权人的申请进行审查,对提供债权证据的,裁定准予登记;对不提供债权证据的,裁定驳回申请。对于准予或者不准予债权登记,海事法院仅作形式审查。至于债权的数额、性质以及能否参与受偿分配,在以后的债权审查和受偿程序中予以解决。

5. 债权的审查与确认

(1) 对生效法律文书证明的债权的审查与确认

债权人提供证明债权的判决书、裁定书、调解书、仲裁裁决书或者公证债权文书的,海事法院经审查认定上述文书真实合法的,裁定予以确认。根据《海事诉讼法解释》第88条的规定,此处的"判决书、裁定书、调解书、仲裁裁决书",是指我国国内的判决书、裁定书、调解书和仲裁裁决书。对于债权人提供的国外的判决书、裁定书、调解书和仲裁裁决书,适用《民事诉讼法》第282条和第283条规定的程序审查。

(2) 对其他证据证明的债权的审查与确认

对于其他证据证明的债权,必须通过确权诉讼审理确认,即债权人提供其他海事请求证据的,应当在办理债权登记后7日内,在受理债权登记的海事法院提起确权诉讼。当事人之间有仲裁协议的,应当及时申请仲裁。在债权登记前,债权人已向受理债权登记的海事法院以外的海事法院起诉的,受理案件的海事法院应当将案件移送至登记债权的海事法院一并审理,但案件已经进入二审的除外。

海事法院对确权诉讼做出的判决、裁定具有法律效力,当事人不得提起上诉。

(二) 债权受偿程序

债权受偿程序,是指债权经审查确认后,海事法院按照商定的或者法定的受偿顺序和比例确定各债权的受偿数额,对拍卖船舶所得价款或者海事赔偿责任限制基金进行分配。

1. 召开债权人会议

海事法院审理并确认债权后,应当向债权人发出债权人会议通知书,组织召开债权人会议。未经债权人会议协商,海事法院不能直接裁定对船舶价款或者海事赔偿责任限制基金进行分配。

债权人会议由经登记确认的债权人组成。债权人会议应当在海事法院审理并确认债权后召开。就海事赔偿责任限制基金分配程序而言,债权人会议由已经被确权的限制性债权人组成。就船舶拍卖价款的分配程序而言,债权人会议由船舶优先权人、船舶留置权人和船舶抵押权人组成。全体债权人,无论债权数额多少,均为债权人会议的成员,均可以出席债权人会议,并发表意见,或者委托代理人出席债权人会议并发表意见,以维护本人的利益或者全体债权人的一般利益。

2. 确定分配方案

债权人会议可以协商提出船舶价款或者海事赔偿责任限制基金的分配方案,签订受偿协议。受偿协议经海事法院裁定认可,具有法律效力。

债权人会议协商不成的，由海事法院依照《海商法》以及其他有关法律规定的受偿顺序，裁定船舶价款或者海事赔偿责任限制基金的分配方案。依据该条规定，债权受偿的方式按顺序分为两种：①由债权人会议协商债权的分配方案。如果债权人会议经协商对船舶价款或者海事赔偿责任限制基金的分配方案达成一致的意见并签订受偿协议，海事法院经审查，裁定确认受偿协议具有法律效力。②由海事法院裁定债权的分配方案。如果债权人协商不成，则由海事法院依照法定的受偿顺序裁定债权的分配方案。例如，我国《海商法》第25条第1款规定："船舶优先权先于船舶留置权受偿，船舶抵押权后于船舶留置权受偿。"

3. 分配方案的实施

拍卖船舶所得价款及其利息，或者海事赔偿责任限制基金及其利息，应当一并予以分配。

分配船舶价款时，以下三项费用应当从船舶价款中按顺序先行拨付：①应当由责任人承担的诉讼费用；②为保存、拍卖船舶和分配船舶价款产生的费用；③为债权人的共同利益支付的其他费用。先行拨付上述费用后，再按照债权人商定的分配方案或者法律规定的受偿顺序分配船舶价款。

清偿债务后的余款，应当退还船舶原所有人或者海事赔偿责任限制基金设立人。

十、船舶优先权催告程序

（一）船舶优先权催告程序的概念

我国《海商法》第21条规定，船舶优先权，是指海事请求人依照本法第22条的规定，向船舶所有人、光船承租人、船舶经营人提出海事请求，对产生该海事请求的船舶具有优先受偿的权利。《海商法》第22条规定下列海事请求具有船舶优先权：①船长、船员和在船上工作的其他在编人员根据劳动法律、行政法规或者劳动合同所产生的工资、其他劳动报酬、船员遣返费用和社会保险费用的给付请求；②在船舶营运中发生的人身伤亡的赔偿请求；③船舶吨税、引航费、港务费和其他港口规费的缴付请求；④海难救助的救助款项的给付请求；⑤船舶在营运中因侵权行为产生的财产赔偿请求。载运2 000吨以上的散装货油的船舶，持有有效的证书，证明已经进行油污损害民事责任保险或者具有相应的财务保证的，对其造成的油污损害的赔偿请求，不属于前款第⑤项规定的范围。

船舶优先权是海商法特有的一种制度。船舶优先权是一种以船舶为标的物的担保物权，船舶优先权的行使，只能通过法院扣押产生优先权的船舶来实现，以满足特定海事请求人的海事请求。[1] 我国《海商法》规定，法律所保护的5项船舶优先权不因船舶所有权的转让而消灭。

船舶优先权催告程序，是指海事法院根据船舶受让人的申请，发布公告，催促船舶优

---

[1] 屈广清. 海事诉讼与海事仲裁法. 北京：法律出版社，2007年，第123页。

先权人在一定期间主张权利，如果逾期无人主张权利，根据受让人的申请，依法宣告该转让船舶不附有船舶优先权的程序。

在船舶买卖中，买船方（受让人）很难知道所买进的船舶是否附有船舶优先权，如果受让人购买的船舶附有船舶优先权，就会受到船舶优先权债务的困扰，其合法权益就难以得到保障，因此，为了去除船舶上所附的优先权，保障受让人的合法权益，同时也是为了保证《海商法》规定的船舶优先权制度正确实施，我国《海事诉讼法》第11章专章规定了船舶优先权催告程序。

（二）申请船舶优先权催告的条件

根据《海事诉讼法》的规定，申请船舶优先权催告，必须具备下列条件：①申请人必须是船舶受让人。受让人即是买船人。只有船舶受让人才能申请船舶优先权催告，其他任何人均不能申请船舶优先权催告。②申请应当向有管辖权的法院提出。受让人申请船舶优先权催告，应当向转让船舶交付地或者受让人住所地的海事法院提出。③申请必须在取得所有权后提出。船舶转让给受让人后，受让人才有权申请船舶优先权催告，船舶转让之前不能申请船舶优先权催告。④申请人应当提交书面申请并附有相关文件。相关文件是指申请人取得船舶所有权的证据材料。

（三）船舶优先权催告程序的具体规定

1. 申请

（1）申请主体

《海事诉讼法》第120条规定："船舶转让时，受让人可以向海事法院申请船舶优先权催告，催促船舶优先权人及时主张权利，消灭该船舶附有的船舶优先权。"依据该条规定，船舶优先权催告程序的申请人是船舶转让合同中的受让人。《海事诉讼法解释》第93条规定，受让人是指船舶转让中的买方和有买船意向的人，但受让人申请海事法院做出除权判决时，必须提交其已经实际受让船舶的证据。

（2）申请时间

船舶转让合同订立后船舶实际交付前，受让人可申请船舶优先权催告。

（3）提交申请书及相关文件

申请船舶优先权催告，应当向海事法院提交申请书、船舶转让合同、船舶技术资料等文件。申请书应当载明船舶的名称、申请船舶优先权催告的事实和理由。但受让人不能提供原船舶证书的，不影响船舶优先权催告申请的提出。

2. 管辖

《海事诉讼法》第121条规定："受让人申请船舶优先权催告的，应当向转让船舶交付地或者受让人住所地海事法院提出。"船舶交付地有约定交付地和实际交付地之分，还存在实际交接地和法律交接地之别。为避免产生管辖冲突，此处的船舶交付地作狭义理解为宜，仅指船舶的实际交付地，而不包括约定交付地和法律交接地。①

需要说明的是，根据《海事诉讼法》第 6 条的规定，因船舶优先权纠纷提起的诉讼，由船舶所在地、船籍港所在地、被告住所地海事法院管辖。申请船舶优先权催告与因船舶优先权纠纷提起的诉讼两者性质不同，前者是在船舶优先权及优先权人不明的情况下，确定船舶是否附有优先权；后者则是在双方当事人之间解决具体的优先权纠纷，所以，《海事诉讼法》对两者的管辖做出了不同的规定。

3. 审查、裁定与复议

海事法院在收到申请书以及有关文件后，应当进行审查，在 7 日内做出准予或者不准予申请的裁定。

受让人对裁定不服的，可以申请复议一次。船舶受让人对不准予船舶优先权催告申请的裁定提出复议的，海事法院应当在 7 日内做出复议决定。

4. 公告

海事法院准予船舶优先权催告申请的裁定生效后，应当通过报纸或者其他新闻媒体连续公告 3 日。催促船舶优先权人在催告期间主张船舶优先权。优先权催告的船舶为可以航行于国际航线的，应当通过对外发行的报纸或者其他新闻媒体发布公告。船舶优先权催告期间为 60 日。

5. 船舶优先权登记

船舶优先权催告期间，船舶优先权人主张权利的，应当在海事法院办理登记；不主张权利的，视为放弃船舶优先权。利害关系人在船舶优先权催告期间提出优先权主张的，海事法院应当裁定优先权催告程序终结。

6. 除权判决

船舶优先权催告程序中的除权判决，是指海事法院在船舶优先权催告期间届满，无人主张权利，依受让人的申请所做出的宣告船舶不附有优先权的判决。

《海事诉讼法》第 126 条规定，船舶优先权催告期间届满，无人主张船舶优先权的，海事法院应当根据当事人的申请做出判决，宣告该转让船舶不附有船舶优先权。判决内容应当公告。

---

① 江伟. 民事诉讼法学. 北京：北京大学出版社，2012 年，第 391 页。